瑶学视界

王明生◎主编

中国市场出版社
China Market Press
·北京·

图书在版编目（CIP）数据

瑶学视界 / 王明生主编 . -- 北京 : 中国市场出版社有限公司 , 2023.6

ISBN 978-7-5092-2333-8

Ⅰ . ①瑶… Ⅱ . ①王… Ⅲ . ①瑶族—民族文化—中国—文集 Ⅳ . ① K285.1-53

中国版本图书馆 CIP 数据核字 (2022) 第 245094 号

瑶学视界

YAOXUE SHIJIE

主　　编　王明生
责任编辑　辛慧蓉

出版发行　中国市场出版社 China Market Press
社　　址　北京西城区月坛北小街 2 号院 3 号楼（100837）
电　　话　（010）68033692
印　　刷　廊坊市海涛印刷有限公司
规　　格　145mm×210mm　32 开本
印　　张　11　　字　　数　275 千字
版　　次　2023 年 6 月第 1 版　　印　　次　2023 年 6 月第 1 次印刷
书　　号　ISBN 978-7-5092-2333-8　　定　　价　89.00 元

目　录

contents

瑶族民间信仰及其演变探析　王施力　王明生 ……… 001

从伏羲兄妹神话看瑶族的哲学思想　任涛 ……………… 021

简论九嶷山过山瑶的光崇拜与信仰　冯荣军　李荼生 033

仪式·意蕴·价值　周生来 ………………………………… 050

瑶族花神崇拜是打造瑶寨旅游花卉景观的文化创意之源　魏佳敏 ……………………………………… 061

初探瑶族勉支系的形成　郑德宏 ………………………… 074

湘南瑶族坐歌堂的传承与保护研究　赵飞　赵巾英 … 080

瑶族“谈笑”初探　盘文琇 ……………………………… 093

九嶷山瑶族婚嫁礼仪与传承研究　赵文辉 …………… 106

道县瑶族婚姻礼仪研究　胡昌礼　盘梅 ……………… 121

潇水流域瑶族文化保护传承与创新发展策略　谷显明 135

舜帝与永州瑶族的渊源及其文化影响　肖献军　胡娟 148

试论瑶族文化的知识产权保护　唐晓君 ……………… 157

《诗经》情诗与瑶族情歌之比较　潘雁飞 …………… 177

浅谈叶蔚林创作对瑶族文学的贡献　陈茂智 ………… 187

乡村振兴视野下码市发展“红色旅游”的思考　邓富春 197
浅读瑶族史诗《盘王大歌》　杨显茂 ………………… 208
留住承载瑶族厚重历史文化的瑶医药这个根　李如海 224
江华是中国瑶族的中转站、大本营和发祥地　张华兵 231
创新驱动　加快民族区域经济发展　蒋建辉 ………… 235
社会变迁视角下的民俗文化传承初探　刘婧 ………… 244
瑶族地区乡村建设中文化保护与传承的思考　唐勇庆 251
道教文化对清溪瑶建筑的影响　曾凡忠 ……………… 263
在全域旅游视角下乡村旅游助推瑶族地区经济发展的
　实践与思考　李荣喜 ………………………………… 270
瑶族民间信仰功能探析　王施力 ……………………… 285
实施瑶族乡村振兴战略的瓶颈与出路　冯永国 ……… 294
永州市创建少数民族特色村镇的经验与启示
　赵飞　何冰 …………………………………………… 300
从瑶族服饰细节看瑶族的图腾崇拜与英雄崇拜　陈杉 306
关于阳明山系过山瑶共同特点的思考　盘金胜 ……… 315
对千年瑶寨和勾蓝瑶寨实现乡村振兴的思考　潘思湘 320
瑶族地区脱贫攻坚与乡村振兴路径探析　车玉钦 …… 326
瑶族夜间文旅商消费聚集区建设的几点思考
　赵荣学　杨丁香 ……………………………………… 335

后　　记 ………………………………………………… 344

瑶族民间信仰及其演变探析

王施力　王明生

瑶族是个充满神秘色彩的民族。这个神秘，不仅是因为他们居住在相对隐蔽的大瑶山之中，更因为这个民族既独特又复杂多样的民间信仰体系。如果将瑶族传统文化比作一棵参天大树的话，那么瑶族民间信仰就是这棵大树的“根”。这个“根”的形态与内容如何？生长形成的过程怎样？成长壮大的影响因素有哪些？

本文从时间和空间两个维度进行考察探析，试图发掘其产生、发展、演变之规律，一方面为正确引导民间信仰良性发展提供一些参考意见，另一方面也为瑶族文化爱好者研究瑶族民间信仰问题做一些基本铺垫。

一、瑶族民间信仰相关概念阐述

（一）关于信仰定义

信仰是人类的一种精神活动和意识形态，同时也是一种社会现象和文化现象。人类信仰按其形态大致可划分为三大类：一是以灵魂观念为核心，以自然崇拜、图腾崇拜、祖先崇拜为特征的原始信仰；二是以神的观念为核心，以主神崇拜为特征的宗教信仰；三是以人类自身为核心，以真理和主义崇拜为特征的哲学信仰。本文研究的是第一类原始信仰。

（二）关于民间信仰定义

民俗学、历史学、人类学、社会学等不同学科的专家学者，对民间信仰都有充分的论述和定义，众说纷纭，归纳起来主要有以下两种观点。第一种是以王健先生为代表的观点。他认为：民间信仰与成熟形态制度化宗教不同，民间信仰没有系统的仪式、经典、组织和领导，以草根性为其基本特征，同时又是有着内在体系性和自身运作逻辑的一种信仰形式。第二种是以陶思炎先生为代表的观点。他认为：民间信仰就是非官方的非教会的底层信仰。

笔者赞同第二种观点。概而言之，民间信仰就是非教徒的民众性的超自然信仰，此信仰的主体是广大的普通民众，信仰的对象是超自然神灵，信仰的内容是与神灵相关的各种观念及活动。

（三）瑶族的基本情况

瑶族是一个历史悠久、勤劳智慧的民族，人口较多，分布广泛。据 2015 年统计，中国有瑶族人口 285.3 万余人，迁居到国外的瑶族人口近 80 万人，全世界瑶族总人口达 360 多万。按语系划分，瑶族可划分为四大支系：一是盘瑶支系，即苗瑶语族瑶语支；二是平地瑶、民瑶支系，即汉语言方言支；三是布努瑶支系，即苗瑶语族苗语支；四是茶山瑶支系，即壮侗语族侗水语支。按信仰习俗划分，瑶族可划分为三大支系：盘瑶、平地瑶、民瑶的民间信仰都是以始祖盘王为崇拜的主体对象和核心的，应划归为盘瑶支系，其人口占整个瑶族人口的近 80%；布努瑶支系的民间信仰是以始祖密洛陀为崇拜的主体对象和核心的，约占整个瑶族人口的20%；茶山瑶支系信奉的是带有佛教色彩的民间道教和祖先崇拜，其人口约2万人。本文研究的是盘瑶支系的民间信仰。

（四）瑶族民间信仰概况

瑶族是一个多神信仰的民族，有自然崇拜、图腾崇拜、神灵崇拜和祖先崇拜等，其信仰的显著特点就是：既信仰原始巫教，又信仰道教，巫道结合。民国以前，儒道释三界势力曾努力深入瑶区传布各自的思想观念和宗教信仰。瑶族民间信仰活动频繁，祭祀的祠堂庙宇繁多，民间信仰体系已经基本形成。到二十世纪六十年代，瑶族民间信仰活动遭到禁止，祭祀祠庙也被废弃，但积淀于瑶民心灵深处的民间信仰并没有被清除。二十世纪八十年代以来，瑶族民间信仰又开始恢复重建，并产生了良好的社会影响。因此，正确把握瑶族民间信仰的历史演变情况，对于瑶族地区新时期的思想、文化建设具有十分重要的意义。

二、瑶族民间信仰的主要对象

（一）自然崇拜

远古时代，瑶族先民同其他民族一样，认为在有形的世界之外，还存在一个无形的超自然世界，而这个无形世界支配和主宰着人类社会这个有形世界，这就逐渐形成了一个“万物有灵”的观念。即天地、日月、高山、大石、风雨、雷电、河流、山溪、草木、鸟兽、鱼虫等大自然万物中都有神灵存在。所以人们要祈福消灾、实现自己的欲望等，就需要上述神灵的庇佑和帮助，于是瑶族民间就有了对大自然神灵的虔诚、赞颂、敬奉，进而产生了瑶族的自然崇拜。

瑶族自然崇拜的形式与内容，在瑶族典籍和神话传说以及日常生活中都有所反映。瑶民最初是崇拜天体，最常见的是太阳崇拜，他们认为太阳能给人带来温暖，能使万物生长，但它又能使大地河流干涸、植物死亡、人畜受苦。瑶族人对太阳“喜怒无常”的性格无法了解与适应，从而对其产生崇拜。在瑶族人的心目中，太阳是有知觉的，所以大年初一这一天，不能在户外生火、烧山、晒衣，否则会使太阳误认为人们需要更多的日照而导致全年干旱。在日常生活中，瑶族人将太阳看成兴旺、平安、吉祥的代表，所以不少地方瑶族妇女的头巾和儿童的帽子都绣有象征太阳的八角星图案和群星，群星外有四道线围成方形，象征大地，再绣山花树林的图案，象征万物。

（二）神灵崇拜

神灵崇拜是远古时代原始人形成了灵魂不死的观念后形成的。瑶族民间认为：当人和物活着的时候，灵魂就附在人和物之内，并主宰着人和物的活动；当人和物死去的时候，灵魂就脱离人和物而游离。人死后，灵魂就离开人体变成鬼魂；物死后，灵魂就离开物体变成精灵。鬼有善恶之分，这是由生前的为人所决定的。生前是善人，死后就是善鬼；生前作恶多，死后必是恶鬼。善鬼保护村寨和家人，使人丁兴旺、五谷丰登、六畜兴旺，故受到活人的祭祀，以示酬谢；恶鬼则常常作祟，贪婪害人，故人们常常厌恶它，往往请巫师驱除它。

因为敬畏鬼神、崇拜鬼神，所以对死者的处理很讲究，产生了各种不同的葬礼和葬法。例如，在瑶族民间，人死后必须马上请师公道公为之作斋打醮，超度亡灵。死在外面的人，尸体是不能抬回家的，只能在外面装殓，故瑶族人一般都不愿意长时间在外谋生，有大病须急速回家，害怕死在外面，灵魂回不了家，进不了祖先牌位，成为找不到归属、无人祭祀的孤魂野鬼。

瑶族对于鬼与神，虽然没有严格的区分，但还是认为神是鬼的统辖者，认为世界万物都是由神管理的。因此，对神是顶礼膜拜的，所以要祭祀神。

（三）祖先崇拜

祖先崇拜是母系氏族时代产生的一种原始崇拜形式，是随着鬼神观念产生和发展起来的。崇拜的对象是母系氏族中已故的长老灵魂，继而是父系氏族家长的灵魂。它是建立在父母灵魂不死信念基础上的。在以血缘为纽带的民族部落制度下，部落首领死后就是同一部落成员的共同祖先。就瑶族而言，母系氏族有密洛陀，父系氏族有盘瓠（盘王）。密洛陀是布努瑶的始祖母，盘王是盘瑶的始祖，盘王崇拜来源于盘瓠神话传说。

祖先崇拜和鬼魂崇拜的对象都是鬼魂，但作为祖先崇拜来说，其崇拜对象与崇拜者有血缘关系，因而被固定地长期地当作善灵来崇拜，且祭祀比较隆重；而神灵崇拜大多是一些恶灵和一些不可捉摸的灵魂，人们只是在受到其作祟时，才需要抚慰它、讨好它而加以祭祀，这些祭祀是临时的、不固定的。

瑶族的祖先崇拜可分为始祖崇拜和宗祖崇拜两大类。

1. 始祖崇拜

盘瑶支系的瑶族对自己民族的始祖有一个大体相同的传说，即盘瓠传说。对于盘瓠的故事，瑶族人不仅编成长篇叙事诗在民间广泛传颂，而且还写进了反映本民族来源和迁徙的重要文献《过山榜》里，使之代代相传。同时，瑶族民间还经常举行隆重的祭祀仪式，对盘王加以纪念和崇拜，其中最有名的是过盘王节和还盘王愿。

2. 宗祖崇拜

即瑶族人民对已故的祖先的祭祀崇拜活动。一般瑶家厅堂正中（有的在厅堂左角）墙上都安有一个神龛，内奉历代先祖灵牌和祖先神像若干。没有灵牌和神像的人家，则在神龛上挂上或贴上红底黑字的“神榜”，正中书写“天地君亲师之神位”（或“历代先祖”），两旁写有“诸神祀典，某氏宗亲”，神榜的两侧配有一副歌颂祖先的对联。神榜前置一香案，每月的初一、十五两天，都要烧香化纸，磕头作揖，添两杯酒加以敬奉。逢年过节还要摆几盘荤菜供奉，并祈求福佑。每年清明节，都要到祖先坟墓上烧香化纸进行祭奠等。这种祖先有灵，后人须仰仗、敬畏、祭祀祖先的现象，在盘瑶民间随处可见。

（四）图腾崇拜

图腾崇拜是自然崇拜和祖先崇拜结合的产物，就其崇拜的直接对象来说，是自然物或动植物，就其崇拜的观念来说，又有神灵崇拜和祖先崇拜的内容。

盘瑶以龙犬盘瓠为图腾。《搜神记》载先民“用糁杂鱼肉，叩槽而号，以祭盘瓠。”瑶族《过山榜》也记载：“惟龙犬姓盘名瓠。”盘瓠“有人性之灵、猛虎之威；能行走如飞，能浮游万顷洪波，能咬杀番王，能兴邦救国”等。此外，在瑶族的节日、婚丧、饮食、生产、服饰等日常生活中都有表现。如“衣裳斑斓，好五色衣服，制式皆有尾形”等；瑶族每年农历十月十六日都要过盘王节，举行盛大的盘王祭祀活动。

（五）梅山神崇拜

瑶族是一个山地狩猎民族，在湖南的瑶山，只要有狩猎活动，就有梅山神信仰。如《蓝山图志 · 逸闻录》记载：“男子好猎，畜犬为探，猎户皆具小龛，奉神坛。出猎日辰及方向，悉取决于神。”1951 年中央民族访问团撰写的《郴州瑶族社会调查》一文记载：“瑶人以刀耕火种和打猎为生……他们出猎必先到一个叫‘肉坛’（又名青山坛）的地方祭祀梅山神。”瑶族猎手都说梅山神是他们打铳的祖师爷，一切猎事活动都统属于梅山神之下。

根据湖南瑶族狩猎经文典籍记载：梅山神统属于盘王门下。如《梅山书》和《打铳书》卷首都写有“盘王衙内给出张弓挂索梅山弟子盘耀八郎旗号令”或“盘王衙内九溪十八洞行山弟子 ×××（猎手名）旗号令”。印章与旗号明确地将盘王、梅山神、猎手三者联系在一起。

（六）巫教信仰

瑶族民间存在着巫师与巫术。他们力图借助超自然的神秘力量对某些人和某些事物加以影响或予以控制。

巫师是神与人之间的沟通者。在瑶族民间从事道法和巫术活动的一般称师公和道公（道士），所做法事叫道法，依其职能大体可分为三类。一是从事还盘王愿和一些地方上保平安活动的人，他们所做法事中含有不少巫术因素，如“下神坛”中的驱邪仪式等。二是道公。他们信奉道教兼信佛教，具体师从道教派的闾山教和茅山教，如湖南资江茶坪瑶山的赵启林道公等就是这类人。三是会使用法术的人。他们没有经过传灯度卦，算不上师公和道公，但他们的巫术道法却被广泛使用。巫教的、道教的、佛教的法术他们都拿来使用，如资兴市龙兴瑶山还活跃着一批这样的人。

巫术在瑶族民间也广泛存在，主要有以下几种法术被广泛使用。一是久旱不雨时，请师公念咒祈雨的法术。二是请师公求吉祛病、招魂去煞的法术，如每年的起春节和盘王节中举行的“招禾魂”仪式。三是驱鬼避邪法术，如安龙神、驱邪魔法术。四是画符水念咒语止痛祛病法术。五是隔山止血法术，此术是瑶族中的神秘文化，难以解释。

（七）道教信仰

道教源于古代巫术，为汉族所创，信仰多神，尊老子李聃为太上老君，分正一、全真两大派别。正一派（又称符箓派）不出家，不蓄发，着黑色或红色道服，有“火居道士”之称，俗称“师公”。全真派出家，居道观，着黄冠道服。

瑶族信奉的是道教正一派，重视符箓禁咒、修斋打醮。其经书分为两种：一种是道公用的经文、忏咒，一种是师公用的神唱本。道公的主要活动是替人修斋打醮，所请之神主要是“三请”“四御”“十八星宿”；师公的主要活动是替人喃神赶鬼，所请的是“三元”“玉帝”“雷王”“帝母”“观音娘娘”“盘古”“伏羲”“盘王”“仁王”“灶王”“土地”“城隍”等诸神。

瑶族民间信仰所崇拜的神灵非常丰富，难以计数。依据传统典籍的神祇分类法，可将他们分为天神、地祇、人神。天神包括日神、月神、风神、雷神等，地神则是指山神、水神、树神、动物神、土地神、灶王神等，天神地祇具有浓厚的自然崇拜特点，而人神则包括祖宗神、巫道神、祖师神等在内的诸神。

三、瑶族民间信仰的历史演变

瑶族虽然是一个多神信仰的民族，其中包括祖先崇拜，即始祖崇拜和家祖崇拜。盘王始祖崇拜从产生至今已有数千年历史，已经发展成为有严密组织、有严谨程序、有举办期限、有丰富内容的祭祀娱乐活动。就其演变发展的过程来看，可划分为三个阶段。即：产生、发展与形成阶段，限制发展、严加废止阶段，恢复重建、发展创新阶段。

（一）产生、发展与形成阶段

从远古到隋唐，为始兴阶段。瑶族的始祖盘王崇拜产生于远古时期的盘瓠神话传说，兴起于隋唐时期。这一时期，祭祀盘瓠的内容很少，形式简单，兴起的时间长，发展的速度慢。汉代王逸《楚辞章句》记载："昔楚国南郢之邑，沅湘之间，其俗信鬼而好祠，其祠必作歌乐鼓舞以乐诸神。"这说明在楚蛮（包含瑶族先民）之地流行"信鬼而好祠"的习俗，他们在祀神时，也只是"作歌乐鼓舞以乐诸神"这类比较简单的祭祀活动。东晋干宝《搜神记》也记载，瑶族先民"用糁杂鱼肉，叩槽而号，以祭盘瓠"。以上所引史料就是瑶族先民最早的、最简单的盘瓠祭祀活动。

从唐末到明朝，为发展阶段。这一时期，瑶族祭祀盘王活动，从单一的祭祀娱乐活动演变成了祭祀酬谢、祈福消灾、庆贺丰收、传承文化等多元一体的、内容丰富的集体性的瑶族文化活动，形成了在内容、形式、仪程、舞蹈、歌谣等方面自成一体的比较固定的模式和比较完整的体系。这一时期，在瑶族发展历程中经历了一次民族生死存亡的"漂洋过海"的历史事件。这一事件对瑶族的民间信仰产生了重大影响。瑶族《过山榜》的《评皇券牒》有明确记载："交过寅卯二年，天灾大旱，官仓无粮，深塘无鱼，蕉木生烟，瑶人吃尽万物，无得投靠。正月漂湖过海，一千里路，过了三个月，行船不到岸，水路不通行。子孙思量无奈何，又怕着风吹落大海龙门。思量圣王，前来杀死，后来救生。在落船中，求献五旗兵马，祖宗家先，许歌堂薄书良愿，三朝一夕，船行到岸，马行到乡。子孙酬还答谢圣王神恩良愿，圆愿酬谢天地。”从引文可以分析出来，瑶族“漂洋过海”事件对瑶族民间信仰的影响至少有三个方面：一是漂洋过海使瑶民对始祖盘王更加崇敬，盘王既是创世祖又是救世主，这就确定了盘王在瑶民精神生活中的核心地位。二是增添了还盘王愿的内容和仪式。为了让子孙后代记住这一重大历史事件，在还盘王愿的仪式中增加了“圆箕愿”，再现了漂洋过海的情景；编写了“盘王大歌”，在还盘王愿活动中进行传颂；创作了新的长鼓舞，如招兵舞、伞舞、招五谷等，并在舞蹈基础上发展了各种音乐、器乐等，更具观赏性。三是祭祀规模由小到大，形成了举办活动中分工明确的筹备班子和表演队伍，在活动程式上具有比较规范、固定、系统的模式。

这一时期，瑶族人民长期的游耕游猎生活在迁徙过程中逐渐形成了相对稳定的聚居区，仅湘南地区就有著名的八峒瑶民聚居区，即常宁的溪峒、蓝山的华阴峒、江华的禾峒、宜章的莽山九峰峒、郴州的黑风峒、石陔峒、水头峒、钦景峒。这些瑶峒山水相连，瑶民互有往来。安定的生活和生产的发展为举行大型的还盘王愿活动提供了条件，促进了瑶族民间信仰的发展。宋人周去非在《岭外代答》中记载的“瑶人每岁十月旦，举峒祭都贝大王于庙前，男女之无夫家者，男女各群，连袂而舞，谓之踏摇”就是例证。

这一时期，由于道教和汉字传入瑶峒，使瑶族文化染上了更加神秘的宗教色彩，并得到了较快发展。刘锡蕃在《岭表纪蛮》中记载：“瑶人祀盘古，三年一醮会。招族类，设道场，行七献之礼。男女歌舞，称盛一时，数日而后散。三年内所蓄鸡犬，尽于此会。”从引文可知，瑶民的祭祀活动又增加了设道场、修斋打醮等道教的法事。瑶民信仰的神灵除了祖先神和自然神之外，又增加了道教的三清、三元、老君诸神。既信巫教，又信道教，巫道结合，形成了瑶族民间信仰的显著特点。瑶族地区的宗教师就由原来的只有巫师，增加了新的传道师，即师公道公。从此，瑶族的祭祀活动既有原始宗教的跳盘王、做洪门等喃神跳鬼活动，又有道教的符箓禁咒和作斋打醮等科仪。

瑶族的师公道公是瑶民中文化程度高、悟性高、见识广、思维敏捷、综合素质较高的人。由于汉字的传入，师公道公们在长期活动中不断总结和积累，将民间传唱的关于天地起源、人类起源、民族起源的神话歌谣进行记录和整理，用汉字并夹杂汉字记瑶音的方法进行记载，逐渐形成了《盘王大歌》手抄本。这样，瑶族文化的传承传播方式就由原来单一的口耳传承变成了口耳传承和文字传承并举的方式，使瑶族文化得到了更快更好地传播和传承。

清代至民国之前，为形成阶段。这一时期，瑶族与其他民族特别是汉族和睦共居，民族融合出现空前的局面。瑶族的民间信仰，在明代基础上完成了它的发展过程，形成了从内容、形式和规制等方面都自成一体的基本固定的模式和比较完整的体系。1984 年，在恭城县观音乡水滨村发现了一幅清乾隆九年（1744 年）绘制的反映瑶族民间祭祀活动的《梅山图》。该图绘制了 400 多位各路神仙，包括了瑶族祖先神、佛道二教神、本地祖先神、自然神等。从该图反映的神团体系及其定位来看，其在清乾隆时期就已经非常明确且基本固定了。瑶族虽然是多神信仰，对于这些信仰的神灵，尽管他们的来历不同，派别不同，地位不同，法力不同，但瑶民都把他们放在一个祠庙或家庙中共同祭祀。这一神团体系，可以满足瑶民在生活逆境中祈求庇佑的需求，是瑶民对幸福生活充满希望的精神寄托，所以它受到了广大瑶民的喜爱。瑶民不仅仅把它当作祭祀的对象，而且赋予了它更加丰富的内容和更强大的生命力。既祭祖，又许愿还愿，还祈福消灾、庆贺丰年，形成多功能的集体文化娱乐活动，出现了一村一寨、多村多寨、一族一姓、多姓联合举行的集体祭祀和各户单独举行的家庭型祭祀活动。这样还盘王愿活动就被广大瑶民运用到日常生活中，成为瑶族民间信仰的主要形式。它的内容得到了极大的丰富，表现形式得到了不断完善。瑶民将其发展历史中具有重大影响的事件和生产生活中主要事件，通过还盘王愿的祭祀仪式、祭祀舞蹈、祭祀歌谣等形式表现出来。例如：用长鼓舞来表现“盘王狩猎”活动，用“圆箕愿”来表现“漂洋过海”事件，用师公唱诵《盘王大歌》来叙述瑶族的历史，用歌郎歌娘唱瑶歌来表现瑶民日常的生产生活情景，等等。

（二）限制发展、严加废止阶段

从民国建立到20世纪80年代，在历次的政治变革影响下，瑶族民间信仰发生了前所未有的变化。

民国肇兴，民间信仰日渐衰微。这一时期，一系列相关法规的颁布与实施，极大地冲击了民间信仰。其中有代表性的《中华民国民法》的出台对民间信仰的冲击颇大。如在继承法方面，大胆地取消了族权继承，族权制度中的祖先崇拜就失去了政治基础与法律保障，瑶族民间信仰地位也就随之下降，逐渐呈现出衰落之势。特别是在“新文化运动”中，一批先进的知识分子如陈独秀、李大钊、鲁迅等撰写了一系列文章，狠批儒、道思想。他们视祖先崇拜为反科学的迷信、是最愚谬的行为，认为其本质是“肆行迷信之专制，侵犯子孙自有之人权”，是破坏社会风气的“元凶”。由于儒、道正统地位的丧失，瑶族祖先崇拜的伦理基础随之丧失，瑶族民间信仰活动也就逐渐衰微了。

20世纪20年代末，民间信仰逐渐凋零。中国农民运动实行打击农村宗法制度的政策措施，使许多农村宗族组织解体或处于涣散状态，民间信仰活动缺乏操作实施的物力和人力条件，瑶族的民间信仰也随之逐渐凋零。民国期间，在诸多因素的共同作用下，瑶族原本至高无上的祖先崇拜信仰受到一定程度的冲击，集中表现在：祭祀祖先活动虽然仍在进行，但祭祀之礼节趋向简单；祭祀之名目逐渐减少；祭祀之载体如祠堂庙宇遭到一定程度的破坏。

新中国成立到20世纪80年代，民间信仰出现全面断裂局面。这一时期，在历次破除迷信和各种政治运动中，国家将民间信仰当作封建迷信严加禁止，瑶族的民间信仰丧失了生存的经济基础和政治庇护，失去了生存的空间。如1950年实施的《中华人民共和国土地改革法》规定：祠堂、庙宇、族田等财产一律归公，改作他用，民间信仰组织都在取缔之列。瑶族的民间信仰在这一大时代背景之下日渐衰败也在情理之中。特别是在1966年至1979年间，瑶族民间信仰已处于断裂阶段。中国共产党八届十一中全会后，对宗教采取了“破四旧”的政策措施，提出“彻底消灭宗教”“彻底捣毁一切宗教神庙”等。这一时期对于制度化宗教与民间信仰的物质层面的冲击是前所未有的。因此，瑶族民间信仰活动随同宗教信仰一起，在强大的国家力量的干预下，已经全部销声匿迹，出现了全面断裂的局面，所有祭祀祠堂庙宇都遭到毁弃或挪作他用，所有明的暗的民间信仰活动全部遭到禁止。

（三）恢复重建、发展创新阶段

从中共十一届三中全会以来，瑶族民间信仰进入了恢复重建、发展创新的历史阶段。

1979—1991年为逐渐恢复重建时期。这一时期国家宗教信仰自由政策逐渐得到落实，制度化宗教（即国家认可的佛、道、伊、天、基五大宗教）获得了自由发展的空间，民间信仰也随之得到了一定程度的恢复。但民间信仰在当时只能算是一种社会风俗习惯，还得不到应有的尊重和宽容，其边缘性地位和受挤压的生存状态并没有得到明显的改观。

1992年至现在为调整创新时期。1992年2月，中共中央和国务院印发《关于进一步做好宗教工作若干问题的通知》，其中提出："要动员全党、各级政府和社会各方面进一步重视、关心和做好宗教工作，使宗教与社会主义社会相适应。"这是党中央文件第一次提出"宗教与社会主义社会相适应"。随着国家宗教政策的日趋完善，瑶族民间信仰也在调整创新中得到不断发展。例如，从1992年开始，湖南省江华瑶族自治县为了满足广大瑶民祭祀盘王的需求，并为之提供方便，于是就开始筹备迁建盘王殿事项，将坐落在姑婆大山深处的盘王庙迁建到县城沱江镇中心地段。为此，该县县委政府组建了专门班子，由瑶族头面人物负总责，各乡镇瑶族干群共同参与，由瑶民自筹建设资金400余万元，建成了天下瑶族第一殿——盘王殿，成为世界瑶族寻根祭祖之圣地。该项目于1995年十月十六日（农历）盘王节正式竣工，并举行盛大的盘王祭祀活动，参加盘王祭祀活动的瑶民有10余万人。与此同时，瑶族村寨所建盘王庙、仁王庙等众多被废弃的祠堂庙宇，其祭祀活动也开始复兴，并日渐频繁，如江华瑶族自治县涛圩村的仁王庙（内供盘王和仁王神像）、广西富川瑶族自治县龙集村的盘古庙（内供盘王、仁王和哪吒神像）又恢复了旺盛的香火和祭祀活动。1999年涛圩镇举办重建仁王庙竣工祭祀活动时，参加祭祀活动的民众就有数万人。这些事例，基本上反映了这一时期瑶族祖先崇拜的恢复重建状况。

2000 年以来为创新发展阶段。这一时期，瑶族民族信仰的有关项目已进入国家“非物质文化遗产”体系的创新发展阶段。如瑶族祭祀用的“长鼓舞”“盘王大歌”“还盘王愿”“盘王节”“跳九州”等民间信仰项目，通过改编创新都已列入国家和地方政府非物质文化遗产名录。同时，瑶族民间信仰的应用性问题也随之得到了广泛关注，如：瑶族民间信仰与瑶族文化的传承问题、民间信仰与社会道德建设问题、民间信仰与旅游的关系问题、民间信仰与和谐社会的建设等问题，都已成为地方政府和广大瑶民关注的重要话题。

四、瑶族民间信仰演变的影响因素

瑶族民间信仰作为瑶族文化的一种活态文化现象，与其他的文化形态一样，有其起源发展与演变的过程。其发展演变是要受到社会发展进程影响的。既要受到政治制度的影响，更与思想伦理、经济生活、传统习俗、外来文化等因素关系密切。瑶族的社会发展进程与汉族的社会发展进程不同，它是从原始社会直接进入封建社会，再进入社会主义社会的。在 2005 年由民族出版社出版的《瑶族历史览要》专著中对瑶族社会发展历程有较为详尽的论述。

概言之，从远古到隋唐时期，瑶族社会处于刀耕火种的原始社会时期，其民间信仰主要是自然崇拜、图腾崇拜、祖先崇拜。其活动的内容较少、形式简单、组织容易；从宋元到民国时期，瑶族已逐渐进入封建社会，其民间信仰的内容与形式也逐渐丰富多彩、自成体系；从新中国成立以来，瑶族进入了社会主义新时代，其民间信仰也随着历次政治运动而衰落和恢复创新。就其发展演变过程来看，其影响因素主要有以下几个方面。

（一）政治因素的影响

祖先崇拜是中国传统的民间信仰。这种传统的民间信仰是通过封建皇权国家体制的支持而受到庇护的。

封建皇权与民间信仰有着共同的伦理基础。中国历代封建王朝的国家政治是以“臣民尽忠”为伦理基础的，而民间信仰的伦理是以“孝道”“人伦”“亲情”为伦理基础的。“子孙尽孝”和“臣民尽忠”是一致的，因此，封建皇权体制对中国传统的民间信仰，只要在符合规制的情况下是予以鼓励和倡导的，瑶族民间信仰也不例外。

皇权体制给予宗教组织和民间信仰的仲裁权（即族权至上和族长至上的自治权）。民间信仰的负责人——族长（包括民族长和宗族长）在代祖先行事时，可行使最高权力，这就赋予了祖先崇拜的合法性和权威性。因此，族长、族规（含民族法规和宗族规约）、建祠堂、建庙宇、行祭祀等完整有序的敬天尊祖的做法，实际上就是君权、神权与族权密切结合的产物。

封建王朝“变夷为夏”民族融合政策的实施。历代皇权制度“变夷为夏”“以夷治夷”“剿抚并举”政策的扩张和教化，使瑶族在原始信仰的基础上，在与汉族主流文化的交流互动之中，在儒释道精英文化的渗透之间，逐渐形成了盘王信仰与巫道结合的丰富多彩的神灵世界和民间信仰体系。

（二）经济生活的影响

远古时期，人类主要依靠采集食物和猎取动物来获取基本的生存资料，要靠大自然的恩赐才能求得生存。但大自然又时常“加害”于人类，甚至可以“置人类于死地”。这都让原始先民无法理解而心存困惑，他们将这一切归于一种神秘力量，因而十分崇拜这种力量，于是就逐渐形成了“万物有灵”的观念，进而产生了包括自然崇拜、动植物崇拜、图腾崇拜、神灵崇拜等形形色色的原始信仰。因此，在瑶族民间信仰中，自然崇拜占有很大的比例。

隋唐之前，瑶族社会尚处于原始社会时期，土地公有、集体劳动、平均分配是当时生产关系的主流；生产方式是游耕兼渔猎，流动性大；生产力水平极低，尚处于刀耕火种、待雨而耕的原始生产状态。这一时期瑶族民间信仰活动比较简单，正如前文所述，瑶族先民“信鬼而好祠”“用糁杂鱼肉，叩槽而号，以祭盘瓠”，这种简单的祭祀活动完全是由当时的经济生活所决定的。

宋元以后，随着社会生产力的发展，历代封建王朝在瑶区日益深入，瑶区与汉区交往频繁，加速了瑶族封建化的进程。瑶族绕过了奴隶社会阶段，部分瑶族从原始公社直接过渡到封建领主制社会，瑶区经济得到了较快发展。特别是宋代大将章惇开发梅山以来，部分瑶区进入了农耕为主的经济发展阶段。瑶族的民间信仰活动也从简单的祭祀活动演变成了祭祀酬谢、消灾祈福、庆贺丰收、传承文化的内容丰富、形式多样的集体性瑶族文化活动，形成了内容、形式、仪程、歌舞等方面自成一体的较为完善的瑶族民间信仰体系。

（三）思想文化的影响

1. 官方文化的影响

西汉以后，中央王朝开始了文化统一政策，在“罢黜百家，独尊儒术”文化政策的影响下，代表精英文化的儒士们与朝廷密切合作，构建了一整套官方的祀典制度，这就是所谓的官祀体系（亦称“正祀”）。历史上官祀体系希望能主导、控制、影响民祀体系。民祀体系一方面也为获得官方认可，将民间祀神纳入官方祀典而努力；另一方面，官祀和民祀为争神权而产生冲突，许多民祀被官方认定为“淫祀”。历代朝廷一方面是通过官祀的建立和完善，将民祀纳入官祀所认可的体系中来；另一方面是对民祀中的“淫祀”部分进行批判与打击，消除那些与官祀不和的信仰习俗。但真正的官祀对瑶族民间信仰的影响是从宋代开始的。宋代以前的瑶族都未“入籍归化”，山高皇帝远，官方管不到。入宋以后，瑶族逐渐“入籍归化”，社会组织形成了“溪、峒、源”等基层单位，瑶族社会出现了“熟瑶”与“生瑶”的不平衡发展状态。“入籍归化”的“熟瑶”的民间信仰受到汉文化和官祀文化的巨大影响，逐渐形成了祖先信仰与巫道结合的瑶族民间信仰体系。

2. 精英文化的影响

精英文化对民间信仰的影响是多元而深远的。代表精英文化的儒人、士大夫，掌握了对学术、思想、教育、文化、信仰习俗的话语权，并与官方密切合作，又在民间社会中扮演重要角色，他们与民俗文化、民间信仰直接联系，因此，民间信仰在精英文化的影响下，不断建构演变。唐宋以来，由于“南蛮”（包括瑶族）不断向南岭山区迁徙，远离中原王朝，汉化过程十分缓慢，先秦以前形成的“信鬼而好祠”和“祭祀盘瓠”的民间信仰传统一直保留到明清时期。但是，延续数千年的瑶族民间信仰在保留维持的传承过程中，亦受到中原精英文化的影响，处在不断建构演化过程之中。历代名人儒士通过确立官祀、改造“淫祀”，以实现对民间信仰改造的事例颇多。

《尚书·吕刑》载“苗民弗用灵”，“三苗乱德，民神杂扰，帝尧既诛苗民，乃重黎二氏，使绝天地相通，令民神不杂”。苗瑶部族在信仰上与中原部族有很大差别，即“民神杂扰”，尧派人南征就是为“令民神不杂”。《史记·五帝本纪》载：“舜南巡狩，崩于苍梧之野，葬于江南九嶷，是为零陵。”舜南巡狩干什么？其中一个重要内容就是“令民神不杂”，改造苗瑶的“淫祀”。

柳宗元贬官永州十年。在此期间，他除了从事学术研究和文学创作之外，没有忘记改造民间信仰、移风易俗的文化使命。永州民间特别是瑶族民间向来有“好巫鬼，重淫祀”的民间信仰，祈雨求晴是永州民间，特别是瑶族民间自然崇拜的民俗之一。而柳宗元则带领民众到舜庙祈晴，并作《舜庙祈晴文》，一方面是引导民众对舜帝的崇拜，这属士大夫的精英文化；另一方面是祈求舜帝神灵福佑民众，这属永州的民间信仰。柳宗元将这两者紧密结合，既重视官祀在民间的确立，也以儒家的标准推动“淫祀”的改造。

刘禹锡贬官到朗州（今常德）和连州时，也致力于民祀的改造。《旧唐书·刘禹锡传》记载：“蛮俗好巫，每淫祠鼓舞，必歌俚辞。禹锡或从事于其间，乃依骚人之作，为新辞以教巫祝。故武陵溪洞间夷歌，率多禹锡之辞也。”刘禹锡就是以文人的文雅、观念及情感改造“南蛮”（包含瑶族）的民间信仰，以达到移风易俗的目的。

3. 瑶族师道公的影响

瑶族师道公是瑶民中文化程度高、悟性高、见识广的人，是引进中原文化，建构瑶族民间信仰的积极推动者。唐宋以来，他们在与中原文化的长期接触中，对中原文化有了一定的了解，特别是对道教文化有了更深的理解，他们认为道教比原始宗教更具系统性，它关于仙境、人间、地府的观念以及受戒入道、掌握符箓禁咒、修斋打醮等法术，可以消灾除祸的说教，比原始巫教更具有吸引力，于是他们将其有用的内容与科仪有机糅合到瑶族祭祀活动之中,并经历几百年甚至上千年的建构演变,形成了始祖盘王与巫道结合的瑶族民间信仰体系。

综上所述,官方人士和社会精英们是引进中原文化,建构瑶族民间信仰的积极推动者。特别是宋代以后,加大了树“正祀”废“淫祀”的力度,瑶族民间信仰演变进程明显加快。

参考文献

陶思炎,铃木岩弓,1999. 论民间信仰的研究体系 [J]. 世界宗教研究 (1):107-113.

王健,2005. 近年来民间信仰问题研究的回顾与思考:社会史角度的考察 [J]. 史学月刊 (1):123-128.

从伏羲兄妹神话看瑶族的哲学思想

任涛

伏羲兄妹神话广泛流传于中国的湘、粤、桂、云、贵等省区的瑶族地区和东南亚、欧美瑶族地区。有伏羲兄妹造百姓、伏羲兄妹、洪水淹天、洪水滔天、人是怎样来的、洪水浸天门、兄妹成亲、伏羲兄妹造人民、姜发果、张乐国、洪水的故事、淹天底等版本，最具代表性的是伏羲兄妹和洪水淹天。这一神话在部分汉族地区和其他少数民族地区也有流传。但在瑶族地区的流传却是最广泛、最深刻的，其瑶族的生活色彩最浓厚。这可能是瑶族在长期的迁徙过程中，与汉族和其他少数民族杂居生活在一起，瑶族的这一神话也无形中在当地流传开来，当瑶族又迁徙后，神话故事却留了下来。抑或是明清时期瑶族大杂居、小聚居的格局形成后，其社会和文化思想与其他民族交流并相互融入，所以瑶族伏羲兄妹的神话在部分汉族和其他少数民族中也有流传。

一、神话故事概述

伏羲兄妹的神话脍炙人口，在瑶族地区流传几千年而经久不衰。其故事分为两部分：第一部分是伏羲兄妹的父亲张发果与天上的雷公斗智斗法；第二部分是洪水淹天后，天下只剩下伏羲兄妹，不得已两兄妹成亲繁衍了人类。

伏羲兄妹神话的大致内容为：雷公住在天上，张发果，人们也叫他大圣，住在地上。两个人的法术都很厉害。两个人是好朋友，无话不谈，无事不做。两人在一起经常斗智斗勇，甚至相互斗法。有一天，两人商量说一起合伙种庄稼，张发果负责找种子和耕种，确保收获，雷公负责管理雨水，确保风调雨顺。头一年，张发果找到穇子种，种的是穇子，并问雷公要上面还是要下面，雷公想了想说要下面。收获时，按约定张发果把上面的穇子给了自己，把下面的秸秆给了雷公。第二年，张发果问雷公："今年庄稼收获时你要上面还是下面？"雷公想：去年我要下面吃了亏，今年就要上面吧。他便大声说道："我要上面。"这一年，张发果种的是芋头，收获时，雷公得到上面的芋头梗叶。第三年，当张发果又问雷公时，雷公想到头两年的憋屈，没好气地说："我上下都要！"结果，这一年张发果种苞谷，而且长势很好。收获的时候，张发果将苞谷全要了，雷公只得到下面的苞谷秆和上面的苞谷花及叶子。雷公三次上当，非常恼怒，决心要与张发果大斗一场，以发泄心中的怒气。（另有一种说法是张发果想吃雷公肉，设计将雷公抓住，关在笼子里。）雷公从天上猛冲下来，一踏上张发果预先铺上青苔的屋顶就滑倒滚了下来，被张发果抓住关在笼子里。张发果准备杀了雷公放在坛子里腌着吃，可是家里没盐了，张发果便到南海去挑盐。临走时，千叮万嘱伏羲俩兄妹不要给雷公喝水。张发果走后，雷公问伏羲俩兄妹要水喝，见俩兄妹不给，就骗他们说潲水不是水，给他喝潲水就行了。兄妹俩心地善良，舀了一瓢潲水给雷公喝。谁知，雷公喝了水后，立即力气大涨，撑开笼子跑了出来。临走前，他拔下一颗牙齿嘱咐兄妹俩按鸟说的去做。雷公回到天上，立即下起了瓢泼大雨，雨雾茫茫，一下就是七天七夜。这时，一只小鸟在窗子上急促地叫道："快种牙齿！快种牙齿！"兄妹俩想起雷公嘱咐，立即将雷公的牙齿种在地里。谁知道，牙齿一种下去就发芽、长藤、开花，结成一个大葫芦。小鸟又叫道："快锯葫芦，快锯葫芦！"兄妹俩立即找来锯子将葫芦锯开一个口子。鸟儿又叫："快进葫芦，快进葫芦！"这时洪水已经来了，兄妹俩立即跳进葫芦。葫芦随着洪水飘荡。洪水淹到了南天门，葫芦也飘到了南天门。他们在葫芦里看到父亲张发果乘着猪槽漂浮上天，要去杀雷公，却被雷公叫人放水进猪槽而被淹死。

洪水退后，伏羲兄妹俩也回到了地上。兄妹俩急忙跳出葫芦，四下一看，倒吸一口凉气，四下已经见不到一个人。俩人急了，立即到外面去找，看看还有没有人，可是走了几天几夜，走累了，走不动了，也没有找到一个人。妹妹渴了，哥哥便去找水给妹妹喝，看到井里满是清水，但找不到舀水的东西，用手捧水，还没有到妹妹跟前，就没有水了，哥哥好不懊恼。这时一只乌龟爬过来说："你怎么这么蠢，将妹妹背过来不就可以了。"哥哥想想也是，便把妹妹背了过来。乌龟见妹妹喝了水有了力气便说："你们不要找了，天下只剩下你们俩了。你们成亲吧，好繁衍人类！"兄妹俩一听气坏了，骂乌龟是胡说八道，兄妹是一家人，哪能成亲。乌龟又说："哪不能成亲呢！你们不成亲，天下就没人了。"兄妹俩还是不答应，并继续四下找人，乌龟就跟在俩人身边做工作。久而久之，哥哥也烦了，想想也是，要不就成亲吧，不然就真的没有人了。哥哥便跟妹妹商量，为了今后天下有人，我们还是成亲算了。妹妹想想后，也觉得只能这样了，但她提出了三个条件。一是俩人分别站在山头上，一人拿线，一人拿针，线要穿进针眼里；二是高山滚磨盘，磨盘向相反的方向滚，但要在山脚重合；三是隔山在两座山头上生火，火烟尾要在空中相缠。三个条件都达到了就可以成亲。哥哥一听大吸一口凉气，这样苛刻的条件，哪能办得到！妹妹根本就不同意嘛。乌龟给哥哥鼓劲儿："别怕，有我呢！"于是兄妹两人分别到两座山头。哥哥拿线，妹妹拿针，向上举起，这么远的距离，不说看不到针眼，连针也看不到。哥哥便将线随便向前伸去，谁知，一下便穿进了针眼。俩人又分别在山头上向相反的方向滚石磨，一会儿，磨盘便在山脚重合。俩人又隔山站在山头上烧烟火，烟火一升起，隔着一座山头的两股火烟尾巴便相缠在一起。妹妹看三个条件都达到了，站起来就围着山脚跑，哥哥便在后面追，可是怎么追都追不上。乌龟悄悄地对哥哥说："你反过来追不就追上了。"果然，哥哥反过来追，一会儿就追上了妹妹。妹妹知道是乌龟搞的鬼，一脚将乌龟踩死，乌龟壳被踩成十二块，妹妹说："十二块乌龟壳合好成一块，我就跟你成亲。"谁知，妹妹话音刚落，乌龟就活转过来，乌龟壳也好了，只留下十二道花纹。妹妹见乌龟活了，知道是天意，便与哥哥成了亲。三年后，妹妹生下了一肉团，哥哥便把肉团剁碎到处撒，所到之处都变成了瑶人和汉人等，从此，天下又有了人类。

二、神话中蕴含的哲学思想

以上叙述的伏羲兄妹神话想象离奇，情节曲折，内容生动。瑶族没有全族通用的文字，长期以来民族文化靠口耳相传，在相传中完善或演变发展。《伏羲兄妹》从原始社会开始口耳相传，越传版本越完整。因为它没有作家进行文字加工，有的地方好像文理不通，也有的地方前后矛盾，但就是这样它才更具有原始性和古老性。我们可以从中得到这样几个信息：一是天上和天下（地上）、天上的神和地上的人；二是小鸟、葫芦、乌龟、石磨等都有灵气，小鸟、乌龟还会说话；三是洪水把人类文明毁灭了，伏羲兄妹成亲后又有了人类；四是兄妹成婚；五是乌龟死了又在妹妹答应的情况下活转过来。这五个方面的信息，表面看来很简单，但仔细一想，其实一点都不简单。仅兄妹成婚这条信息，就反映了人类古老的婚俗，反映了人类的婚姻制度，具体说是反映原始社会时期的血缘群婚。血缘群婚是母系氏族社会的婚姻现象。当时人们还没有近亲结婚有危害的意识，只是简单地认识到要延续人类就得男女婚配。当社会发展后，人们有了深一层次的思想，尤其后代体质一代不如一代，才认识到婚姻制度出了问题，人们避开近亲结婚，又有了进一步的普那路亚婚姻制度，再后来才发展到一夫一妻制的婚姻制度。兄妹成婚其实是反映了瑶族远古婚姻制度和原始社会的情况，不作更深入的探讨。

下面只探讨其他四个信息：伏羲兄妹神话中天、地、人的信息；洪水毁灭人类文明，伏羲兄妹使人类文明再生的信息；乌龟、小鸟会说话的信息；乌龟死了又复活的信息。我们往深层次思考，就会发现，其实这些信息都是哲学的命题，也就是说它们属于哲学的范畴，是瑶族的哲学思想。天、地、人是宇宙层次说是人们认识世界、认识宇宙的看法和观点。伏羲兄妹再生人类是人类文明再生的观点，即二次文明。乌龟、小鸟会说话是哲学中万物有灵的观点。乌龟死了又复活是哲学中灵魂不灭的观点。这些瑶族的哲学思想还散见于瑶族其他神话、传说、故事、歌谣和祭祀经文、仪式中。当然，瑶族的哲学思想是早期的，并且有的还是唯心的。我们不探讨瑶族哲学思想是唯心还是唯物，只探讨它的哲学思想。

天、地、人宇宙层次结构说产生于原始社会，瑶族认为天地万物和人构成一个有序的整体，即天、地、人合一。《伏羲兄妹》的神话中，天、地、人始终是贯通的，从天上的雷公、地上的神龟和人类的代表张发果、伏羲兄妹的纠缠中，说明了天地万物和人合一的学说观点。这种思想在瑶族的其他神话传说和祭祀仪式，以及瑶族医药的理论中都得到体现。在后来的还盘王愿的仪式中，通过沟通人、鬼、神的师公架通上天的天桥，开辟下地的道路，将上界（天）、中界（人）、下界（地）串联在一起，实现凡俗与神圣客体的贯通，并以此使客体具有某种权力和能力，让主体的各种心理需求得到满足。而在后来逐渐形成的瑶族医药的基础理论中，认为天、地、人即自我、社会、自然和谐统一；应用在人体，对应分成上、中、下三元，也是自然和谐统一。天、地、人之间发生不和谐，人就要生病，即人之所以生病是与气候变化、环境、饮食、神灵等有关。因此，治病时不能忽视机体的调节和周围环境的平衡和谐，平常用冬补、夏消、春燥、秋润的饮食手段来促使机体的调节和适应自然环境的盈亏平衡。天、地赋予瑶人吉凶祸福，也赋予瑶人仁义礼智，一切人事均应顺乎自然规律，才能阴阳平衡，三元和谐，生命有序，生生不息。

文明再生说产生于原始社会。神话中，兄妹俩在神龟的帮助下结成夫妻生下肉坨，剁碎后变成了瑶人和汉人等，并且在高山、平地井井有条，世界上又有了人类文明。文明再生的基本思想是宇宙被淹天的洪水毁灭过，这一个文明是在上一次文明被毁灭后再创造的。上一个文明里，天上地上是相通的，文明程度很高，却因张发果和雷公相斗引起洪水而遭到毁灭。当洪水毁灭世界文明后，是伏羲兄妹通过三年的孕育再生了人类，使二次文明形成。造人的神话在瑶族的盘古、密洛陀神话中有较多的叙述。密洛陀是布努瑶的祖先，是她创造了人类。这里也说明了一个问题，即祖先密洛陀是一代文明，她创造的人类都是她的子孙，是另一代文明。这是另一个版本的文明再生说，虽然没有说密洛陀这一代的文明毁灭，但她造人就说明她这一代的文明已经没有发展，必须要造就下一代的文明。这恰好与伏羲兄妹神话一样，人类必须经过二次文明再生才能发展。这就说明了文明可以创造，文明可以发展，反映出瑶族的哲学思想也是可以创造和发展的。

万物有灵说产生于原始社会早期。万物有灵是瑶族的认识论。瑶族人民认为宇宙当中万物有灵，无论是有形的生物，还是无形的生物，都是有灵的。并且在有形的世界外，还存在一个无形的超自然力的世界，这个世界支配和主宰着人类社会这个有形世界，这个世界就是“百神千灵”世界，即天地、日月、雷电、风雨、云雾、高山、石崖、河流、山川、草木、竹藤、鸟兽、虫鱼等万物都有神灵存在，所以人类也是神灵造出来的。瑶族“始创人类”的神话大致可分为两种类型，一种是“神造类”，以伏羲兄妹和密洛陀造人神话为代表，另一种是“自然现象变化形成论”，以盘古神话为代表。按照唯物主义的认识论，物质是第一性，意识是第二性的，各种自然现象的形成是经过几千年，乃至几万年逐渐形成的。然而，原始社会时期的瑶族人民则把这些现象归结为神，认为人和万物都是神灵造出来的。这正是原始社会万物有灵观的体现，反映出瑶族古代先民的宇宙观和认识论，表明了原始社会是如何认识人类自身和自然界的起源。人们要祈福驱灾，要实现自己的欲望，就要求得神灵的庇护和帮助，于是瑶族人民就有了对自然神灵的虔诚赞颂和祈祷敬奉。在瑶族的民俗活动中，根据需要，广请神灵庇佑。所请之神包括了天府、地府、水府、阳间的几乎一切神祇。这也许就是万物有灵观最直接又最具体的反映吧。

灵魂不灭观产生于原始社会。瑶族人民认为人的灵魂是不灭的，当人和物体活着的时候，灵魂就附在人和物体内，并主宰着人和物体的活动。当人和物体死去的时候，灵魂就脱离人和物体而游离，灵魂照样存在。瑶族的神灵崇拜和祖先崇拜所衍生出来的祭祀活动，实际上是灵魂不灭观的最直接最具体的反映。通过祭祀以灵魂存在的神灵和祖先求得心灵上的最大慰藉，祈求保佑平安健康、五谷丰登、六畜兴旺。正如列维·布留尔在《原始思维》中说的："原始人感知的世界既是自然的又是超自然的，灵魂无处不在。"当然，灵魂不灭说造成了一些迷信的思想观念，与科学世界观不相符，对社会的发展也造成一些不良的影响。

三、对瑶族哲学思想的分析

上述瑶族哲学思想的几个观点，表明了瑶族古代先民的认识论、世界观和宇宙观，是瑶族先民试图探索、解释世界和人类的由来以及宇宙万物起源的观点。正如马克思所说："希腊神话是通过人们的幻想，用一种不自觉的艺术方式加工过的自然和社会的本身。"伏羲兄妹是瑶族先民通过自己的幻想，来表达用不自觉的艺术加工过的原始社会早期天、地、自然和瑶族社会的本身。这是原始社会时期人们的思维方式，他们以感觉为基础，将万物有灵当作切入点，以此来探索宇宙的奥秘。恩格斯说："全部哲学，特别是近代哲学的重大问题，是思维和存在的问题。"思维和存在是哲学的最高命题。它包含了两个方面的问题，一是思维和存在的地位问题，也是世界的本原问题；二是思维和存在有没有同一性，是不是相一致、相符合的。思维是物质的产物，没有同一性，思维就不能产生。思维和存在、主观与客观的矛盾是人类实际活动当中最普遍的矛盾。瑶族先民基于对世界这个存在的认识，产生了瑶族自己的思维。他们用原始的思维方式，即在对世界存在的模糊认识当中，把自己作为客观对立物，在认识世界和改造世界的过程中不断解决主客观的问题。经过自己的主观思维，幻想出（认为）世界存在之中，人、雷公、小鸟、葫芦、乌龟、石磨等万物都是有灵的。那么，世界的本原是万物有灵。所以在瑶族的世界里，天、地、人都是相通的，随时可以来往。张发果还可以和雷公合伙种庄稼；小鸟、乌龟都可以说话，而且根据事情的发展来设定怎么说话、说什么话，说话办事像人一样随心所欲。也许有人说，这是瑶族的童话吧，童话中不是都将动物拟人化吗？也许这说得有道理。但我们说，它完全就是瑶族早期思维对宇宙认识的一种幻想思维，瑶族基于早已存在着的世界，用自己的思维去认识世界的本原。天、地、人相通这种思维到后来就有了实践。瑶族宗教信仰中的师公，扮演了天、地、人相通的使者，通过他，普通人的想法可以上达天界的神，下达地界的鬼，又通过他将鬼神意志、做法传达到中界的人。这种做法虽然是迷信的，但这种思维却是原始社会用万物有灵认识世界本原问题的延续和实践。人们得到神鬼的旨意，精神上得到满足的同时，万物有灵这一世界认识论也就在瑶族中延续发展下来。所以，直到今天，在老一辈人当中还认为世界是万物有灵的，从中衍生出来的神灵崇拜、祖先崇拜仍然存在。

关于神话与哲学的关系问题，除了马克思和恩格斯的精辟论述外，哲学家黑格尔也说到：“思维的精神必须寻求那潜伏在神话里面的实质的内容、思想、哲学原则，一如我们须在自然里面去寻求理性一样……而这种掺杂哲理进入神话或从神话中演绎出哲理——这哲理是古代的人想也没有想到过的——作风是反历史的。这话一方面是完全正确的……在有意识的思维里，古代人的确没有想到过那些哲理，也没有人这样肯定过；但说那些哲理的内容没有潜伏在神话中，却未免有些可笑。民间的宗教，以及神话，无论表面上如何简单甚或笨拙，作为理性的产物（但不是思维的产物），无疑地它们同真正的艺术一样包含有思想、普遍的原则、真理。”黑格尔的这段话说明了神话不等同于哲学，神话中又包含了哲学思想这样两个观点。用这段话与瑶族伏羲兄妹等神话相对比，伏羲兄妹等神话确实包含有哲学思想、普遍的原则和真理。但伏羲兄妹等神话本身也确实不能等同于哲学。瑶族在自己的童年用原始思维去认识世界本原，但自己的抽象思维尚未充分发展起来，只能采用神话的形式。如瑶族、汉族等许多民族中都有盘古开天的神话。所谓的盘古开天，即是瑶汉等民族在自己的童年时代，各自用自己还没有完全发展的抽象思维，去幻想出世界有盘古这个巨人，把自己身体发肤各部分变成天、地、山川、河流、湖泊和人类。这就是瑶汉等民族在童年时期对世界存在本原问题的认识。换句话说，瑶族和汉族等民族的世界观、宇宙观、认识论就从盘古开天中体现出来。但谁也不会说盘古开天就是哲学。同样，伏羲兄妹神话体现出了瑶族的世界观、宇宙观和认识论。但也不能说伏羲兄妹就是瑶族的哲学。体现出哲学思想和就是哲学是两种完全不同的概念，具有本质的区别。

瑶族古代哲学思想的产生有自己的社会基础和思想基础。瑶族源于我国炎黄时代的蚩尤一脉。当以蚩尤为首领的九黎部落集团在今河北涿鹿一带战败后，其部落民一部分臣服于黄帝部落，后融入华夏民族，大部分南迁。蚩尤九黎部落居住在我国东、中部的山东、河北、河南交界一带，即黄河中下游和淮河流域的广袤地区。黄河中下游是中华古文化的重要发祥地之一。从其地考古命名的北辛文化、大汶口文化、龙山文化来看，北辛文化存续于公元前 5400 年至公元前 4400 年，大汶口文化存续于公元前 4000 年至公元前 2000 年，龙山文化存续于公元前 2500 年至 2000 年。这三期文化是我国新石器时代的代表，其文化相互衔接，处于原始社会时期。从发展水平看，北辛文化处于母系社会时期，大汶口文化处于母系社会向父系社会过渡阶段，龙山文化处于父系社会时期。人们建有大小不同的村落，主要从事农业生产，兼营渔猎和饲养牲畜，生产工具进入到铜石并用时代。而蚩尤部落集团能够与炎黄部落集团联盟大战，本身就说明了当时的发展水平达到较高的程度。说明在距今四五千年前，生活在黄河中下游的瑶族先民九黎、盘瓠部落的经济与社会已迈至文明社会的门槛。也就是说这时候瑶族先民以原始的思维方式对已存在的世界进行认知的社会基础和思想基础已经具备。因此，瑶族早期就已经出现伏羲兄妹、盘古、盘瓠等神话，并且体现了包含有思想、普遍的原则和真理，闪耀着哲学的思想。但瑶族长期处于原始社会，生产力十分落后。在自然灾害频繁，科学水平低下的情况下，对宇宙万事万物、诸种自然现象、生命生理现象和干旱、洪涝、冰雹、地震等各种自然灾害，既无法解释，也无法回避，便将其神灵化，且寻求保护物，因而出现了图腾崇拜。故古代社会时期人们认识世界就处于“人即自然，自然即人”的原始思维方式，以原始的想象和幻想去认识自然，认识世界，认识宇宙。瑶族长期与汉民族交往，其思想受易学、道家和儒家思想的影响，融入了汉民族的思想，对自然、世界和宇宙的认识得到启发。总之，瑶族的古代哲学思想显得幼稚、质朴，带着浓厚的原始宗教色彩，既带着唯心主义的东西，也闪耀着朴素唯物主义的光点。

参考文献

黑格尔，2013. 哲学史讲演录[M]. 贺麟，王太庆，等译. 上海：上海人民出版社.

马克思，恩格斯，1990. 马克思恩格斯全集[M]. 北京：人民出版社.

简论九嶷山过山瑶的光崇拜与信仰

冯荣军　李荼生

过山瑶的光崇拜是宝贵的非物质文化遗产，应当重视、保护、传承。崇拜光在宇宙中最纯洁、公正、公平、正直、和谐。光能赐给人类衣食，赐给人类吉祥、平安，光能治病救人，能驱邪镇煞赶鬼，能透视人的灵魂，能预测人的体魄、性格、寿命，渗透人的身心，能照除人的邪害，能转阴为阳、辅阳为阴，又能促成阴阳和谐互相沟通，让高尚的思想品德占据不健康的思想领域。

九嶷山，又名苍梧山，位于湖南南端，在宁远、蓝山、江华三县交界处。方圆二千余里，主峰在宁远县境内，海拔1822米。《史记·五帝本纪》载：舜南巡崩于苍梧之野，葬于江南九嶷。相传舜帝崩，娥皇、女英千里寻夫，溯潇水而上，踏遍苍梧，皆因九峰相似，终未得见，后人因名“九嶷山”。

九嶷山神奇秀丽，风景优美，山上九峰矗立，舜源峰居中，拔地而起，娥皇、女英、桂林、杞林、石城、石楼、苍明、箫韶诸峰如众星拱月、争相簇拥。群峰之上，为九嶷最高峰——三峰后。峰势险峻，人迹罕至，峰腰白云缭绕，形如白练，轻风吹拂，飘扬如舞。峰麓飞泉瀑布，五涧纵横，交汇一处，然后三分宁远、蓝山、江华。三峰之阳、荆竹丛生。相传，舜帝葬后，坟墓上插了一根荆竹，竟然还生，长势茂盛，竹尾着地，轻风吹拂，竹尾绕墓而扫，世称“荆竹扫墓”。娥皇、女英寻夫泪尽成血，挥泪竹上留下泪痕，即成泪竹，亦称“斑竹”，后代诗人墨客，对九嶷山和泪竹作了描绘和记述，毛泽东主席在《答友人》一诗中，又作了精辟的描述：

九嶷山上白云飞，帝子乘风下翠微。

斑竹一枝千滴泪，红霞万朵百重衣。

……

九嶷山瑶族世代居住在这神奇的山上，活动于千山万涧之中，过着“居住青山千万年，刀耕火种胜于田。斑裳花领常时看，寒冬祭祖敬家生”的隐居生活。

九嶷山瑶族都讲勉语，崇奉盘王，自称“王瑶子孙”，属盘瑶支系。由于历史原因，形成了高山（本地）瑶、过山瑶两个分支系，两个分支系由居住环境所致，风俗民情、宗教信仰、歌谣舞蹈都略有差异，下面对九嶷山过山瑶的光崇拜与信仰进行简单探析。

一、光崇拜

瑶族，一个古老的民族，泰国瑶族收藏的《评皇券牒》中载“评皇券牒，其来远矣……自混沌期间……”。她在五六千年历史长河中，不断繁衍，频繁迁徙和顽强拼搏，形成了具有强烈民族意识的跨国民族，用自己的聪明才智创造了具有鲜明特点的瑶族文化。

原始社会的瑶族，由于生产力非常落后，人们的认识水平极为有限，对大自然的一切现象，如雷鸣闪电、洪水猛兽、四季寒暑，以及受日月星辰三光照射的广阔山川大地林深叶茂，而得不到日月星辰三光照射的山洞中，寸草不生，连续大雨几个时辰，大江小河，纵横溪流，洪水猛涨，而雨停后，经日月星辰三光的照射，凶猛洪水慢慢恢复平静等，感到不可理解，便对光产生了浓厚兴趣。光能公平地给予万物和谐普照，给予万物平安，是万物生长源泉，更是人类生存的衣食源泉，没有日月星辰三光，万物灭亡，人类无法生存。光就是神。瑶民产生了对光的崇拜敬仰。

古时每遇日食或月食，说是天狗吃日头（太阳）或月亮，瑶民家庭户户急忙寻找洗碗盆和杀猪刀抢救日头（太阳）或月亮，将洗碗盆置于无物遮挡的当天坪中，盆中盛水，盆上横架一把杀猪刀，紧接着仔细观看盆中水面反射中的“天狗”（黑云），发现“天狗”，立时将刀朝盆中“天狗”刺杀，救出太阳或月亮。由此而知，聪明的瑶族先民，虽不知日食、月食是由于地球与太阳或月球处于一条直线或近于一条直线下的情况发生的事，但他们对阳光或月亮的崇拜敬仰，为抢救太阳或月亮，想尽一切办法，竟然想到了用光的反射、透视的科学方法。

瑶族原始初民最初的宗教信仰就是对日、月、星辰三光的崇拜敬仰。在日常生产生活中，不许将有污秽脏物随意乱扔，要挖洞穴埋藏。在野外劳作和行走山路，不得朝日、月、星辰三光大小便，否则生急尿病。久晴或久雨，都不许侮骂日月。死后还要请巫师为亡者写具《赦书》，大开天门，祈求昊天金阙玉皇大帝、三清大道高真为亡者赦免生前“不慎裸体沐浴，生儿育女洗涤尿布……多有污秽日月星辰三光之罪”。

日、月、星辰三光是兴旺、平安、吉祥的象征。过山瑶的传统刺绣中，小孩的帽子绣有太阳、月亮、星星，家有神龛雕刻着太阳、月亮、星辰图案；举办大中型的祭祀仪式中，祖师神位“花楼”，前向有太阳，后向有月亮和小星星护着。三光同时具有，表明阴、阳、昼夜都享受着平安吉祥的光的照耀。正如谚语“太阳落山有月亮，月亮落山有星星”所述。

光能治病。当人有风寒湿气入体，坚持在太阳光下锻炼劳作，让体内寒毒随汗排出自愈。瑶民烧灯火疗病，实则用激光刺激穴位，能医百病，当今用激光医病更为常见。

光能预测吉凶。瑶族解梦，梦见光亮灿烂或太阳升起，预兆大走鸿运、平安、吉祥、进财、体魄健壮、大吉大利。梦见阴暗、太阳落山，预兆有病魔来临、退财有凶。

光能驱邪赶鬼、赶兽。瑶族从原始初民至今，在野外劳作过夜，用柴生火，以火光驱邪赶鬼赶野兽。夜间远行，出门三抬头仰望月亮星星，左手三扫太阳穴，其意为祈求三光护佑夜行则“逢蛇不开口，逢虎不近身，人见堂堂，鬼见鬼亡”。

光有灵性。20世纪六七十年代以前，九嶷山瑶区，大多数家先神龛供奉的木雕菩萨神像，以及寺庙中的木雕或泥塑菩萨神像和法师的法具，如卦、印、玉简、马板……均要经巫师“开光”后使用方才显灵，否则只是一些观品而不灵验。

古瑶民虽不知光速每秒30万千米，但他们深知宇宙中唯有光速最快，在敕神水为患者治病除害、解灾解难，请祖师降临的开头语就是“抬头看青天，师父在眼前”，其意是抬头瞻望日月星辰三光,祈求祖师以光速降临弟子身边执行解灾解难。

二、光的信仰

瑶民在长期生产生活中，体验到光速快、办事效率高、有灵性，认为光就是神，产生了光的信仰。逢年过节都要在门外燃烛点香敬供日月星辰三光。大、中型祭祀科仪中，法师差遣“光”执行和完善法事，即是“上光”。如“还愿”和“抛牌（度戒）”的请圣科仪中，主导执行神职人员只能低头“礼圣”，不能瞻天望圣，显示出神圣不可侵犯的等级制和诚惶诚恐的心理状态，造成仪式场的严肃场面。而“上光”则围绕一个“光”字，神妙地以幻境形成道出师父秘籍的乐神科仪。执行者理直气壮，瞻天望圣，豪光发，礼请圣神，差遣四值功曹值事，显示出法师神通广大，法力无边。科仪分上光、差光、引光、献光、脱童诸段执行。

1. 上光

上光是拜师科仪，师郎（学徒）以“上光童子”身份拜师学法、请师。拜师后着法衣、戴法帽，然后戴神头唱“神头歌”、扎罗带唱“罗带歌”持神杖唱“神杖歌”持铜铃唱“铜铃歌”，主导执行法师先行口述“上情意者”，再念：

阴阳师父、公师、爷师、开教师、拨法师、祖本二师圣像神明，得看师男上光已位，保得师男行罡脚步，身着青衣化青云，身着红衣化红云，三魂盖头，四魄盖脚，六丁六甲护吾左右，去是三拜（面向师父），祖师护左，本师护右。

接唱：

……

一拜三清三大道，二拜三清大道神。

白鸪年生一对卵，爹娘生郎独一人。

香烟里内求师父，行罡脚步护身边。

行罡（七星罡）后，谓之上光童子魂附师父，进入梦幻世界，行罡时念：

一行一步化青龙，二行二步化白鸽，三行三步化金罡，

上界三十三天界，下界十八重地狱门，人见堂堂，鬼见灭亡。

接唱《上光歌》：（略）人。

2. 差光

差光，差遣最强烈的光，以光的强弱，体现师郎的阳刚正气，以阳刚正气突出师郎魅力法师行罡。口念差遣最强烈的光执行法事，念道：

通通道道、道道通通，吾行一步化为白虎，吾行二步化为青龙，吾行三步化为五雷公，五雷霹雳镇虚空，感应通晓显威灵，二十四部兵，阴来阳去。附上星名，谨请踏上众圣坛前。

接唱《差光歌》：

……

差光便差清油明灯光，清油明灯不为光，

差光便差珍珠笔墨光，珍珠笔墨不为光，

差光便差山猪马鹿光，山猪与鹿不为光，

差光便差灯笼明镜光，灯笼明镜不为光，

差光便差七星明月光，七星明月不为光。

差光便差日头出进光，日头出进正为光。

前光一丈二，后光八尺长。

上照三十三天界，下照十八重地狱门。

前光、后光，全附上身。

由《上光歌》歌词而知，主导执行法师差了十六种光，只有“日头出进正为光”。将最强的太阳光附上“上光童子”身上，“感应道德显威灵”。

3. 引光

引光讲述在上光、差光中，已将祖师豪光和宇宙中最强的“日头出进光”附在“上光童子”身上，“上光童子”豪光焕发，以祖师的阳刚正气进入梦幻世界，前去游历天曹地府，执行祖师正教。以《引光歌》歌词为证：

一变黄龙飞上天；二变金鸡水里眠。
三变犀牛过四海；四变仙人水里来。
五变童子是吾身，五雷霹雳镇乾坤。
一条大路去堂堂，直去扶我小童身，
一变吾身为天子，二变吾身脚下毛，
三变吾身头上发，四变吾身万丈高，
脚踏铁鞋戴铁帽，手着金甲和铁袍。
赶马上天为天子，越山下水海龙王，
祖师一夜随光游，游到天亮各回乡。
四边都是万丈高，铁船游过十三滩。
立在黄城黄矛岭，黄昏黄土一堆泥，
祖师日夜游光过，又过一天不还乡，
踏上一街第二街，引光童子两边排，
引光童子两边转，铜锣铁器两边摆，
踏上一厅第二厅，引光童子两边行，
引光童子两边转，铜锣铁器两边停。
拜请祖师随我去，又拜本师随我行，
师男踏上坛前去，坛前香火起纷纷，
王姥托香奏日值，日值托香奏老君。
老君殿上巍巍坐，玉皇三界度师男。
度得师男似仙样，带兵下界救良民。
未着白衣成师者，着了师衣懂百经。
三层白纸盖郎面，低头下拜不边行，
正要向前去不得，回头下地地茫茫，
抬头望天天不见，低头伐船移慌慌，
心里思良拜师父，不知师父在何方。
得我南朝黎十六，叫我行去拜九郎，

拜得九郎开方便，师男头上放豪光。

前放豪光一丈二，后放豪光八尺长，

两放豪光共两丈，小师作法在中央。

叫我师父随我去，又叫本师随我行，

又叫六神在左右，阴间扶我小童身。

金鸡未啼先拍翅，白马未行先动蹄，

马是广东上等马，锣鼓一场马一声。

行罡便行祖师罡，莫行虚步落空云，

执诀要执老君执，执尽闾山鬼灭亡。

学法便学老君法，莫学释迦法不真，

老君得法传天下，释迦空学半年春。

茅叶作船下海去，海水喷波水湿身，

人活鹅毛沉水底，铁船流过十三滩。

抬头望见闾山院，织女把船入海心，

世上功名我不爱，我爱南朝北曲人。

4. 献光

在引光仪式中，“引光童子”在梦境中游历了天曹地府，用强烈豪光感应神圣道德天尊阴魂，将神圣引入法坛，倾听显得法力无边主导法师述颂“口头意者”和上奏疏、表、文、状……与神圣沟通交流，达到法事圆满结局。以明香、明灯、剪纸花朵、龙浆末酒、财马等十七献，酬谢神圣护右。下面以上光经书用瑶歌体歌词为证：

……

正月邀娘去种竹，二月担粪去培根；

三月竹根出嫩笋，四月竹笋半天高，

五月竹叶都生齐，六月成林当用时，

七月邀娘去砍竹，斩归平地织金轮，

织得金轮成狮子，功曹下马一时间。
功曹到、功曹到，四边下马震雷声。
雷声不是雷声绰，正是功曹坐上厅。
功曹到了宽轮接，宽轮接了献明香，
明香献了灯花献，灯花献了献龙浆。
上坛财马几多份，下坛财马几多份，
家主子，家主子，问你有书无有书？
有书便把书来读，有状便把状来看。
无书无状口意者，口中意者说分明，
意者分明说得好，众官殿上耳皆闻。
坐落凳头郎来问，又把金杯手里拿。
你把酒浆来献我，献我引光童子鬼，
献我四值功曹神。……

5. 脱童

脱童，是上光科仪的最后一段仪式；叙述在上光仪式中，将“上光童子”（学徒）的三魂四魄换成阴魂阴魄，在梦境中游历天曹地府，用强烈的豪光感应神圣阴魂，阳上法师以口头意者和上奏疏、表、文、状……与神圣交流沟通。该段法事已办完了信士者要解除的事宜。适时主导执行“上光童子”的阴魂阴魄又招换为阳魂阳魄，否则“上光童子”的魂魄长时期处于梦境之中游玩在天曹地府，而精神不振，长处思眠，所以上光必须“脱童”用瑶歌体的《脱童歌》叙唱：

去时又叫引光鬼，回时又叫脱童神，
一日无工来两遍，一夜无光来两遭，
三月红豆抛球落，我今常念旧师爷。
祖师父、本师父，你把三魂还给我，
去时能记路途去，回时能记路途回。

去时要过蛇头岭，回时又过虎头山，
去时逢蛇蛇不咬，回时逢虎虎不伤，
龙虎正是亲兄弟，正是同伴一路人。
口渴莫喝黄河水，肚饥莫吃黄土泥，
吃了黄水归阴去，吃了黄土不思归，
父少崽多遮不过，便把五雷头上遮，
去时得见人插田，回时得见火烧田。
借问江边黄雀子，问你收禾得几千，
去时得见人插秧，回时得见火烧江，
借问江边黄雀子，问你收禾得几仓，
祖师爷、本师父，你把三魂还我身，
你把头魂交还我，师男头上是灵神，
你把发魂交还我，头发变成马尾丝，
你把身魂交还我，叫闻九州更鼓声，
你把眼魂交还我，两眼强似北斗星。
你把鼻魂交还我，师男鼻内闻臭香，
你把口魂交还我，师男口内说文章，
你把手魂交还我，师男起手便成残，
你把肚魂交还我，师男肚内有文章，
你把脚魂交还我，脚下三魂脚下安。
脱便脱，童便童，脱了金锁交金童，
变了金童脱金锁，脱了金锁送童回，
师男脱童不算久，三朝一日又相逢，
神头纳归交案主，罗带纳师箱里藏，
铜铃纳归阴府去，三朝一日又闻声。
带郎去，带郎翻，你把打落鬼神坛，
打落神坛无路去，打落鬼坛无路翻。

带郎去，带郎回，你把打落鬼神门，

打落神门无路去，打落鬼门无路翻。

一把鬼魂速速退，三打人魂速速上郎身。

牙简便是天师造，夜里定阴日定阳。

时值七昼夜的“还愿”法事中，要主导执行还“元盆愿”、“催春愿”、“招兵愿”和“盘王愿”、“挂三灯”，分别主导执行五次“上光”科仪。以师、徒的强盛豪光感圣神以“口头意者”与神圣交流沟通，达到在光的感应下调解阴阳矛盾，结局圆满。

时值半月的“抛牌（度戒）”法事中，要主导执行六次上光科仪，分别以主醮师、引度师、出表师、证明师、侍奉师、保举师、总坛师、坐坛师的口头意者和书表师书写的榜、牌、联、疏、牒、文、引，关与神圣句还交流，上奏文书与神圣交流沟通，达到法事功德圆满。

九嶷山过山瑶除上述对光的敬仰，还有其独特的信仰。人的一生中，要经三次光的仪式洗礼，才算不负投胎来到人间一世。否则愧疚终身，辞世不甘，死不瞑目。

（一）婚礼排演仪式光的洗礼

瑶家婚礼，一般婚礼要行拜堂仪式，但娶或招“半路亲”的婚礼不行拜堂仪式。所谓“半路亲”即是指女性曾结过婚，因丧偶或离异而再结婚。因为女性只能行一次拜堂仪式，拜了堂，天地神灵就已认定其永远是其丈夫的妻子，女性行二次拜堂，即是一妻二夫，当一妻二夫都去世后，二夫在阴间必是争妻，弄是二夫后裔家庭不幸，人财败退，家破人亡。而男性丧偶或离异，男娶红花女子可行拜堂，因为旧时，男性可娶三妻四妾，死后与他人无争，即无后害。

1. 拜堂仪式场地设置

拜堂仪式场设在敬奉祖宗家先的厅堂，在厅堂后上方置一条桌，桌上摆放着糖果糕点，中间并排放置两盏纯茶油灯盏，盛茶油的灯盏大小一致，盛油量一致，灯芯粗细一致，灯光代表新郎、新娘的本命豪光。

2. 拜堂的过程

仪式场布置完毕，由行媒人负责邀请新郎父母、叔伯、舅爷、姑父、姨父、清水法师等领拜，坐媒负责邀请新娘的父母、叔伯、姑父、姨父等领拜。新郎、新娘双方亲缘长辈应邀到位按序排席围条桌入席而坐，受领新郎、新娘行拜。行拜前，要经行媒、坐媒、清水法师和主管厨官检查两盏灯具是否一致，做到公平无误，待身着艳丽瑶装的新郎、新娘分别在金童、玉女陪伴下，在热闹非凡的笙箫鼓乐声中迎入仪式场，面向有序围坐条桌受拜的长辈而立。清水法师将条桌上备好的两盏公平灯点燃，并将两盏灯光的亮度调至平衡，由主管厨官带领新郎、新娘随拜堂曲、唢呐、鼓乐音响节奏缓慢行拜。一般要行三十六拜或七十二拜。清水法师就桌的花生仁公开统计行拜拜数。行拜期间，两盏灯均不允许任何人擅自拨弄灯芯以增强或减弱某盏灯光的亮度，需拨弄灯芯时，必须经新郎、新娘双方亲属同意，公平调光，使之亮度一致，否则会引来恶性争端。拜堂过程中，受拜的亲属长辈和围绕众人，在热闹的笙曲音响中，他们不是欣赏动听的笙曲音响，也不是观赏新郎、新娘的艳丽盛装、身材、美貌，而是怀着紧张的心情，特别是双方父母及亲属更是怀着诚惶诚恐的心情，聚精会神地观看两盏灯光强弱变化，当心光的强与弱。

3. 拜堂意义与功能

拜堂仪式的举行，是用光测试新郎新娘的本命豪光的强与弱，具有多方面意义与功能。

（1）由清水法师主导拜堂仪式，天地圣神、家先神承认新娘是新郎的家庭成员，保佑他们成家立业，万事顺意，添丁进财，人兴财旺。

（2）两盏公平、和谐的灯光，左边一盏为新郎本命豪光，右边一盏为新娘本命豪光。灯光的强弱预示婚后各自的命运、体魄、性格、品德。灯光强的意味着命中豪光旺盛，婚后体魄强壮，寿命长，性格温和，品德善良；灯光弱的意味着命中豪光脆弱，未来体魄不佳，性格、品德有待修养。拜堂过程随笙箫鼓乐节奏缓缓行三十六拜，约费时 45 分钟至 60 分钟，灯光随时间推移，其光的亮度也随着变化，两盏灯光强弱始终保持一致的甚少，也就是夫妻命中豪光强弱一致的甚少。个别拜堂仪式中，为增强灯光而行弊，擅自为一方拨弄灯芯增强灯光，导致新郎、新娘亲属发生恶性争端。

（3）通过拜堂仪式，用“光”考核新郎、新娘双方父母对女子的教养成效,同时教育新婚夫妇生儿育女重视德才教养。

（4）通过两盏本命豪光预测新婚夫妇各自的命运、体魄、性格、品德，使其互相了解，为建立和谐、幸福、美满家庭，在未来的生活中互相体贴、互相照顾；在性格上互相谅解；在品德上互相学习，取长补短，共同修养，共同上进，达到家和万事兴。

（二）挂三盏传宗接代银星灯

挂三盏传宗接代银星灯，是在祭盘王还家愿科仪中举办的挂灯仪式，俗称“挂家灯”，亦谓“挂三灯”。挂灯前，神职人员为挂灯者封斋，斋戒期间忌吃荤，忌入厨房和卧室，忌与任何女人说话，食宿在仪式场内，进行道德修养的四昼四夜，做到对圣神忠尊、道德高尚、六根清净，才能投入挂灯仪式。

1. 仪式前的准备

仪式前，每位挂灯者要备好瑶族服装，即刺绣头帕、刺绣围裙、花边长袍、3个银质灯盏、竹制“品”字形灯架1副，木制“老君凳”1张、新白布三尺6寸、新饭碗2个（谓之莲花）、铜线（或硬币）36枚、青线36根。

2. 挂三灯的意义与仪式过程

第一盏灯是祖宗灯，置于“品”字形灯架最高处，灯光为祖宗豪光。

第二盏灯是本命灯，置于“品”字形灯架双口中左边，灯光为本命豪光。

第三盏灯是祖师灯，置于“品”字形灯架双口中右边，灯光为祖师豪光。

仪式由四位神职人员出任主导执行勅变、藏身变身、升灯、解危、取法名、退灯等十二道仪程。挂灯者通过在仪式场内的斋戒、首先修养和神职人员主导解危、取法名、拨兵、拨法等，解除了挂灯者之前的罪孽，重新获得了神圣赐予的法名，拨有阴兵随行护右，学得了师父母传授的法术，此后能护己助人，可出任中、小型法事神职主导。死后可以脚踏莲花腾云驾雾在天地之间畅通往返，也可驻中天某一星球享受中天星斗之乐。

3. 挂三盏银星灯的功能

通过挂灯仪式，在神职人员主导下，祖宗灵魂豪光与挂灯者的本命豪光交融，祖宗灵魂豪光渗透挂灯者灵魂，如同祖宗血脉渗透挂灯者的身心，至此，祖宗挂灯者（无论上门入赘还是收养、抱养或是亲生）一脉相承后裔，他们的灵魂渗有祖宗阴魂豪光，意即他们的身心流有祖宗血脉，祖宗神祇视挂灯者是一脉相承的传宗接代宝贝儿孙，给予佑人佑财，否则祖宗视其为外人，不予保佑，并在阴间作祟，弄得人财不宁，走向没落。为此，过山瑶代代要行挂传宗接代三灯仪，祈求祖宗佑人佑财，人财兴旺，万代荣昌。

挂灯者的豪光与祖师豪光融合渗透，挂灯者为祖师亲弟子，这是过山瑶族的“一日为师，终身为父”传统礼俗。如果不是祖师在仪式中的主导，成不了本宗家族的血缘后裔。再就是，祖师在仪式中为弟子解厄、分兵、拨法、传授行罡作决，此后可出任法事神职主导，终身受用。死后阴魂居住中天某一星座，享受中天之乐，免遭地狱之苦。

（三）挂十二盏大罗明灯

九嶷山过山瑶“挂十二盏大罗明灯”（又称挂众灯），是十二姓瑶族集体的传度活动，是需费 15 个昼夜的瑶族道教集体度戒科仪中的重要仪式。

法国的雅克·勒穆瓦纳教授说：“瑶族道教直到二十一世纪仍保持着六朝时代（公元 222—589 年）汉人道教集体度戒的传统。”道教在过山瑶中的传播已有久远的历史，过山瑶至今仍保存着早期的传统，是我们研究道教的活化石。

1. 仪式场的设置

度戒活动，须在野外举行，择得风水宝地搭棚盖厂。设醮坛，醮坛内设十二宫门、十二宫袋、黄播号一座、白播号一座、十二幅迎圣降临醮坛的联、一百四十幅花牌、二十幅榜文、十六座神位花牌、十六幅圣像神轴、一幅“大道桥梁”。活动中要十二位神职人员主导仪式。二十一位徒弟分别着衣摇铃助师父仪式主导、科演进兵出兵舞和制作财马，书写疏、状、牒、引、文等。十二位受戒弟子夫妇在金童、玉女的陪伴下在醮坛斋戒十二天，斋戒期间，受戒弟子要亲身经历师父主导的上刀山、下火海、睡勒床、过水遭……七十多场仪式。

2. 挂十二盏大罗明灯的意义

挂十二盏明灯，是过山瑶最高层的光阳喜礼，也是瑶民一生追求“得道”成“大罗”最耀眼的光的喜礼。

“大罗”是过山瑶对“得道者”的称呼，就像佛教对“得道者”称“啊罗汉”（简称“罗汉”）一样。

挂十二盏大罗明灯与挂三盏银星灯意义不相同，挂三盏是单姓传宗接代，挂十二盏则范围扩大到盘瑶支系十二姓举族传宗接代，挂灯者的本命豪光与圣神魂魄豪光也扩大了三倍。挂十二盏灯，道法更宏大，十二盏灯光分别代表本命豪光，盘王圣帝阴魂豪光，祖宗豪光，祖师豪光，昊天金阙玉皇大帝豪光，九帝高真豪光，三清大道豪光，闾、梅二教师主豪光，李、张二天师的豪光等众圣神们的阴魂豪光渗透于挂灯身心，洗刷挂灯前本命罪孽、照除本命邪害、去恶存善、成为得道“大罗”。

3. 挂十二盏大罗明灯的功能

过山瑶至今（约两千年）保存着早期集体度戒挂十二盏大罗明灯的传统习俗，是下面三个方面的功能促使其代代相传。

（1）挂十二盏大罗明灯，人兴财旺，既是本宗传宗接代，又是“王瑶子孙”十二姓举族族内传宗接代。如是一家隔三代不度戒，证明近三代其家人前三代没有经圣神豪光洗刷罪孽，没有经大罗明灯的光照除邪害，没受大罗祖师传教、行善、积德、修道。邪害越侵越深，罪孽也就越来越深。故其家人再不度戒，将会断种绝代走向灭亡。代代度戒，挂十二大罗明灯依大罗祖师行善、积德、修道受人拥护，得神保佑，才会人兴财旺，宝贵发达。旧时过山瑶虽是频繁迁徙，但一般都集体迁徙，便于集体度戒。跨国瑶民大多是属盘瑶支系，都是集体性的迁徙，他们虽在海外，如越南、泰国、美国、加拿大，各瑶族度戒科仪传承保护完好无损。

（2）挂大罗明灯，在度戒科仪中，主导神职拨有一万二千神兵护佑，拨有天师的法术镇邪，升有一方官职职位，授有“太上老君”官印，可大开天门、上天下地畅通无阻，能独立出任大法事神职，生前出入受阴兵阴将护佑，死后做度戒时封职仙官。

（3）挂了十二盏大罗明灯之人，非凡夫俗子，是闾山、梅山、太上老君的亲弟子，无不令族人相看，活着为一方人民镇邪除害、救苦救难，死后升入天堂做仙官，保一方人民平安。

过山瑶三次光（拜堂光、挂三灯光、挂十二灯光）喜礼。缺一有愧：视为终身荣耻，否则造成终身愧疚，死不瞑目。

未拜过堂的人认为：娶（或招）不到红花女子，是本人或家庭无能或存在某种不受人同情的缺陷。活着被人瞧不起，死后而无妻阴间陪伴。

未挂三灯的人认为：虽是本宗亲缘后代，本命豪光未与祖宗灵魂豪光交融，祖宗认为不是血脉后裔，不承认接班人。死后在阴间被祖宗视为外人，打入十八重地狱，活着受苦，死后受罪。

未挂十二盏灯的人认为：生前是普通瑶民，死后不是族内传代人，落于中天星斗或是下地狱的鬼，苦苦修行，得不到大罗称号。

仪式·意蕴·价值

——瑶族孝歌的文化人类学阐释

周生来

作为瑶族丧葬的一个重要仪式，孝歌的起源较早，内容丰富，特别是反映了瑶族早期的宗教哲学观和教育、审美认识，具有重要的文化人类学价值。

孝歌是瑶族老人出世后，守灵时演唱的歌曲，它是瑶族丧葬祭祀的一个重要仪式。它的程式复杂，内容丰富，体现出瑶族人民对世界的认识和思想感情、风俗习惯、审美心理等。本文拟从文化人类学的角度来进行探讨和阐释。

一、唱孝歌是瑶族丧葬祭礼中的一个重要仪式

瑶族在丧葬守灵时唱不唱孝歌，有没有这种习俗？在过去出版的《瑶族通史》以及其他一些瑶族史的地方版中均没有涉及，是查不到的。但是在一些专门介绍瑶族文化的书籍中有一些零散的介绍。如：

李肇隆先生在《瑶族风情录》中就有介绍："居住在广西全州东山的盘瑶，丧礼中常唱一系列的丧歌。……死者在停柩灵堂时，最普遍的悼念有两种：一是请道士超度，二是唱丧歌。

尤以唱丧歌最为普遍。……三朝安灵后，这天傍晚，邻近村寨的歌手闻声不请自到，相继而来。两个年过半百的亚叔拿来大鼓和大锣，‘咚咚锵锵’急促地敲了一阵。锣鼓停后，短歌就唱了起来。”李先生记录的丧歌就是孝歌。

广西灌阳的瑶族也有这种习俗。“每逢有人逝世，便在停放灵柩的堂屋里打歌堂。参加者除死者亲属、亲戚、朋友外，还有俗称‘赶歌堂’的人，即同村或邻村的男女老少。……歌堂上唱的歌，统称‘孝歌’。”

在广西都安的七百弄、大兴、下坳等地的布努瑶“家里死了人……舅舅派六位或八位歌手前来打斋；主家也请来本族两位歌手作陪，双方歌手互相应和，给死者唱挽歌。这种歌用瑶话叫‘萨当努’”。

在湖南江永，“瑶族非常重视人生礼俗，有‘生时喜酒死时歌’之说。……坐孝堂、唱孝歌成了丧葬礼俗的重中之重”。

此外，广西龙胜的红瑶中也有这种习俗，红瑶老人逝世后，寨子里男子唱的《大路歌》也是孝歌的一种，只是唱《大路歌》的男子必须是年满36岁以上。在笔者的家乡——湖南江华的梧州瑶中，也有唱孝歌的习俗，笔者在二十世纪七十年代年少时曾亲历。

以上资料说明，瑶族不仅有在丧葬、祭祀、守灵时有唱孝歌的习俗，而且各地各分支瑶族都有、广西有、湖南有，盘瑶有、红瑶有、布努瑶也有。

二、瑶族孝歌在丧葬祭祀中的内容和具体程式

（一）瑶族孝歌的内容

瑶族孝歌可以分为仪式性和娱乐性两种。仪式性孝歌是在歌堂中随着悼念仪礼唱的，主要是对亡灵的超度，有比较固定

的唱词，比较庄严肃穆。娱乐性孝歌不是纯粹的哀歌，很多是歌师即兴创作，主要是为了娱人，活跃气氛。

在内容上，瑶族孝歌包括的种类很多，有赞美的、哀婉的、祭奠的、劝诫的、讽喻的、感叹的、生活的等。下面分别简要介绍一下：

瑶族孝歌中，赞美、哀挽和祭奠类的孝歌比较多，也是孝歌的重要内容。在唱孝歌时，人们主要是追忆亡人生前辛勤劳作、勤俭持家、养儿育女、行善积德的做法，赞美前辈的优秀品德和高尚情操，以此寄托后辈对前辈逝世的哀叹和追思。这些内容互相交织，不能截然分开。

劝诫和讽喻类的孝歌主要是教育后辈年轻人要及早行孝、诚实友善、拒淫戒赌，对不懂孝道、贪淫嗜赌之人进行讽喻和劝诫。劝人早行孝的歌这样唱道："在生不孝别人论，死后孝顺空谈情""行孝必生行孝子，忤逆必生忤逆人。"这类孝歌将儒家的孝道观念通俗地传播出来，使孝歌的感化作用更加深刻，极大地促进了人们的孝行意识。

生活类孝歌包括谜语、格言、俚语和童谣等，这类孝歌包含有许多处世箴言、生活训诫、生产经验等。一般是歌堂中初学者或小孩在歌师的带领下说唱，短小精悍、简洁明快。如同一本生活大辞典，社会道德、自然知识，应有尽有，有着丰富的生活情趣。

（二）瑶族孝歌的具体程式

和瑶族丧葬仪式一样，瑶族孝歌也有一套具体的程式。在广西全州、灌阳，湖南江永、江华等地，瑶族孝歌的程式化主要体现在下面两个方面：

（1）一场完整的孝歌包括以下几个固定的环节。首先，唱娱乐性的孝歌，一般安排在前半夜唱，如果唱两晚，安排在第一天晚上唱，然后唱起歌堂。起歌堂大致又可分为请歌师、造歌楼、造纸、造香、造酒、造茶等几个阶段。有时还有造火歌、造香炉歌、上香歌、酒秽歌、点灯歌、奠酒歌等。其次，唱完起歌堂后，就唱散歌堂歌。在散歌堂歌中，歌师开始为亡魂主持超度了。散歌堂歌大致可分为：化纸、锁龙门、送亡魂、辞别、过十山、过十殿、安灵、送歌师、拆歌寨、倒鼓等几个阶段。散歌堂歌要求必须赶在鸡叫前唱完，因为第二天早上天亮就要出殡了。

（2）在歌师的具体演唱中，有很多唱词实际上是一些模式化的套话。如歌师在诵唱“造纸”“造香”“造酒”“造茶”等程式时，先要说一两句表示谦虚的客套话：“灵前造茶言几句，未知成文不成文。”当歌师唱到礼品准备，需要提醒孝子“灵前还要量升米，米上再插三炷香，一个红包米上放，九块六钱包内藏”等，这些都是套话。

此外，广西都安布努瑶唱的《萨当努》、龙胜红瑶唱的《大路歌》也是有程式的。如布努瑶整个挽歌共有《迎么开》《探坟路》《唱悼词》《送么开》等四章。而红瑶的《大路歌》共有十一节，歌谣层层递进，反复咏唱以充分表达主题。

三、瑶族孝歌的起源

我国古代很早就有老人死后唱孝歌陪灵的习俗。据史籍记载可以上溯到远古。《孟子·告子下》中有“华周杞梁之妻善哭其夫而变国俗”。据考证，杞梁之妻的哭词就是挽歌，可惜已不存。《庄子·至乐》云：“庄子妻死，惠子吊之，庄子则方箕踞鼓盆而歌。”这应该是古代孝歌最早的文字记载了。

瑶族孝歌的起源，史籍记载和民间传说均有。《隋书·地理志》载：盘瓠死后，“始死，置尸馆舍，邻里少年，各持弓箭，绕尸而歌，以箭扣弓为节。其歌词说平生乐事，以致终卒，大抵亦今之挽歌。歌数十阙……”。樊绰《蛮书》卷十载：“蛮事鬼，初丧，鼙鼓以为道哀，其歌必号，其众必跳。”这里的“蛮”指的就是盘瓠之后——瑶、苗、畲族。“鼙鼓道哀”是指瑶族在办丧事时，击鼓而歌，以此悼念亡灵。唐代张鷟的《朝野佥载》记云：“五溪蛮父母死……打鼓踏歌，亲属舞戏。”瑶族是五溪蛮之后，打鼓踏歌，亲属舞戏，当指瑶族丧葬风俗。1998年编撰的《全州县志》瑶族卷记载：“当死者入棺安灵后，……就有邻村歌师赶来为亡灵歌唱。……这种习俗与汉语唱孝歌的习俗相同。”

瑶族孝歌起源的民间传说，最典型的当属桂北地区流传的“盘王的传说”：“相传始祖盘王行猎，被山羊撞落万丈深崖，尸体悬挂在树丫上，百鸟群集，啄食盘王尸体。王妻三公主见状不忍，率领子孙吹角敲鼓，编了千万首‘哭歌’，边哭边唱，歌词悲切，催人泪下，为盘王赶走群鸟，护送盘王尸骸，安葬于凤凰山上。历久相沿，遂成以歌代哭，以歌赴丧的丧俗。”

四、瑶族孝歌的宗教哲学意蕴

瑶族孝歌是瑶族社会生活和人们心理的反映，透过瑶族孝歌我们可以窥视瑶族的宗教意识和哲学世界观。主要有下面三个方面。

1.“万物有灵”的宗教观

新中国成立前，瑶族普遍相信万物有灵，相信每个人都有灵魂，人死后，灵魂只是暂时离开了肉体。通过整套孝歌仪式的演唱，首先要替亡者超度，送亡者上天堂，让亡者的灵魂和祖先的灵魂相聚，得到安宁。然后，每年逢会过节，通过子孙的化纸烧香放鞭炮接送，祖先们的灵魂也可以回到家中的神龛上，成为家中的一员，并保佑后代子孙的安全。瑶族认为，天上的神灵是有组织的，它们神通广大，等级森严，各司其职，掌管着另一个世界的各种事务，对亡灵有着“生杀大权”。如孝歌的“起鼓歌”中的歌仙是负责超度亡魂的；“化纸”中的“门神户籍”是把守大门的，“屋前童子”是守护家庭安全的等等。瑶族孝歌通过不同的演唱程序，与各种神灵实现交流，从而达到与祖先交流，实现各种愿望的诉求。如通过演唱《送亡魂》，请掌管家中的各路神仙、歌师和祖先，送亡灵上天堂，为亡灵超度，从而实现赐福全家的愿望。

2.“因果轮回”的生死观

瑶族认为，人的死生只是人的身体的两个方面，生与死是相通的，生是死的继续，死是生的开始。人死后只是灵魂离开了身体，灵魂得到超度后，是可以重新投胎做人的。尽管这要神说了算，但是这必须取决于两个条件，一是这个人活着的时候能够行善积德，或者至少不做伤天害理的事。有的支系还要求接受生命礼仪，如蓝靛瑶女子必须接受诞生礼，且拥有小名，男子必须接受度戒仪式，才能在丧葬仪式中拥有一个灵名或者法名，其亡魂才能得到超度，才能完成轮回过程。二是必须经过丧葬仪式中一整套开亡仪式后，才能成为无罪的家先之神，才有可能重新投生做人。而瑶族孝歌则是这套仪式中的重要组成部分内容，瑶族通过唱孝歌，来超度亡灵。使之转世重新做人。如桂北盘瑶在《造纸歌》中唱道：

九份钱财用火化，都始法王坐殿堂，

知道亡者人心善，护送亡灵过九关。

十份钱财用火化，化与十殿转轮王，

转轮火王领钱纸，即送亡者返还乡。

十份钱财用火化，化王领纸多帮忙，

亡者一生身无过，早送灵魂到家堂，

三年服满家堂坐，催望儿孙世代昌。

从以上内容可以看出瑶族孝歌反映的瑶族“因果报应”“生死轮回”的生死观。

3. “天人合一”的哲学观

瑶族“天人合一”的哲学观最初表现为宗教意识。瑶族认为，人与自然是彼此相通、不可分割的整体，人和自然界万物都是有生命的，这些有生命的都要珍惜、爱护和保护好，人更要这样。人的命是天定的，有的命好，有的命苦，但人的运是可以改变的，即“命天定，运可改”，人可以通过自身的努力，改变或改善当前的状态或命运，从而达到人与自然以及人与社会的和谐，实现自己的价值和追求，即是“天人合一”的终极目标。瑶族的“天人合一”思想反映出瑶族对大自然的依赖和对美好世界的追求。在瑶族人看来，人要达到天人和谐的至善境界，必须积善成德，勤劳善良，如果自己德行不行，就要不断地补充，就好像人生病后要请巫师赶鬼一样，要通过后天的努力，逐步完善。死去的长辈也是如此，只要他是正常死亡的，人们可以通过做道场、唱孝歌来替他超度亡魂，送他上天堂。在湖南江华，非正常死亡的人，也可以给他做“翻鬼道场”替他超度亡魂，免得他下地狱受苦难。如广西都安的布努瑶孝歌唱道：

……

我们定把你们先父精灵送上九天，

我们定把你们爸爸魂魄送到九泉，

我们要替他选好住处，

我们要帮他买好田地

……

你们父逝请别太悲伤

送他归宗请你放心。

五、瑶族孝歌的文化价值

作为瑶族丧葬仪式的一个重要民俗活动，瑶族孝歌具有浓厚的民族民间文化色彩，蕴含重要的教育价值、民俗价值、历史价值和审美价值。

1. 瑶族孝歌对瑶族后辈子孙具有重要的教化作用

孝歌，顾名思义，就是劝人行孝。孝是中华民族后辈尊敬、善待父母、长辈的伦理道德行为。瑶族歌师利用丧葬仪式这一公共场合，用通俗的语言、真挚的情感来教育瑶族后辈行孝报恩。

首先，瑶族歌师会追忆死者生前的勤劳和善良，赞扬死者的为人和品德、劝导后辈要行善积德。

其次，瑶族歌师往往通过孝歌来叙说老一辈父母养育子女的艰辛，教育后代子孙要牢记父母的养育之恩。如广西临桂区瑶族孝歌唱道：

家住瑶山好贫寒，缺吃欠用少衣裳。

为女补衣娘受苦，熬夜无油点松光。

那年发烧出麻疹，急坏亲娘一颗心。

千里求医脚趾断，天黑守护到天明。

同时，瑶族歌师通过孝歌来训诫孝子们要尽早行孝、及时行孝，免得等长辈死后才感到后悔。

最后，孝歌还告诉后辈在日常生活中怎样行孝，在丧葬仪式中怎样通过点香、烧纸、祭饭、祭酒、祭茶来完成规定的程式，才算尽孝。此外，很多瑶族孝歌还蕴含着众多的生活哲理、生产经验以及伦理道德等，这些对于教育瑶族后辈子孙都有一定的意义和作用。

2. 瑶族孝歌充分展示了瑶族的民俗场景

瑶族孝歌是一种仪式歌，它是和瑶族丧葬民俗紧紧结合在一起的，透过瑶族孝歌，我们可以从多方面窥见瑶族民俗事象。首先，瑶族在丧葬仪式时聚居在一起演唱孝歌、超度亡魂，本身就是一种民俗活动，它是瑶族丧葬民俗的重要组成部分和表现形式，甚至部分瑶族地区，如广西全州，丧葬活动中的“师公已经逐渐淡出了全州人的生活，孝歌歌师逐渐代替了师公从事超度亡魂的职责。”其次，瑶族孝歌演唱过程中，各种程式如请歌师、造歌楼、造纸、造香、造酒、造茶等。这些本身就是瑶族民俗的阶段和过程，是瑶族民俗具体内容的生动描述和形象展示，让人有一种身临其境的感受。最后，瑶族孝歌的歌词内容丰富，涉及社会日常生活的方方面面，它记载和介绍了大量的民俗知识。如瑶族孝歌中的《撰物说事歌》唱道：“正月雷打雪，二月雨不歇；三月犁干田，四月秧上节；五月龙船鼓响，六月日头难挡；七月早禾先割，八月挑谷进仓；……”。这首歌谣向人们介绍了一年前八个月的劳动生活和农活事象。

3. 瑶族孝歌是瑶族历史的真实记录

跟展示瑶族习俗一样，瑶族孝歌也书写了瑶族历史的内容。我们通过瑶族孝歌可以找到瑶族历史的沉淀。一方面，瑶族孝歌的起源和发展脉络，是瑶族历史的具体内容的体现。我们研究瑶族孝歌，从中能够探索出瑶族宗教、哲学及生产生活方式等多方面的历史痕迹。另一方面，瑶族孝歌中的一些唱词直接唱出了瑶族的历史轨迹。如布努瑶在《萨当努》中唱道：

人不轻易来到世上，人不随便来到凡间。

当初在六里寨只有密洛陀一人……

她造天造地造江河，她造树造林造山村。

她射太阳射月亮，她造万物造人类……

从此，有了我们先祖蒙多外，

从此，有了我们先宗罗拉宜。

歌中的密洛陀是布努瑶传说中的始祖母亲，六里寨是布努瑶传说中的发源地，蒙多拉、罗拉宜是蒙罗两亲家的第一代先祖。歌词反映了布努瑶神话传说时代的历史，起到了和历史互相印证的作用，像记载布努瑶历史的史诗。

4. 瑶族孝歌是瑶族审美心理的折射

瑶族孝歌之所以能够流传下来，是因为它能够满足瑶族的审美心理需要，具有平衡人们心理情感的功能。首先，瑶族孝歌反映了瑶族对生死所持的审美观念。瑶族认为，人和自然界万物一样总是要死的，因而瑶族老人都能够正视死亡，“视死如归”，晚辈们也能够正确对待。所以，瑶族把老人去世后办丧事称为“白喜事”。其次，瑶族孝歌是瑶族的一种感情宣泄方式。家中亲人去世，哀伤之情是自然的，但如何表达则有不同方式，有的大肆宣泄，有的则默默抑制。瑶族则属前者，孝歌则是表现形式。如广西龙胜矮寨的“红瑶人认为没有人哭丧的亡魂不会安宁”。所以，“矮寨人哭丧是公众性的，哭腔要大声带固定的拖音，诉说死者的辛劳和自己的不幸”。再次，瑶族孝歌体现出瑶族一种至善至美的审美愿望。瑶族认为，世界是美好的，人应该去追求美好的境界，所以在孝歌中很多赞美或追求的内容都要从一写到十，达到“十全十美”，至善至美。如广西全州东山瑶在《下葬撒土歌》中唱道：

一愿你家人兴旺，二愿你家六禽安，

三愿你家多贵子，四愿你家钱满庄，

五愿你家登科第，六愿你家在朝堂，

七愿你家添福寿，八愿你家金满箱，

九愿你家天地久，十愿你家名远扬

敬请神灵多庇护，敬请老人佑家堂。

最后，瑶族孝歌对瑶族心理起着一种调适作用。在瑶族地区，老人去世后，整个村寨男女老幼都会聚在一起操持事务，陪伴老人，附近的歌手也会赶来陪灵唱孝歌。在一次次的表演演唱中，瑶族的精神和情感得到融合，民族意识得到加强。因此，瑶族孝歌已经超越唱歌的本来意义，它成为瑶族族群意识、民族认同的重要体现，成为维系瑶族民族精神的纽带。

参考文献

冯智明，2015. 广西红瑶 [M]. 北京：生活•读书•新知三联书店.

李婷婷，2008. 全州孝歌研究 [D]. 南宁：广西师范大学.

李肇隆，1991. 盘瑶丧歌与丧礼 [C]// 金秀瑶族自治县民委、县文联，广西师范学院民族民间文学研究所，广西民俗学会. 瑶族风情录. 南宁：广西民族出版社.

刘新德，1991. 欢乐的悼念 [C]// 金秀瑶族自治县民委、县文联，广西师范学院民族民间文学研究所，广西民俗学会. 瑶族风情录. 南宁：广西民族出版社.

蒙冠雄，莫义明，蓝怀昌，等，1983. 瑶族风情歌 [M]. 南宁：广西人民出版社.

农学冠，李肇隆，2008. 桂北瑶歌的文化阐释 [M]. 北京：民族出版社.

粟卫宏，2008. 红瑶历史与文化 [M]. 北京：民族出版社.

谭德清，冯智明，2014. 南岭瑶族的民俗与文化 [M]. 南宁：广西师范大学出版社.

瑶族花神崇拜是打造瑶寨旅游花卉景观的文化创意之源

魏佳敏

本文以当地花卉景观旅游为实例，拓展到对瑶族花神崇拜文化的深度解码，从而为瑶寨旅游花卉景观文化创意提供了文化宝库，并利用当前较为前卫的大小传统文化视野和“N级编码”法对文化创意作了深度解析，从而为花卉景观的文化创意提供了相当开阔的理论指导与思维路径。

近年来，江华瑶族自治县乡村旅游的赏花景区不断增加，花卉旅游似乎呈现兴旺的发展势头。但是，漫长的花卉淡季以及单一同质的产品，令花卉景点“花开时节门庭若市，零落成泥后门可罗雀”，又是一个不争的事实。江华作为一个瑶族自治县，如何从本民族的文化特质来汲取养分，如何让花卉旅游的文化创意向纵深发展，形成自己的特色，这的确是一个急需思考与探索的问题。

一、花海迷离难留人——瑶寨花卉旅游现状分析

笔者试以江华涔天河镇水东村的荷花节和桥市乡野猪桥

村的桃花节为实例，经田野调查与网上大数据搜索，发现在一时火爆的表象下，难以遮掩文化浅薄的内里，更无法形成持续发酵的核心竞争力。其不足之处，主要有如下几方面。

（一）花期短、同质化

随着近几年乡村旅游的盛行，赏花景点大量出现，花卉旅游市场竞争越来越激烈。但普遍都是受花期短这一生长规律的限制，江华瑶族自治县和永州市其他县区，乃至全国同类景点一样，大都集中在春夏两季，淡季时间过长，无法吸引游客。笔者在桥市乡野猪桥村走访中，工作人员说：“桃花一年只开一次，除去花的开放期，大约有11个月左右是处于培育期和翻种期，均不具有观赏价值。因此，平日里来的游客也不多。”以花带动景区人气，却因花卉的季节性矛盾突出，导致花卉旅游市场开发受限。

品种单一、差异性小、同质化及浅层开发的花卉旅游产品居多。仅以永州市来看，主要就集中在荷花、桃花、梨花、杜鹃花、油菜花与紫荆花，缺乏独具一格的特色和自身优势。统计发现，永州市仅观赏荷花的景点就有9个，观赏油菜花的景点有5个，观赏桃花的景点有4个，观赏紫荆花的景点有3个。同时在文化创意方面也都缺乏文化深度，既没亮点，也没故事，大都喜欢用“花节”形式来大搞一场开幕式，火爆一两天，便偃旗息鼓，随着花飞花落而销声匿迹了，难以勾住游客的心，“回游率”无法得到提高。例如2022年江华桥市乡的“桃花节”就与永州市农科园的“桃花节”同月进行，而且还遇到了阴雨天气，推迟了开幕时间。又如江华水东村的荷花节就分别与道县、祁阳、零陵、东安、宁远等地的5个荷花景点或节庆同期举行，最后不仅无法脱颖而出，就连其新闻报道也被淹没在千篇一律的文字表述和几近雷同的图片中。

（二）内涵少，欠创意

江华瑶族自治县乃至永州市大部分花卉旅游景点属于景观观光类，观光游览的多，附加值高的休闲度假模式开发不足，多元化旅游业态尚未完全形成。江华目前的花卉旅游产品，主要有荷花、桃花与油菜花等，都以观赏为主，对花卉旅游的认识，仅停留在花卉观赏层面，这在永州市其他县区也是如此，几乎还没出现有意识地进行文化创新，打造自己的特色和亮点，如双牌的阳明山杜鹃花海，原本可以与其佛禅文化深度融合，借其“和”文化节的强势宣传，完全可进行全方位的文化定位和创新，让其有故事、有内涵，但似乎也做得远远不够。

（三）氛围淡，消费低

目前江华、永州的花卉旅游服务体系不够健全，饮食、住宿、娱乐、购物等其他旅游要素发展相对滞后，游客综合消费较低。

走访发现，花卉旅游景区内的餐饮以农家乐或小吃为主，菜品单一，瑶家十八酿是瑶族饮食文化的重要组成部分，但在花卉菜品上研发不够，“赏花、吃花”的氛围营造不够；景区内小商铺所售卖的产品，为随处可见的工艺品、生活用品，缺乏地方特色；重点景区的住宿、停车场、观光车辆等配套设施不够完善。

据调查显示，游客对花文化表示了解的极其稀少。旅游项目基本为花卉观赏、农家游乐等简单内容，地方特色不够突出，尤其是花文化、瑶文化的深刻内涵没有得到充分发挥。

二、人花合一魂自生——瑶族花神崇拜文化解码

在幅员辽阔的神州大地上，生长着成千上万种花卉植物。这些美丽的花朵，是大自然给予人类宝贵的馈赠，也渐渐成为与人们生活息息相关的一部分。古往今来，与花相关的点点滴滴早已渗透至整个中华民族文化的灵魂之中，形成了源远流长的花文化。据笔者在江华多年工作与生活发现，瑶族对花朵的崇拜尤为显著与深沉，也颇有几许神秘色彩。为打造瑶寨旅游花卉景观的文化创意提供文化之源，现尝试对瑶族花神崇拜文化进行如下几方面的梳理与探微。

（一）瑶族中处处存在花神崇拜文化现象

瑶族文化是湖湘文化的一个源头，是楚文化的一个组成部分，更是南蛮文化的一个原核。这是一个具有独特的“游耕”生产方式与寻根情结的民族,更加保持了一种野性的原初特质，也更加符合人性法则，因此，瑶文化绝不是常识所认为的一种封闭蒙昧的文化，相反，而是极具开放与包容性，保存着中华文化最原初的精神原型与现代人文基因。其中瑶族对花朵的崇拜与信仰，就深刻体现在其生活习俗、民间巫术、服饰歌舞以及神话传说、始祖崇拜与宗教信仰等各个方面。瑶族同胞不仅在他们的服饰上都普遍以花朵符号来作为他们最常见的纹饰符号，刺绣、点缀在他们的头饰、服饰与银器首饰中，就连他们最重要的盘王印，细看仍是一朵神秘的花形符号。据笔者的田野考察与民间走访调查，瑶族同胞不仅一直自认为伟大神明的英雄盘王才是瑶家人的始祖，还认为盘王的妻子，正是赐予瑶家人生命的圣母，被他们尊称为“花英娘娘”。因此，在江华、江永等一些瑶族地区，还都建了不少的花神庙，在整个南岭地区，还出现了一种花山文化。盘王之妻花英娘娘受到了民间普

遍的顶礼膜拜。在一些民间巫师神秘咒词中，甚至把火也看成是一朵金色的花朵，名曰“火莲花”，在瑶族同胞最初的创世神话中认为，一个美丽的世界是由天上的星、地上的花和人间的爱共同组成的。因此，瑶族同胞在跳长鼓舞时，里面就有很多花朵的程式和动作，表示长鼓一响，地上便会盛开朵朵圣洁的莲花。在瑶话里，小男孩一词之意是“白花”，小女孩一词之意则是“红花”。在瑶族同胞看来，人的灵魂正是一朵花，人的生命正是由花英娘娘用一朵神秘之花托送而来的,人死后，还要把灵魂之花送还给那住在花园里的花英娘娘。这一神秘习俗在叶蔚林的小说《一根绳子和五个女人》中有过翔实的描述，作品就是借一老仙娘之口，说没有婚配的少女死后，灵魂会回到一个叫“花园”的美好地方，过上无忧无虑、快乐幸福的生活。因此，他们也遗存了许多至今都还传续着的关于花与生命的诸多巫术习俗：譬如孩子生病或是受惊吓了，为消灾辟邪，必请一位巫师来家里念咒作法，或是到路上某个坎洼小沟处，去搭一座小小的木桥，桥板系上一朵红绸花，这叫“收花”与“搭花桥”。孩子长到五六岁了，还会请巫师来家中实施一种叫“还花”的仪式。甚至小孩子睡入梦中或哭或笑，都被看成是因为孩子在梦里摘拾他的灵魂之花，摘住了便会笑，没摘住则会哭。瑶族同胞活着时唱着快乐的《盘花歌》喝酒助兴；老了死去了，活着的人们则会在巫师那阵阵神秘的铜铃、牛角声里，一边围着灵柩跳起神秘之舞，一边唱着唤为《散花词》的幽幽古歌：“轻轻接过花枝来，花在园中四季开；今夜将花绕棺散，从此亡灵上天台。你散花，我收花，收到花神娘娘家；再等来年春三月，春风吹动又发芽。人生如花开，人死如花散；花开花散，冬去春来，来年花魂又变人……”

（二）瑶族花神崇拜文化的特征分析

首先，这是一种生命本体论的表现。瑶族是一个山地游耕民族，长期生活在高山密林中，大地上繁衍盛开的花朵是他们生活中最容易接触到的事物，从开花结果的自然生命周期中，很容易让他们联想到自身生命的类似同构规律，从而便形成了以花喻人、喻神的观念，并渗透到他们生活的方方面面，最终唤醒了他们内在的一种生命本体观，并根深蒂固地内化在他们的集体无意识深处。

其次，这是一种灵魂的美好载体。灵魂观念是人类最原初的观念。将花朵认为是自身灵魂的载体，这是瑶族人特有的一种观念。这比起中国传统文化中把花朵喻人格的观念更加深刻，也更加具有生命哲学本体论的原初性。

最后，这是人花合一的最高精神向度。花朵喻人格和瑶族人花合一的精神向度是有差别的。人格仅是一种性格和品性的聚合，还远没达到生命本质的终极层面。人花合一的精神向度才更具有超越性。瑶族同胞将这一精神向度体现在他们的世俗生活与种种神秘习俗中，是那么的自然而然，没有一丝中国封建文化里存在的道德与生命原欲的悖论与矛盾冲突。正因瑶族花神崇拜中与自身生命的深度融合与和谐，才让其整个民族文化圈在自给自融中又不失高度的开放性。

（三）瑶族花神崇拜保存了华夏文化最原初的精神原型

根据对甲骨文的考证，中华民族的“华”字，正是“花”的同形同义字，泛指地上所有的花朵，也包含了一切发光明亮的事物，如太阳与月亮。中国著名的巫傩学者林河先生与著名的红学家周汝昌先生分别对长江巫傩文化与红学文化进行深入研究，他们竟然都得出了一个共同的观点，即都认为花朵正是我们中华民族最古老的一个精神图腾，我们中华民族正是一个崇拜花的民族。逝者如斯，这个神奇的玄秘早已被时光的暗影所遮蔽，不为人所知。或许，正是得益于永州之野，乃至那五岭逶迤的岭南大地上的遍野鲜花，得益于那些被称之为“莫徭”“瑶人”的蚩尤蛮裔们世世代代保留、传承至今的对花崇拜的巫术习俗,才有幸将吾中华民族这最原初的文化基因遗存、延续了下来。而根据荣格的集体无意识心理学的原型观认为，全世界的各个民族都有一个共同的基本心理原型，这便是一个曼陀罗之花的图案。从这个角度看，瑶文化的花崇拜情结无疑还触及了人类本性与生命的本质，正蕴含、遗存着一个人类共同的精神与文化基因。因此，瑶族文化这一独特的文化模式，对当代人类的文明走向将有着不可忽视的借鉴意义和范式性的启发价值。

三、奇葩朵朵最勾人——瑶寨花卉景观文化创意

（一）瑶寨花卉景观文化创意的文化视野和策略理论

上述对瑶族花神崇拜文化的解码，无疑为瑶寨花卉景观文化创意提供了丰富深厚的文化资源，但要最终形成真正的文化创意，还需要强大的发现与开掘技术。因此需要文创者具有相当广阔的文化视野，同时还需要具备较为前卫而又正确的策略理论作为指导。

根据笔者的管窥之见，目前国际上较为前卫的文化符号学所倡导的大小文明传统论，值得在此作一推荐。什么是大小传统？这其实是人类学家对人类文明作的一种新的划分法，即倡导用历时性的动态视野去看文化文本的生成，以人类文字的出现为界，先于和外于文字书写的文化传统为“大传统”，文字书写的传统为“小传统”。根据“文化即表述，表述即

编码”的定义，随之便产生了一种21世纪著名的“N级编码”法。即将文物和图像构成的大传统文化文本编码算作一级编码；将文字小传统的萌生算作二级编码的出现；用文字书写成文本的早期经典则被称为三级编码；经典时代以后的所有写作和文创文本，无非都是再再编码，多不胜数，统称为“N级编码”。

从文化文本的历史生成看，物的符号在先，文字符号在后。文字产生之前肯定存在大量的口传文本，但是口说的东西没有物质化的符号，不能保存下来。于是，要探寻原表述或原编码，就只有诉诸物的叙事与图像叙事。瑶族是一个没有自己文字的民族，其传统文化大都以口传形式代代相传，譬如瑶族最著名的史诗性的古歌大篇《盘王大歌》，便是以口传形式流传下来的。正因此，瑶族的传统文化体系便成了我们用大传统视野进行审视与挖掘的一个极有价值的宝库，为我们今天的文化创意，即“N级编码”提供了最鲜活、最直接、最有价值的“母土”。

（二）瑶寨花卉景观文化创意模式的借鉴

目前花卉旅游产业发展主要为三种模式：花卉－文化－旅游产业发展模式、文化－花卉－旅游产业模式、旅游－文化－花卉产业发展路径模式。从中不难看出，这三种模式中文化融合始终是极其重要的一个支点。现试对这三种模式逐一介绍，以加深对文化融合的理解和领会。

（1）花卉－文化－旅游产业发展模式为基于已有花卉资源，结合花卉文化，带动旅游产业发展。花卉旅游是花卉产业的衍生物。荷兰库肯霍夫公园郁金香花展就是这一模式的典型案例。库肯霍夫公园位于荷兰阿姆斯特丹近郊利瑟小镇，自

1949 年第一次作为开放空间式的花卉展示公园以来，已有 60 多年的历史。每年 3—5 月，700 余万朵的郁金香及风信子、洋水仙等球根花卉在这里竞相开放。公园占地 32 平方公里，园内步行道总计 15 千米，是世界上最大的郁金香花展。其主要特色，一是每年布置不同的主题，进行主题景观打造。二是对花卉及特色旅游纪念商品等进行产品打造，甚至园中的花艺与插画等作坊、设计师和艺术家们以花为主题创作的作品等也是吸引游客的重要产品。三是每年还举办艺术展览，进行节庆活动打造，展览以其大量的艺术收藏而闻名，在园中布置了数百座雕塑及艺术品，是荷兰最大的雕塑公园。这三种打造，都是深深根植于当地和本民族的深厚传统文化，都是一种在符号形式的外在编码表象下承载着其独特的文化表述。

（2）文化 – 花卉 – 旅游产业模式为基于源远流长的花卉文化，催生花卉产业的发展，进而促进旅游产业。日本东京都上野恩赐公园（简称：上野公园）尤其典型。上野公园位于日本东京，是日本最大的公园，面积达 52.5 万平方米。上野公园原来是德川幕府的家庙和一些诸侯的私邸，1873 年改为公园。它在景观、产品与节庆打造上，充分抓住日本国花——樱花的文化特质大做文章。该园内樱花树多达 1200 棵，代表性的樱花品种是染井吉野。花开时节在夜间灯光下观赏“夜樱”，是日本人赏樱的独特方式。另外上野公园还开发了以樱花为主题的各种商品，包括以樱花为原料制作的美酒和饮料、食用品、香水和护肤品、小饰品等。樱花是日本的国花，每年 3 月 15 日至 4 月 15 日为“樱花节”，也称作“樱花祭”，已有 1000 余年历史。在此期间，来赏樱的游客络绎不绝。

（3）旅游 – 文化 – 花卉产业发展路径模式的前提是旅游业已经取得了很好的基础，在此基础之上挖掘当地花卉文化，推广花卉种植栽培，助推花卉产业。同样是在日本的北海道富田农场又是一典型代表。富田农场位于富良野地区，农场规划 12 平方公里，是一个私家农场。富田农场是北海道最早的花田之一，原来仅仅种植薰衣草的农场，这几年在主人的打理下，增加种植了金盏花、罂粟花等，逐渐形成了今日所见的彩虹花海。目前已成为富良野地区，甚至整个北海道最著名的花卉农场，每年花季从 4 月开始，直至 10 月中旬结束。它在景观、产品打造方面，主要是进行了拓展和产业链的延伸。农场划分了 6 个观花区域：花人之田，主要观赏加州罂粟、姬金鱼草、金盏花等；幸之花田，主要观赏不同品种的薰衣草；春之彩色花田，主要观赏冰岛罂粟、细香葱、东方罂粟等；秋之彩色花田，主要观赏鼠尾草、波斯菊以及醉蝶花等；彩色花田，主要以紫色薰衣草为主，搭配其他六色品种，宛如七色彩虹；传统薰衣草田，是富田农场最初保留下来的薰衣草田。同时以花卉观光为主，不断延伸花卉产业链，加工制作花卉相关产品，如干花、精油、香水、香皂、香草冰激凌等这一系列产业链，在丰富园区旅游产品内涵的同时也充分挖掘了园区花卉产业的效益。

（三）瑶寨花卉景观文化创意模式的思维路径

结合上述三种模式的借鉴分析，瑶寨花卉景观文化创意模式的基本载体不外乎是景观、产品与节庆三大基本类别。但创意的核心还是在思维上的一种运作，即点子与创造。结合“大小传统划分法”和“N 级编码法”，笔者最后尝试提出如下几条思维路径，为文创人提供一点抛砖引玉之用。

一是要深入学习瑶族文化，坚守本土，因地制宜，多向当地文化专家取经和讨教，因为只有他们才是瑶族大传统文化的口传继承者。对瑶寨花卉旅游景观文化创意者来说，自然要深刻理解瑶族花神崇拜这一重要的文化观念，这样才能让自己的思维不管怎么发散，都有一个文化之核做圆心、做支撑点。这在提高创意的文化掘进深度上至关重要，越是深层次地触及一个民族文化的集体无意识原型之核，就越是能最大限度地打通这个民族的心灵通道。只有让游客通过种种花卉景观的观赏，才能唤起大家内在的花神崇拜情结，引发深刻的心理共鸣，才能最大限度地吸引大家。譬如今年江华盘王节的主题是“神州瑶都 歌里江华”，其实也可打造一个“歌里江华，花海瑶都”的花卉瑶寨体验主题园。官方也可大力宣传瑶族花文化，通过公选县花等系列活动来加深人们对花文化的理解与认同。又譬如在江华水东村的荷花节,就完全可利用瑶族花神崇拜的观念，打造出系列化的民俗体验景点，以游戏互动、婚庆仪式、歌舞表演、故事重现以及 DIY（自己动手做）直接体验等多种方式来让人们感受到瑶族花神崇拜的传统文化,最终达到净化心灵，寻回一个民族精神信仰的终极目的。

二是要有整合的观念，特别是要记住“创造就是编码，载体就是符号”的实质意义。不要被繁缛复杂的生活事物表象遮蔽了自己清醒的思路。21 世纪既是一个全球化、各种文明形态多元共处的时代，也是一个图像霸权的网络体验时代，人们越来越不再满足于只依赖于文字的文本阅读,更加渴求集视觉、听觉、触觉直至梦幻般的心理体验等多种方式来感受世界的无限绽放。单一的文化创意已远远无法满足人们的需求。这就要求文化创意者调动起多种模式，用高度整合的手段，运用跨行跨界的多维思维来进行链接、嫁接、杂交与融合。譬如江华桥市乡野猪桥的桃花节，完全可以集餐饮、瑶寨入住体验、瑶山狩猎体验、瑶寨刀耕火种体验等多种模式来打造出一个集团式的大型瑶寨花卉景观农庄。

三是要有开放包容的观念，牢记“越是民族的，便越是世界的”深刻所指，但同时也要记住“越是世界的，又越是民族的”的反向所指。按“N级编码”法的内在分析，要明白我们不管怎么多级编码，所有的创意只是一种编码方式，包括神话传说的故事文本，目的永远是为了让人们更深切地体验到那个文化内核，那个人类集体无意识深处的共有原型。只有触及这一深层次的文化本质所在，才能创造出最具心灵震撼力的出彩文本符号。譬如江华水东村，因该村也是一个瑶族与客家人共聚区，还保存着不少的客家古民居。我们也就不必拘泥于只表达瑶族一种文化模式，完全可以将客家人那忠义仁孝的传统文化观念联结、融合到一起，形成更加独特的文化创意，从而达到深深吸引住游客的行足，让人们的心灵沉醉在花海世界的梦幻体验中。

参考文献

蔡妤，张思琦，2017. 基于产业转型的乡村旅游花卉景观营造原则探讨 [J]. 绿色科技 (3):25-28,31.

过常宝，黄偲奇，2013. 花文化 [M]. 北京：中国经济出版社.

林河，1997. 古傩寻踪 [M]. 长沙：湖南美术出版社.

彭荣德，1996. 花巫术之谜 [M]. 北京：学苑出版社.

王孝廉，1996. 花与花神 [M]. 北京：学苑出版社.

向宏桥，2014. 国内外花卉旅游发展模式研究 [J]. 旅游论坛，7(1):27-31.

杨利平，2012. 浅谈花卉产业概况 [J]. 农民科技培训

(3):23-24.

叶舒宪，章米力，柳倩月，2018. 文化符号学：大小传统新视野 [M]. 西安：陕西师范大学出版总社.

叶蔚林，1997. 叶蔚林作品全集 [M]. 长沙：湖南人民出版社.

郑德宏，任涛，郑艳琼，2009. 湖南瑶族风情 [M]. 长沙：岳麓书社.

周武忠，2008. 中国花文化研究综述 [J]. 中国园林，24(6):79-84.

初探瑶族勉支系的形成

郑德宏

瑶族是一个古老的民族，专家们按照语言的不同把瑶族分为三个支系。一是勉语支系，二是布努支系，三是拉加语支系。民族的形成有它的要素，一个民族中的一个支系的形成同样要有它的要素，其要素是共同的先民、共同的语言、共同的地域、共同的经济生活等，本文就瑶族勉支系的形成这个问题，谈点个人的粗浅看法，以作抛砖引玉，共同探讨。

一、一个民族中的支系先民是孕育成独立支系的重要前提

形成民族支系的第一个要素就是人，就是共同生活在一起而又有优势的群体，这个群体就是先民，这个群体就是支系之源，就是支系之本。没有这个先民群体，要形成一个民族或支系，就如无源之水，无本之木。

专家们对勉的古老群体——先民追溯到东夷族，到夏时东方夷族有九夷、淮夷、徐夷、莱夷、舒夷等，具体而言，九夷中是哪个夷是勉支系的先民？这个问题，语言专家郑宗泽先生在他的《江华勉语研究》中作了答复："勉语方言和金门方言

的瑶族祖先是江西地区迁徙到广东、湖南、广西等地的古徐夷后裔。”

殷周时分布在山东、江苏、安徽等地有淮夷、徐夷和莱夷。郭沫若说：“这些淮夷的区域很宽广，大约沿长江流域发展的，长江流域一带的所谓荆舒、所谓南夷、所谓徐夷都好像它的同族。”老前辈费孝通先生说：“盘瑶很可能是瑶族的主干。就是说在历史上这一股由淮河流域南下的移民，开始时可能就是盘瑶的先民。”瑶族民歌《十二姓瑶人游天下》唱道：“瑶人出世武昌府（湖），发入青山四处游，龙头山上耕种好，姊妹宽游世无忧。”这首歌的首句“瑶人出世武昌府”，“出世”即是说瑶勉先民就是在这个地方成长起来而又从这里迁徙的。武昌府的府是瑶语“湖”的误记，因为瑶人的府、湖均读作一个音，仅一个变调而已。“府”是唐代广设羁縻州府后才有的，如开封府、武昌府、永州府等。因为夷族祖居地是安徽，“湖”应该是安徽南部长江北岸的武昌湖。

《江华勉语研究》中提到丁山说：“《吕氏春秋·恃君览》，所谓扬汉之南，百越之际，诸夫风余靡之地，多无君。风余靡，疑是‘风夷’音伪，亦即仆辞所见风方矣。”他还说：“郭氏考释，亦引九夷之风夷为证。”这是说风方即风夷。他又说：“风夷故地，当求诸汉六安国之风安县。”引《水经注·淮水注》云：“淮水又东，穷水入焉，水出六安国安风县穷谷，世谓之安风水，淮水又东，为安风津，水南有城，故安风都尉治，后立霍邱戍。”“安风当今安徽霍邱之南，西周文献，犹或谓之东夷”，“安风，殆群舒之族”。可见卜辞的“风方”是瑶族、苗族和畲族的先民，至少也是瑶族的先民。这就说明瑶勉先民徐夷的古居地为安徽武昌湖的广大地域。

二、共同定居的地域是孕育瑶勉支系的摇篮

一个民族或者是一个民族中的一个支系的形成必须要有这个民族或者支系先民共同生活的地域，这个地域就是这个民族或支系形成的“母体”或者叫“摇篮”。没有这个地域，就不可能形成共同的语言、共同的信仰和共同的风俗习惯，就不可能成为一个民族或支系。

改朝换代、封建割据、军阀混战是中国历史上屡见不鲜的社会现象，由此引发的战争浩劫，往往使广大民众流离失所，背井离乡。诸如“秦灭六国”“永嘉之乱”“安史之乱”“宋时南渡”等都是造成大量移民的社会根源。历史上的东周被史学家分为春秋和战国两个时期，平王东迁以后，东周进入了动荡时期，诸侯不听周天子的命令而争夺土地、人口，展开了激烈的兼并战争。这一时期，徐夷为吴所灭，后来越灭吴国，楚又灭了越国。徐夷为吴所灭时，未被消灭和归顺的部分，约在秦楚之战的战国末期，渡长江南迁。从安徽武昌湖地区渡长江进入江西，沿鄱阳湖、抚河而南下，瑶族民歌《十二姓瑶人游天下》中唱道：“瑶人出世武昌府（湖），发入青山四处游，龙头山上耕种好，姊妹宽游世无忧。”歌中的龙山头，即江西鹰潭南的龙虎山。《瑶族朝代歌》唱道：“南方重有八万岭，正来打计出行游，寻到洋直长江口，（岸）山林斩木合船行，十二姓瑶人上船去，七个大船渡过江。”

瑶勉的先民们渡长江，经风霜雨雪，足踏万里，寻觅安身栖息的处所。他们沿着鄱阳湖、抚河、武夷山西麓南下，来到了江西的石城、宁都、瑞金和福建的宁化（黄连峒）长汀地区的广大地域驻足安居，繁衍生息。这个地域有其特殊的地位，是蜿蜒南北的武夷山中段，《论石壁》一书中对这一区域的描述：“宁化与江西宁都、瑞金和福建长汀等地，四周崇山峻岭、荒山野林，特别是高峻的武夷山作为屏障，阻碍着大规模北方

南来的兵祸之乱，而其间由江西入闽处有一条较为平坦的通道，这不仅为南迁的移民提供了迁徙的方便，而且居于其中较为安全，不失为逃难者理想的‘世外桃源’。除兵祸未及的安全环境外，该地域土地肥沃，雨量充沛，三江之源（赣闽韩）溪流纵横，林木郁郁葱葱，气候温和，是农耕的好地方，的确是一处难得的宝地。”

“早在秦汉之际，就有中原士民迁徙于此。”“在江西鄱阳湖流域生活了若干年后，再转迁徙到赣闽粤三省边区……与南方百越民族中的某些族群（主要是畲瑶、壮和疍民）杂处融合。”郑宗泽著《江华勉语研究》中提到“《中国古代社会研究》中的按语‘案古器物中有郐王祭耑诸器，出自江西高安’来说，郐即徐字，郐王即徐王”，亦即徐夷之首领，这说明徐淮一带一部分徐夷迁到了江西地区。……从徐夷和众舒来说，徐夷和众舒的徐与舒都是瑶族和畲族的先民部落名称的译音。据此可以肯定，现在勉语方言和金门方言的瑶族祖先是从江西地区迁徙到广东、湖南、广西等地的古徐夷后裔，还有勉语标敏方言三江土语瑶族自称“莫瑶”，有的自称“莫傒”和“傒莫”，莫即莫瑶，傒即傒人、傒子。傒人、傒子是汉时江西地区对瑶族和畲族先民的称呼。这就充分地说明瑶勉的先民即祖先来到了赣闽相邻的古黄连峒以石壁千家寨为中心的这块宝地、建立家园、繁衍子孙、开荒辟土，刀耕火种，发展经济，瑶族勉支系就在这个特定的地域条件“母体”里孕育并逐步走向成熟。

三、共同语勉语的形成

语言是人们交流的工具，勉语是勉支系内部的交流工具，语言是人们在劳动生产生活中创造出来的，勉语也不例外。勉语属于苗瑶语族瑶语支，瑶族先民们从战国时末期渡过长江南下，来到了福建宁化以石壁千家寨为中心的地域繁衍生息数百年，他们长久共处在劳动生产生活中，认识事物，交流感情，在古苗瑶语的基础上、演变、创造，丰富发展而成为今天的勉语。也可以说，勉语是在这片土地孕育成熟的，后来瑶勉带着她播向南岭天涯海角。谭元亨在他的《中元正音》中说："言的本身，凝聚着一个民族或一个民系的历史、气质、品格，而且更重要的是，熔铸了这个民族的整个精神，并形成其独有的思维方式。一个民族的珍贵文化遗产，就在这无形的言中，使得他们千年迁徙、万里长奔的艰苦征途中，成为一个风雨不动的精神共同体。"

语言的形成，就是一个民族或一个民系形成的重要标志，勉语这个风雨不动的共同体的形成，就是历史上勉民系（支系）这个稳定的共同体的形成。

四、共同的民俗亦是一个民系的标志

在一个民族中的一部分成员演变发展成另一个民系，该民系则有共同的传统文化和风俗习惯。图腾崇拜、祖先崇拜是世界各民族普遍存在的原始宗教的信仰形式，瑶勉对其始祖盘王是祖先崇拜，"祖先崇拜产生于原始时代，源于鬼魂观念的形成。对于自己直系亲属产生了无限眷恋之情，随之便产生了祖先崇拜，人们希望自己的祖先灵魂也像生前一样能庇佑本氏族成员。祖先崇拜发达时期，出现了专职祭司。"

这种祖先崇拜的原始宗教祭祀活动，在瑶勉精神生活中是一个重要的内容，是占着主导地位的。瑶族《过山榜》中载述："始祖盘王，生前有人性之灵，死后有鬼神之德，许令男女敬奉阴魂。描成人貌之容，画出鬼神之像，广受子女祭祀。"

这种原始宗教信仰、习俗是瑶勉共同的传统文化和独特的习俗，这个传统文化随着勉支系的成熟而延续、发展和丰富。

对始祖盘王的崇拜，是瑶族勉支系成员情感的统合和凝聚。“在象征意义上聚合了氏族群体的情感，维系了氏族的凝聚力，发挥了精神纽带的作用”。有了这个精神纽带，不论走到天涯海角，是盘王子孙，讲勉话，那就“五湖四海皆兄弟，同宗共祖一家亲”。

五、支系的符号——勉

一个民族中一个支系在形成的过程中，就会从其民族群体名称划拨出来，产生其支系的名称，从而体现出这个新的共同体的存在，瑶族中这个勉支系的“勉”，就是个新的共同体的符号。在勉语中的这个“勉”字，即汉语中的“人”的意思。

这个勉支系在江西宁都、石城、瑞金和福建长汀、宁化（古黄连峒）以石壁千家寨为中心的广大地域，孕育发展成熟，在当地古代被称为“闽”。“闽”是“勉”的同音字，林开钦著的《论汉族客家民系》一书中论述：“唐以前，史籍里没有福建地名。福建最古的名称叫闽（民族的称号而非地名）……郑玄（东汉经学家）引《国语》中的一句话‘闽蛮之别也’。作为七闽的注解，说闽是蛮之别种。”“蛮之别也”可以说蛮部落外的一个部落，就是勉部落，今称瑶勉支系。

瑶族先民来到古黄连垌，今福建宁化县以石壁千家寨为中心的大区域，以自己独特的条件、有利的历史环境铸成了勉支系，并使之达到了成熟。从时间而言，奔波迁徙的西汉时期，是瑶族勉支系从古徐夷演变发展成勉支系的起点，整个东汉至隋末唐初勉支系退出以石壁千家寨为中心这个地域的时候，是瑶族勉支系孕育成熟的终结。瑶勉从此带着勉语这个风雨不动的共同体播迁南岭。

湘南瑶族坐歌堂的传承与保护研究

——以湘南三市六县区八瑶族乡坐歌堂活动为例

赵飞　赵巾英

瑶歌是瑶族人民日常生活中的一个重要组成部分，人们的喜、怒、哀、乐常常通过瑶歌表现得淋漓尽致，对于这个有语言无文字的民族来说，瑶歌也是瑶族人民记录历史，传承民族文化的一种载体。随着经济全球化、文化多元化进程的加快和棋牌娱乐活动的影响，民族地区的年轻人为了生活大部分已外出打工，山中的空巢老艺人、老歌手年岁渐高、相继谢世，使得口口相传数千年的传统瑶族文化受到极大冲击，坐歌堂文化传承出现了断层现象，一些年轻人不再唱瑶歌。因此，传承与保护坐歌堂文化刻不容缓。本文以湘南三市六县区八瑶族乡坐歌堂活动为例，对湘南坐歌堂作一个研究，以便得到更好的传承与发展。

一、坐歌堂概述

瑶族悠远的历史，沉淀了瑶家坐歌堂的风俗内涵，作为瑶族古老的文化精华，是瑶族对歌的形式之一，是瑶族同胞“陪客”的最高礼节和不可缺少重要形式，也是瑶族人联络感情、交朋会友的文化娱乐活动。坐歌堂是现代的命名，因为坐在家中围着火塘唱歌，所以便被称之为“坐歌堂”。过去生活在深山老林的瑶族同胞，都比较热情好客、重亲好友，凡是生日寿宴、建房进火、结婚喜庆、三朝满月都会有亲朋好友上门祝贺。由于山高岭陡，路途遥远，无法当天返回，只好留宿在主人家中。而大山的瑶族人居住条件有限，一般住的都是窄小的杉皮屋、木板房或泥巴冲墙房，且每家每户只有一二张床，老人一张，年轻人带小孩一张，根本没有多余的床位，为了不冷落客人，主人只好烧一堆柴火，熬一鼎浓茶，点着桐油灯，围着火塘或与客人闲聊拉家常或请村中的歌手陪客对歌，一般男客女陪，女客男陪，通宵达旦，直到天明方休。

居住在湘南阳明山系的瑶族同胞，主要有常宁、新田、宁远、桂阳、祁阳、金洞六县市（区），塔山、门楼下、五龙山、桐木漯、白水（原杨柳）、塘市（原华山）、八宝（内下）、晒北滩八瑶族乡这部分人，自称宝寨山人，每到生日喜庆婚嫁典礼和走亲访友都会聚集在一起开展对歌活动，以歌传情、以歌会友，他们称“坐歌堂”为“谈笑”，瑶话勉语讲“拱者”。这一具有民族特色的娱乐形式千百年来流传，经久不衰。随着时间的推移,这种对歌的形式与湘南独特文化的相互交融之后，逐渐演变成今天有着固定流程和文化内涵的坐歌堂活动。

坐歌堂，虽然是一种娱乐活动，在过去，没有足够的歌是不敢去陪客的，没有足够的歌也是不能轻而易举地接受别人的陪客。因为怕“背砂锅”，所以，陪客者要胸有成竹，客人也要有歌待唱，否则，都是不敢“亮剑”的，有些客人千呼万唤，请来请去才能出来就是这个道理。不会对歌的客人还有一件最头痛的事，就是自己不会唱歌，对方非要逼你唱，不唱就把你拖到火塘角落边的地方，烧大火烤得你大汗淋漓，直到12点钟主家做菜消夜后，陪客者才能离开。另外，坐歌堂过程中，一问一答，一盘一解，都要对答如流，对方问什么，要答什么，答不上或答不准的，就要“背砂锅”。“背砂锅”就是人们常说的“摸黑脸”的意思。在外面因不会对歌“背了砂锅”，不仅给自己丢了脸，连全村人都没有面子，所以，年轻人外出做客，最怕的就是人家找自己“拱者”。为避免这种丢脸的事，无论男女，他们从六七岁就要开始学瑶歌了。

二、坐歌堂的特点

湘南瑶族坐歌堂，在岁月的流逝中，逐渐形成了自己独有的特点。

（一）坐歌堂内容的确定性

坐歌堂的内容基本是确定的，它包括进乡或迎接、敬烟、敬茶、劝酒、缘分、谢主谢众、离别或相送等内容。陪客者开头必须唱客气歌迎接，例如“门前路口小，门前路口小游游，早知龙星贵步到，背刀砍路接花进贱州”。客人必须礼貌回答：“打定到，四季官轿打定游，告郎（妹）有心不用接，不用接妹（郎）进贵州。”之后，陪客者一路依次迎进乡、村、街、院，客人一路依次进乡、村、街、院，只有这样才能把客人迎进屋来进行下一步的酒歌、缘分歌等。当然，也不一定就是唱固定的词，还有别的唱词，只要意思相同就行了。

（二）坐歌堂唱腔的地域性

湘南阳明山系的六县区八瑶族乡的瑶歌的唱腔有别于其他过山瑶，在坐歌堂中，它分室内室外两种唱法，在室内采用小声低调的唱法，且一首歌唱四句，（迎接）、敬烟、敬茶、劝酒、缘分、谢主谢众、室内告别或相送歌等都是这种唱法，如“郎烟丑，好比天生枫木叶，天生枫木不敢吃，吸烟又来哄妹睡”其瑶话唱法（音）是：“龙烟——呀臭欧……，背难呀听生蒲木啊笼，听生——呀蒲木荣欧敢气以……，所秀又啊带哎度密炯”。在室外送客、留客采用大声高调的唱法，一首歌唱八句或十六句（包括翻一遍），如：“留住仔，急水滩头留住船，留郎扎在人家来拿笑，留仔唱歌闹热村”等。瑶话唱法（音）是：“留足欧欧（∧∧）欧（——）欧（∨）而呐哈，觉欧欧（∧∧）欧（——）欧（∨）井水滩欧欧到欧，留欧欧（∧∧）足欧欧（∧∧）足欧，留龙欧欧（∧∧）站欧欧在欧，发——娘欧欧秧欧欧秧欧，呆欧欧（∧∧）欧（∨）作欧欧飞欧，留觉欧欧（∧∧）创欧欧（∧∧）嘎欧，耐你欧欧（∧∧）欧（——）冲欧欧冲欧。”其他过山瑶不分室内室外都是一种腔调，大声高调唱法。

（三）坐歌堂歌词的精湛性

瑶歌是瑶族文化的精华。在长期的生产生活中，形成了瑶族人民勤劳勇敢、热情开朗、善良淳朴的民族性格，产生了与之相伴的瑶歌。这个有语言无文字的瑶族用歌记录瑶族历史，用口传心授传递瑶族文化。其歌词语言通俗、情感真挚、内容丰富、唱词灵活。

以优美、柔和、婉转为特点。瑶歌曲调虽然没有西方的那种高亢华丽，但娓娓道来有如清泉小溪，柔和而悠远。它反映出瑶族人民吃苦耐劳、与人为善的文化心理特质，让听众有串串珍珠落玉盘之感。

以比喻、拟人、夸张为特征。例如，在歌堂中，大量采用比兴、排比、拟人、夸张的唱法来增强歌词的艺术感染力。在唱到缘分歌的时候，一唱一和，优美动人，使人陶醉。

以抒情、押韵、拖腔为特色。在生产生活中，瑶族同胞常常借歌抒情，以歌言志，上至天文地理，下至凡人琐事，远自盘古开天，近至眉毛眼前，都可用歌来表达。瑶歌属韵体文学，歌词（瑶话）比较讲究押韵，有鲜明的节奏和韵律，其结构多为七言四句，例如，《离别歌》：郎话不舍娘不舍，郎话不离娘不离；要舍要离也等牯牛生崽马生角，马角不生不得离。拖腔是瑶歌的基本唱法，如，前面的《离别歌》瑶话唱法：龙袜呀——荣喜呀娘荣喜一已——，龙袜呀荣嘞娘荣嘞，外喜一已已呀外嘞牙组翁狗生崽马啊生果哦哦，翁狗呀荣啊生娘荣嘞。

（四）坐歌堂活动的灵活性

场地的灵活性。坐歌堂场地可大可小，因参与的人数而定。参与人员少，可在堂屋举行；参与的人员多则在大厅举行。过去家里来客基本在柴火灶旁举行。

时间的灵活性。过去有唱一个晚上的，有唱七天七夜的，唱一个晚上的只唱进乡或迎接、敬烟、敬茶、劝酒、缘分、谢主谢众、离别或相送歌，就是现在的这种唱法。七天七夜唱法，水话比较多，唱一首翻一遍，第一夜基本讲白话，不拉嗓子唱，第二天晚上，有的甚至第三晚才拉嗓子唱。中间要唱一些云梯歌、梁山伯与祝英台歌和不分娘郎的歌。七天七晚其实是白天休息，晚上接着唱。

三、坐歌堂活动程序

（一）盼缘

进乡（包括接客歌、进乡歌、谢主歌、谢众歌、烟歌、茶歌等），例如，“郎（娘）在郎乡抬头看，二十四个路头也看游；天生百木也数尽，不见凤星到贱州”。对“在家思着出乡路，出乡思着进州游，听到郎（娘）乡有花朵，立定心思到贵州”。盼到以后接到家中，就要感谢主人，例如，“谢过主，谢过主家主老娘，谢过主人主老姐，主人老姐告郎（娘）连”。对“听到郎（娘）谢娘（郎）也谢，大家谢过主老人，大家谢过主老姐，全靠老人老姐告娘（郎）连”。

（二）结缘

包括相念、相思、相连歌。唱完进乡歌后，唱相念、相思、相连歌，抒发心中的感情。例如，“心思妹（仔），行路也思坐也思，一来思到家里好，二来思到妹（仔）有情”。又如，“心想妹（郎），想妹（郎）一年又一年，想妹（郎）一岁又一岁，想到如今未得把郎（妹）连”。

（三）团圆

包括问歌、酒歌、情歌、姻缘歌等。歌堂进行到一定的时候，就要问一问对方的一些情况。包括问个人情况、兄弟姐妹、地方年情等。例如，“心问妹（仔），问妹（仔）年龄有几年，问妹（仔）年龄有几岁，真心说话告郎（妹）连”。又如，到半夜了主家就要煮菜、摆酒来消夜，这个时候就要唱酒歌了，首先唱奉承主家的歌，如“好酒浆，家里也有作主娘，喝了一杯顶千杯，好酒喝下透心凉”。再唱劝酒歌：劝娘（郎）饮，劝娘（郎）饮双莫饮单，手中有杯没有管，劝娘（郎）饮酒为何难。唱完酒歌，消夜结束，这时正值高潮，就唱情歌、姻缘歌了。如“要连妹（仔），可惜有情不共乡，日里共个日头照，夜里时时想断肠”。

（四）收缘

包括告别、送别。歌堂进行到天亮时，就要收缘了，这个时候就要唱告别歌了。首先由陪客方提出告别要走，例如，“鸡仔一声又一声，鸡仔二声听天亮，鸡仔三声好回步，鸡仔四声好回乡”。再如，“操手下河钓鱼崽，空把蚕丝抛过州，鲤鱼不吃蚕丝带，钓鱼不得空回洲”。这时客方就不能让对方说走就走，还要挽留，如“看郎（娘）下河钓鱼崽，鲤鱼游游就出洲，鲤鱼要吃蚕丝带，为何说得就收钩”。又如，“亏郎（娘）过得意，亏郎（娘）过得一条心，亏郎（娘）过得一条心中抛落妹，抛落贱娘（郎）靠哪人”。陪客方对：“白纸写书写不尽，红纸写书数不清，告娘（郎）留心要留意，大家留意挂心中”。客方继续挽留：“郎（娘）话不舍娘（郎）不舍，郎（娘）话不离娘（郎）不离，要舍要离也要等牯牛生崽马生角，马角不生娘（郎）不离。”一再挽留不住时，就送，这时就唱离、送歌，如“郎（娘）退步，比像鲤鱼离水滩，鲤鱼离滩不离水，郎（娘）小离妹（仔）心不甘”。陪客方接着再谢主人，再一步一步从堂屋退出小门、大门，退出院子。例如，“郎（娘）退步，大堂退出第一门，退出一门问一句，听妹（仔）归家行不行”。客方送别：“送郎（娘）去，大堂送出第一门，送出一门问一句，听仔（妹）归家行不行。”收缘歌堂结束。送别方在分手的位子停下脚步大声唱挽留歌，如“留住仔（妹），急水滩头留住船，留郎扎在人家来拿笑，留仔唱歌闹热村”。对方回头答：“不留仔（妹），急水滩头不留住船，父母生郎（娘）不带聪明份，不会唱歌闹热村。”一直唱到离别者远去的背景消失得无影无踪时方可停止。

四、坐歌堂传承与保护现状

（一）活动传承情况

自 2003 年以来，湘南三市六县区八瑶族乡轮流举办了八届坐歌堂活动，已形成了一种品牌。通过举办活动吸引了瑶族同胞，尤其是年轻人的参与，通过近几年的评奖，对歌手的年龄提出严格要求，年轻歌手逐渐成长，前几年的活动中，几乎看到的全是 60 岁以上的歌手，近几年 40~50 岁的歌手已达到一半以上，常宁县塔山瑶族乡通过强化培训，年轻歌手比例明显提高，30~40 岁的歌手逐渐成长起来。

（二）家庭教育传承情况

过去祖祖辈辈传承下来的家中长辈对晚辈进行口传心授、言传身教是瑶歌传承的主要渠道。例如，在多年的湘南三市六县区八瑶族乡坐歌堂活动中，有兄弟班、姐弟班、姐妹班、叔侄班等参加，甚至有母女班、父子班参加。所以，在这个有语言没有文字的民族中，家庭传承仍然是主要形式。

（三）培训传承情况

自 2003 年以来，湘南三市八瑶族乡为开展好活动，各地进行了不同规模的培训。通过培训，年轻歌手逐渐成长起来。

（四）书本传承情况

虽然瑶族没有文字，但有些瑶歌用汉语记录了下来，对于读了初中的年轻人，只要懂得瑶歌歌意，完全可以从书本上学到一些瑶歌。例如，八宝镇内下片区的一个乡工作人员，原来只懂得一小部分瑶歌，通过几年的书本学习和活动的锻炼，逐步学会了瑶族坐歌堂的基本歌词，并且成了该乡的骨干歌手。

五、坐歌堂传承与保护存在的问题及困难

近年来，虽然通过多种渠道抢救、保护和传承坐歌堂，但由于受各种因素的影响，坐歌堂传承与保护存在着很大的问题和困难。

（一）传统的家庭传承模式逐渐消失

在教育过程中，教育者和受教育者都是缺一不可的，缺少任何一方教育都无法进行。在民族文化的传承中也是一样，只有“传”的人，没有“承”的人，传承就没办法继续。千百年来，瑶族人民都是通过家中的长辈对晚辈以言传身教、口传心授的方式传承本民族的传统文化。也就是通过家庭传承模式，使传统文化潜移默化地在家庭教育中代代相传。然而，从目前的情况来看，瑶山里居住的都是老人和幼儿，青少年要么是去县城读书了，要么外出打工了。这就造成了家庭传承这种传统的模式在瑶族中逐渐消失。

（二）年轻人缺乏对本民族文化的认同感

瑶歌是瑶族人民联络感情、交朋会友的文化娱乐活动，也是瑶族人宣泄情感、慰藉精神的一种有效方式，可是，绝大部分年轻都不会唱瑶歌了，这就导致瑶歌文化教育传承出现举步维艰的问题。主要源于以下三个方面：一是主流文化在民族地区中普及，部分瑶族青少年缺乏对瑶歌文化的认识，他们并不了解瑶歌的历史文化背景、文化内涵及艺术价值，他们只认为现代社会所流行的文化才是被大家所肯定的文化，只有跟随潮流才不会被人唾弃，才不会被时代遗弃。二是多数年轻人没有意识到自己的责任，如果他们不传承瑶歌文化，很可能世世代代传承下来的瑶歌文化就会在这一代消失。三是受到家人的影响，一些年长的瑶族人，尤其是长期生活在外面工作或打工的

瑶胞，认为没必要让自己的小孩学习本民族的瑶歌文化，因为这样对小孩发展不利，认为小孩从小学习瑶歌，影响孩子读书。总而言之，现在瑶族大部分年轻人缺乏对民族文化的认同感。

（三）长者的瑶歌文化传承意识不强

多数的瑶族长者对于瑶歌文化还是很感兴趣的，从小受到家庭影响，他们依然喜欢唱瑶歌、听瑶歌，但传承瑶歌的意识不强。随着交通的发达，对于现在的年轻人来说，他们可以走出大山接受好的教育、接触新的事物，他们有更多表达情感、娱乐生活的方式。例如，现在有些年轻人，棋牌、麻将桌一摆，马上就到，学习瑶歌，比请吃饭还难。因此，年轻人不愿意学瑶歌，老人也不强求他们学瑶歌，久而久之，瑶歌文化就会逐渐消失。另外，有些瑶族长辈长期在大山中，生活艰苦，现在他们的儿女子孙终于可以走出大山，过上城市富裕的生活了，他们当然没有必要让子女们再回到农村去学瑶歌。在他们的眼里，只要孩子们能过上好日子，唱不唱歌并不重要，“传承瑶歌当不了饭吃”。

（四）传承经费没有保障

为做好永州瑶族文化的保护与传承工作，2016 年成立了永州市瑶族文化促进会，市政府给予了一定的资金支持，但经费有时并不能及时批下来。瑶族文化促进会作为特殊的社会组织，应纳入财政预算。

六、湘南瑶族坐歌堂文化传承对策

（一）强化民族文化传承意识

一要是强民族文化认同感。强化文化教育，增强年轻人的文化保护意识。年轻人要做的事情就是通过各种方式重新认识自己的传统文化，增强对自己民族传统文化的自觉保护意识和传承意识。二是培养年轻人对自己民族文化的兴趣。一方面，大力鼓励“汉歌瑶唱”。鼓励年轻人用瑶话去唱自己喜欢的汉歌，有些瑶族音乐爱好者在微信中推出了汉歌用瑶语的唱法，这是一种很好的民族文化传承方式。另一方面，把瑶歌融入日常生活中，比如，过去日常生活不便于讲的话，不便于当面批评的事，可以通过瑶歌的形式，告诉对方。现在也可以通过这种形式，把瑶歌融入日常生活中去，通过这些方式让年轻人受到瑶歌文化的熏陶，起到一个潜移默化的作用，使瑶歌得到更好的传承。

（二）发展瑶歌文化的早期教育

儿童是民族文化血脉的继承者和文化基因的承载体。儿童获得文化传承的知识首先是从家庭开始的，对于有语言而没有文字的民族，文化传承要靠口传心授、言传身教。发展瑶歌的早期教育，让孩子一出生就接受瑶族文化的熏陶，同时，通过这种口传心授、言传身教的方式，让幼儿从小接触到本民族的音乐文化，潜移默化地将瑶族文化植入他们的“血液”里，嵌入他们的内心中，融入他们的生活，成为他们的习惯，变为他们的自觉。这种从小对瑶族幼儿进行的瑶歌传授、熏陶方式，对瑶歌的传承有着重要的作用。所以，政府要大力支持、宣传、鼓励这种方式，这也是成本最低的方式，因为这种方式对老人的要求不高，不需要什么培训就可以上岗。

（三）设定家庭传承奖励机制

就湘南三市的瑶歌来说，主要是依靠家庭传承的方式，由瑶族的长辈们向年轻一代言传身教传承下来的，但由于外来文化和主流文化的影响，很多年轻人都不想学瑶歌、唱瑶歌了。

在这种情况下，政府应发挥主导作用，设定家庭奖励机制，鼓励传承，对于瑶歌传承好的家庭给予一定的奖励。另外，关心、爱护瑶歌传承人，对瑶歌传承有特别贡献的老人给予一定的生活补助，让他们安心传承，安度晚年。

（四）大力开展民族文化传统节日活动

瑶族的传统节日较多，大节日有盘王节、春节、达努节、中元节、社王节、清明节等，小节日几乎每月都有。因此，可以充分利用这些节日，在大家团聚的时机开展坐歌堂活动。通过定期和不定期的活动，激发广大瑶族同胞对坐歌的热爱。例如，通过多年的湘南三市六县区八瑶族乡的坐歌堂活动，一些爱好者已建立了湘南三市六县区八瑶族乡开心瑶歌会，在外打工的瑶歌爱好者每天晚上都在群里唱瑶歌。

（五）创办瑶歌文化传承的教育机构

作为传承活动中最具有教育性的是开办教育机构。只有开办正规的教育机构，才能培养更多的懂瑶歌、唱瑶歌的专业人才。江华瑶族自治县已开办了民族艺术学校，专门教学生学瑶语、唱瑶歌、跳瑶舞，湘南三市六县区八瑶族乡可仿照江华的做法，每年举办一期培训班，聘请瑶族专家授课，并鼓励瑶族同胞在闲暇时间学唱瑶歌，以自娱的方式开展坐歌堂活动。除此以外，还可以“开展瑶歌文化传承进校园”活动。在民族乡中心小学开展学唱瑶歌、学跳瑶舞的活动。只要坚持不懈地努力，瑶族坐歌堂一定能够得到很好的传承与发展。

（六）建立瑶歌文化音像、文献资料阅览室

充分发挥乡文化站的作用。利用文化站收集一些音像资料、建立音像资料库，同时，通过广播、电视、电影、网络媒

体等方式，大力宣传瑶族文化，提高瑶族文化的影响力。

（七）建立瑶歌传承与保护专项资金

瑶族文化传承要有专项经费作保障，没有经费寸步难行。各级政府要高度重视研究民族文化的社会组织和团体，要设立瑶族文化传承专项经费，要把瑶族文化研究机构作为特殊社会组织看待，想方设法帮助他们解决困难和问题，促使它们一心一意搞民族文化传承。

瑶族“谈笑”初探

盘文琇

“南岭无山不有瑶，瑶山无处不有歌”，这就是对瑶族文化的写照。特别喜爱唱歌是瑶族人民的一大特点，不论是在山岭、田洞、密林、深谷，还是在锄岭耕山、砍树伐木、赶集行路或是婚配喜庆,到处都能听到瑶族男女老少清脆悦耳的歌声。他们善于以歌声来表达思想感情、传递友谊、歌颂劳动、赞美纯洁的爱情……内容丰富多彩，形式活泼多样。瑶族“谈笑”就是瑶族对歌中的一种形式。“谈笑”瑶语（音）叫“缸者”，是湘南阳明山脉瑶族聚居区中的一种民间习俗，也是该地区瑶族中唯一的一种民间传统文化娱乐活动形式，属瑶族曲艺，歌词属民间文学范畴。几百年来，流行于常宁、新田、祁阳、桂阳、宁远、双牌、金洞等地的瑶族人家中，具有深刻浓郁的民族特色，形式别具一格，内容丰富，具有强大的生命力，并经久不衰。

一、“谈笑”简述

瑶家每逢探亲访友、生日喜庆、讨亲乔迁等喜事，在恭贺宾客到来的那个晚上，便举行“谈笑”对歌，歌唱生活，叙述友情，传递友谊。不需要主持人，只要客人一到村寨，寨子里的人早就探听得一清二楚。在征得主人同意后，便从村寨内物色对象，一般而言，选择歌手时要遵循三条原则。一是对歌双方必须是相互之间比较陌生的；二是异性相配，如果客人是男性，便由村寨里的女性去和他们对歌，如果客人是女性，便由寨子里的男性作陪；三是要年龄相当，青年人和青年人对，中年人和中年人对，老年人和老年人对。这样年龄相当，异性相配，又是陌生人，在“谈笑”对歌中，增进了解、沟通情感，比赛歌艺就没有思想障碍。

至晚餐后，主人配好烟茶酒之类的食品以待，全村没有上场的男女老少皆拥入主人家观看。首先由主歌手以客套话与对方交谈，问东问西，问寒问暖，寒暄后，开始按“谈笑”对歌的程序进行交流。如果对方是强手，也要装模作样，推三推四来应变，如果是新手，自然不敢轻易上场，那也得设法逃脱，有的逃到别人家去躲避，有的逃去睡觉，但来找客人“谈笑”对歌的一方想方设法拦住，或来看热闹会对歌的观看群众帮助客方新手，但事到临头，想逃脱是不可能的，只好勉强上阵，靠观看群众来帮腔对歌。

“谈笑”，顾名思义，是谈谈笑笑，说说唱唱，虽然突出谈笑二字，但还是以对歌为主，并以歌逗笑、以话逗笑、观众逗笑等手段，来活跃气氛，通过歌词来回答对方所提示的各种问题。在唱歌当中，还夹杂故事、说白、笑话，并常以一些形容、比喻的唱词或穿插一些有趣的动作来挑逗对方，引起满堂大笑。在“谈笑”中，也常有一方确实难得无以对答的，若此情况，观看群众自然有人出来帮腔，使其不会冷场。如果对方会唱的，他也会用歌词拜请看热闹的群众帮他对歌，这样，会唱的和不会唱的都会给看热闹的群众一个机会。通宵达旦，整个歌堂热闹非凡。

二、“谈笑”内容

“谈笑”对歌内容丰富，而歌词优美，内涵深奥，意义深远，其内容有：

（1）迎客进乡歌；（2）双方谢主歌；（3）敬烟歌（4）相会及进园看花歌；（5）敬茶歌；（6）互相盘问歌；（7）思念歌；（8）心限（想）歌；（9）心愁歌；（10）出嫁歌（如果没有出嫁女在歌堂就不必唱出嫁歌）；（11）饮酒歌；（12）姻缘歌（加架桥歌）；（13）摘花歌；（14）送首饰歌；（15）过更歌；（16）留心歌；（17）拆姻缘告心歌（互相劝告）；（18）离别相送歌。

三、“谈笑”产生的根源

笔者自己是瑶族，年轻时学过不少瑶歌，也参加过“谈笑”对歌，为明确瑶族“谈笑”的产生过程，查阅了不少瑶族史料，对“谈笑”却很少提及；也曾访问过不少瑶族老人与歌手，更难准确推断产生于何时。瑶族普遍流传的《苦难歌》中，“瑶人出自武昌府，出世瑶人州过州，爷娘没有田和地，抛下祖宗天下游”，这是南宋时，金人入侵中原，原聚居在武昌一带的瑶民被迫南迁时的写照。估计瑶族在武昌南迁以前，就有唱歌、对歌习惯了，不然就没有这么一首《苦难歌》流传至今。在查阅宁远清代《九嶷山志》记“长腰小鼓和笙簧，黄蜡梳头竹板妆，虞帝祠前歌舞罢，口中犹自唱盘王”。这可能是对瑶族“还愿”庆盘王的记载。陆游在《古学庵笔记》中说瑶族有“男女聚而踏歌”和清人李调元说“瑶俗最尚歌，男女杂沓，一唱百和”。同治九年（1870 年）《常宁县志》中记载“届时男女聚会，歌唱欢笑”一语，这可能就是讲瑶族“谈笑”一事了。因瑶族无文字，在他们过去生活贫困、无法就学的情况下，才依赖汉字记录了像《过山榜》《评王券牒》《盘王大歌》等瑶族史料，对“谈笑”对歌记载的文字史料就很难找到了。从以上史料推断，瑶族“谈笑”对歌应产生于北宋年间，距今有千年历史。为什么会产生瑶族谈笑这一民间习俗呢？这是瑶族根据自身的历史条件、自然环境、生活状况及风俗习惯而决定的，其产生根源有如下：

一是在过山瑶的特定历史条件下而形成的。所有瑶族都属同种，但由于各地的环境不一样，便有平地瑶、红头瑶、花瑶、布努瑶等不同支系称呼，他们不但生活习俗有所不同，甚至连服装、语言也不尽一致。阳明山一带的瑶民均属过山瑶，宋代以前便流入，他们均因避战乱、躲土匪、逃壮丁、谋生计而陆续迁来，然后又因树木成林，无事可做又离去。据顾炎武在《天下群国利病书》中写道：“瑶本盘瓠之种，产于湖广溪洞间，即长沙黔中五溪蛮，后滋蔓，绵延数千里……在其邑者，俱来自别境。椎结铣足，刀耕火种，采食猎物，食尽一山则他徙。”又据同治九年常宁县志记载：“峒瑶刀耕火种，无常居，绿木登山，捷如猿猱，往来溪洞。”这就说明，过山瑶的生活与平地瑶是有很大区别的。平地瑶在一地区落脚后，便可以在那儿繁衍后代，代代原地生息。而过山瑶从进山砍树、烧土、挖山、种植至树木成林不过是几年，最多不过是十年时间，过着游垦式的疾苦生活，因常居深山老林，出山一次很不容易，不少人一直与外界隔绝，所以他们只好架起茅屋临时居住，生活十分艰苦，自然文化枯竭，只好依赖这种简易而行的“谈笑”来丰富他们的文化生活。因此，这种文化活动便应运而生。

二是从过山瑶有唱歌的习惯而产生的，他们虽然无文字，但有自己的语言。长期以来，他们过着一种较原始的生活，饱尝了无文化的痛苦，只好依赖世袭的唱歌形式来丰富他们的生活，满足他们精神上的空虚。他们把唱歌视为检验聪明才智的一种标准。因此，小孩到了五六岁时，就开始学唱歌，这可能是他们的一种启蒙教育，所以，唱歌就成为瑶族一种简便的文化生活方式了。阳明山一带瑶民没有固定的歌会，是“即时兴起”，光是唱歌又嫌单调，不能满足要求，且彼此居住甚远，会合一次不容易。于是便采取“谈笑”这种灵活又丰富多彩的活动来代替那种单一唱歌的活动了。

三是适合瑶民的疾苦生活需要。历朝的统治阶级，对瑶人是百般仇恨的，称瑶人为“瑶蛮”，将瑶字写成犬字旁，这对瑶族是一种极大的侮辱，使瑶族人民终生无法抬头，也不敢贸然进入杂居的平地，害怕被并吞，只好散居在高山谋求生活。因受到经济条件的限制，生活非常贫困，有时连食盐都不能满足，据宋史载“蛮无他求，唯欲盐尔”“此常人所欲何不与之”。又据瑶族《过山榜》载“初平皇出贴执付良善山子，任往深山之处，鸟宿之方，自望青山活躬善生”。从这些记载可以看出瑶民的困苦情景。又如广西罗城发现的《评皇券牒》的诗中载：“盘瑶住处无离壁，风吹雨水湿床席，妻儿男女哭涟涟，雨水湿床无处眠。”这里形象地描绘了瑶民住房与睡床破烂无处遮雨的实际情况，如遇来客，自然无法解决住宿矛盾，只好“儿孙饮酒连歌唱，不理东西夜不眠”了。因此，“谈笑”有通宵不歇的习惯，也就解决“无处眠”的困境了。

四是瑶族好客的表现。尽管旧社会他们生活困苦，招待简单，但他们对待客人却十分殷诚。特别是过去不准与汉人通婚的情况，他们只有在本民族中寻找配偶，故相邻县之间的通婚关系甚为普遍。因此，他们当中的亲缘关系相当密切，加上他们人口不多，就显得亲缘关系的特殊重要，确是“十门九亲”，互相之间的喜庆活动，是不邀而自来的，即使是相隔数十里，也决不会产生任何畏难情绪。虽然客人带来的贺礼是那么微薄，但主人还是格外热情的喜欢。他们对探亲访友的来者，不光是停留在“招待”上，更重要的是以“谈笑”来表示欢迎，即增进了友谊，又活跃了气氛，客人也就感到这是主人对他们盛情款待。更有甚者是一些青年男女通过探亲访友和“谈笑”便可觅得自己的心上人，自然会在“谈笑”显露自己的才华，使之达到心愿和完善的目的。据了解，青年男女通过“谈笑”而达到婚姻的人为数不少。笔者在调查中发现，二十世纪七十年代（1976 年）常宁塔山乡高泥涵的盘四英和桂阳杨柳乡石梅冲的赵远师就是通过“谈笑”对歌结成良缘。历来过山瑶在婚姻问题上的“嫁男”“嫁女”是很自由的，据说过去男到女方落户的比例要占到百分之六十。现在生活提高了，仍然有百分之四十左右的男子汉嫁到女方。这样通过探亲访友来达到他们“相亲”的目的也是一件很平常的事情了。更可以从“谈笑”中发现人才，考其肚才，以配佳偶。而“谈笑”活动也就成为瑶族人民在婚姻关系上起着潜移默化的作用，它更显示在瑶族生活的主要地位与其传承下来的必要性了。

四、选择歌手的原则

主家在安排村寨的人和客人对歌的时候，在歌手的选择上要性别相异，年龄相当和比较陌生三个原则。

1. 性别相异

在“谈笑”活动中，不管是主家出面邀请还是歌手们相约前来，对歌的双方必须是异性，男的一方、女的一方。在村寨里物色合适的歌手与客人进行“谈笑”时，首先要考虑客人的性别，如果客人是男性，便安排女性歌手和客人对歌，反之，如果客人是女性，则须安排男性歌手相陪。一般情况下，如果客人不多或性别相同，或虽有不同性别，但其中只有一方唱歌水平较高的，通常主家会安排村寨里的男性歌手或女性歌手一方来与客人进行“谈笑”。但是如果客人较多，有男有女，并且男女双方当中都有对歌能力，那么主家就可能有必要将村寨里的男性歌手和女性歌手都请来，分别把客人中的女性安排一个歌堂，与村寨中男性歌手进行“谈笑”，把客人中的男性歌手安排另一个歌堂，与村寨中女性歌手进行“谈笑”。一般不能出现相杂的情况。

由于“谈笑”含有陪客性质，人们通常只会在客人所在的主家举行对歌活动，而且一个村寨里只有一个歌堂的话，观看的人会更加集中，气氛也十分热闹，一个村寨在同一个晚上安排两个歌堂的情况并不多见。所以，突出异性相配原则，才能减少心理压力，相互吸引才能碰出情爱或姻缘方面上的火花。

2. 年龄相当

年龄也是在“谈笑”中，在选择歌手时必须考虑的因素。大体上是青年人与青年人“谈笑”，中年人与中年人“谈笑”，老年人与老年人“谈笑”，双方的年龄大致接近。不过与异性相配的原则相比，年龄方面的要求要略微宽松一些。事实上，限定年龄的目的之一是尽量避免不同辈分的男女坐在一起对歌。在“谈笑”活动较为盛行的过去，对歌的主体多是青年男女，有时候与青年人同坐歌堂的有年龄偏大一点的人，当对歌到一定火候时，年纪偏大的人，尽量让青年人多对歌，让他们年轻人碰出火花。如果是年轻人对，对方的歌一下答不上，年纪大一点的人把对方的歌接上，不会使歌堂冷落。这时，观看的人认为，这个年龄偏大的人很有引带方法，就会受到群众的好评。总之，在“谈笑”中年龄相当，双方对歌没顾忌，会对答如流。说明在“谈笑”中年龄问题也是一个重要原则。

3. 相对陌生

在“谈笑”过程中，除了年龄相当以外，相对陌生是很重要的，实际上，生人与熟人关系大致涉及地缘和亲缘两个方面。一般是本寨和本寨的人，熟人和熟人是不进行“谈笑”活动的，陌生意味着地缘较远、亲缘较远，在这方面都没有多大联系。瑶族村寨多属于聚族而居，就村寨而言，人们的地缘关系与亲缘关系基本上表现为叠合状态。所以“谈笑”活动所强调的陌生原则的核心内容应当是对亲属关系的规避。如果是地缘较近，不同辈分的亲戚坐在一起“谈笑”那就显得格外拘谨，那就有很多的情歌、姻缘歌都不能唱，很多逗乐性的笑话也不能讲。所以，“谈笑”更忌讳男女双方之间有任何的亲缘关系。但“谈笑”不光是未婚青年寻求心上人的场所，也是中年人、老年人、已婚生子的人的寻乐场地。

五、“谈笑”的主要特点

1. “谈笑”本身是瑶族的一种风俗

“谈笑”具有独特的民族特色，这种活动从开始到结束，不需要主持人，只是经过与主人协商，物色对象。当村寨来客时，寨子的人便向主人提及此事，主人便立即向客人通报。胸有成竹的客人，便委婉回应，那主人知道客人同意了，便马上告诉村里的人，那么“联系者”便在寨子里物色对象。自然，主人就得乐意为晚上准备好柴火（烤火）、酒、烟、茶之类的待客物品以助兴。在对歌谈话以及敬烟、敬酒等活动中，如对方对答如流，则气氛愈高、愈热烈，如对方对答不上时，就有人出来帮腔，可以活泼气氛。必要时，也可以敬烟和讲笑话等形式来增强气氛。如果确实对方对答有困难，感到难为情，也就是说唱不赢，那就会“背砂锅”走了。当然这是极少数，像这样“背砂锅”的人自然感到难为情，没有面子，心里很不是滋味。从此以后，就会专心致志地学习唱歌，以便以后挽回这个不光彩的名声。“谈笑”对歌活动是考肚才、比知识、赛水平的场合，是增进友谊联络感情的手段，所以从头到尾不需要主持人，自由自在地由双方完成整个议程。

2. “谈笑”是以对歌为主，在说白对话中有说有笑

“谈笑”，顾名思义，就是谈谈笑笑，但是“谈笑”有一套完整的流程，每个程序还是以对歌为主，在对歌的同时，也还要插一些白话，甚至讲一些有趣的笑话，例如，主方（寨子里的歌手）把客方（来客歌手）用歌词迎接进乡，客方唱完进乡歌以后，客方歌手唱看花歌时，主方歌手形容自己地方生得不好、条件不好时说：“你们这些贵客，来到我们这里来看花，我们这里是地方生得狭窄、条件差，是雾进顶锅、老鼠进牛角、摔死猴子饿死鹰的地方，哪还有花给你们观看。”有时候，双方在对歌高潮时，有一方暂时停顿一下对不上，就插白话说：“酒壶有嘴，草鞋钯有钩，贵人会说会唱，我们不会回应。”（这句话用瑶语说出来很押韵）又如唱完过更歌以后，有人讲笑话说“你们有歌还不唱，鸡在打大腿了”的笑话，引起哄堂大笑。在唱到离别歌时，对得难舍难分，又有人提出如果有个“双夜”天（意思是一个晚上有两个晚上的时间）那就好了。总之“谈笑”时对歌是重要的，插白讲笑话也就活跃了歌堂。

3. “谈笑”的歌词和对话都是以赞美对方为主

在“谈笑”整个过程，对歌也好，插白讲话也好，它的主要特点都在于赞美对方，使人感觉气氛轻松、感情浓厚、甜甜蜜蜜、不受拘束。如在称呼上，男方把女方称作金花表妹表姐，女方称男方金花表哥表弟，男方把自己称为贱郎、寒央、蠢子，女方把自己称为化婆、蠢婆。双方都把对方的地方称作贵地、八宝龙门地和北京殿府地。称赞对方物品金制品、银制品，如把烟筒上的烟给对方吃，对方接起后，就会称这是金打的烟筒、银制的烟筒。称赞对方的房屋是金贴龙柱，银砌阶梯。在唱歌的歌词中也是同样用歌词赞美对方。如在进乡歌中“郎村路口小，郎村路口小游游，早知龙星贵步到，十字路头接进州”，就把客方歌手比做“龙星”。在唱烟歌时，如“娘（称女方）烟香，八角峒头八处香，烟雾上天起云雾，烟灰落地生烟秧”，赞美对方烟能别处飘香，烟灰能起死回生成秧苗。在唱酒歌时，如“好酒庄（好浓酒）桌头饮酒桌尾香，好酒饮盏当千盏，好花说话透心凉”，赞美对方和主家的酒好喝好香，饮一当千。在赞美对方地方时，唱“娘村贵地生得好，左手青龙围过天，爷娘爷姐好比天上七星七仔妹，代代读书出聪明”。在赞美对方房屋时，如唱“娘屋门前板架起，妹屋门前柱雕花，门前也有金花银朵排排过，好比北京皇殿家”。在互相赞美的同时，双方还要赞美主家，如客方歌手赞美主家的房屋“一根树木起官屋，二条金竹起官厅，起得官厅齐相会，官官相会好名声”。客方歌手赞美了主人家的房屋，那主方歌手也就赞美主家的凳子，“主人凳是好贵凳，凳头雕出龙凤星，凳头雕龙又雕凤，齐齐坐凳好思情”。总之都是一片赞美声。

六、“谈笑”的意义和作用

1. 增进了解，加深友谊

谈笑本身是思想交流、情感交流、歌艺交流。瑶族一般居住格局是大分散、小集中，过去都住在深山老林中，一般都是几户或十几户人家，而且相当分散，相隔很远，相互之间很难走到一块儿，除了走亲戚或生日、喜庆节日相互走动外，一年很难见上几面。所以谈笑就给人搭建了一个互相交流思想情感、相互了解的平台，通过谈笑就增进了友谊，加深了感情。

2. 考验歌手们的才艺

谈笑是瑶族男女老少最喜爱的一种对歌形式，最有群众基础，男女从小就学唱歌。如果男青年没有学会唱歌，那恐怕找老婆都会成问题；女青年不学会唱歌，就会嫁不出去。不学会唱歌，别人就会说他是蠢子，不会唱歌的子女也会给父母带来不光彩。所以唱歌就成了男女老少日常文化生活的一部分，谈笑对歌是男女青年智慧的检验，按瑶山话讲是“考肚才”。谈笑分为“坐地”为主动方，“出路”为客方，谈笑在说白当中（说水话）说古问今、天文地理、时令季节、农事活动，无其不有。在对歌当中，有烟歌、酒歌、茶歌、看花采花歌、姻缘歌等，一唱就是通宵达旦或两夜、三夜。如果是你学的歌不多，有时也很难对上，如果大多数歌对不上，那就说你“背砂锅”了，就丢了面子。所以谈笑对歌最能检验歌手们的才艺。

3. 丰富活泼瑶族的文化生活

谈笑起到了“解忧愁”和“热闹村”的作用。传统的瑶寨散落于崇山峻岭之中，而多数在山腰上，受制于山间较平缓地块的大小等地形条件，聚落的基本特征是小而分散，每一个寨子的人口相当有限，少则几户，多则二三十户。寨子与寨子之间有一定的距离，交通极为不便，因而不同寨子的人们在平常很少走动。另外，平日里的瑶寨生活也是非常单调的，天气好的话就上山各忙各的农活，下雨天要么在家里干点杂务，要么坐下来休息或串串门。总之，除了一些重要的节日以及婚丧嫁娶、寿诞乔迁等活动外，村寨里一般不可能有什么比较大的动静。生活就在这种文化匮乏的状态度过，加之在旧社会，瑶族的生活贫困，缺吃少衣，不但在物质上缺乏，还在精神上带来忧愁。所以瑶族常常利用唱瑶歌方式解决思想的忧愁，通过没人对答时自唱、在山间劳作时高腔对唱、来了陌生客人时就谈笑对歌，人们时常听到的“留妹站在郎村来作笑，要妹唱歌热闹村”的歌声，不但暂时解除了精神上的忧愁，也使村寨更加热闹、更加欢快。

4. 为青年男女歌手搭建了相识相爱的平台，终为婚嫁，结为伴侣

生活在山地之中的过山瑶，往往以家户、房宗为经济单位，吃山过山，迁至某处暂居，逐渐形成比较小的瑶寨，然后随着人口压力的不断增长，族中的一部分人便另择宅地迁移出去。从而形成新的聚落点，再逐渐发展成人口较多的村寨。过山瑶就是这样不断地变换居所，游耕不定，不过在短时期内则可能表现为相对稳定的定居形态。这样就把男女青年限制在小范围中，只能在家庭和族中劳作生活。同时，成年以后的男女青年，要与外地的青年互动联系，只能通过走亲访友、节日才聚集在一起，平时根本没有机会接触，所以瑶族婚姻大多数也是通过说媒介绍成婚。另外，瑶族过去只许族内通婚，再加上亲属关系中存在的血亲禁婚范围，令可婚对象变得非常有限。而瑶族中的谈笑对歌，恰恰又是要搭配不是本村人、不是族内血亲的陌生人，这样谈笑对歌就为那些未婚的男女青年构筑了相识、相亲、相爱的平台。据了解统计，在新中国成立以前通过谈笑对歌相亲结婚的要占到百分之三十。在改革开放以前通过谈笑对歌结婚的占百分之十以上。笔者发现，在二十世纪七十年代末，常宁塔山乡的王瓜园盘久兵和麻竹坪的盘桂秀、八十年代新桂阳县杨柳瑶族乡石梅冲赵远师和常宁塔山瑶族乡高泥涵的盘四英就是通过谈笑相识后恋爱，结成了良缘。

总之，瑶山无处不有歌的场景，已是昔日的事情了。改革开放后，由于形势的发展、社会的进步，年轻人南下谋生，电视进入千家万户，互联网联入手机，年轻人也不依赖于对歌来充实文化生活了。在瑶歌群众中最普遍盛行、最有生命力的“谈笑”对歌也快成为历史了。不过，在传承和发扬优秀民族文化过程中，这十多年已由官方牵头组织了规模较大的对歌活动，在群众中很有吸引力和影响力，学瑶歌的年轻人逐渐增多。在一些聚居瑶区、节日喜庆的日子，也出现了自由组织谈笑对歌的活动，在手机微信群中也能听到瑶歌对唱，这又让瑶族百姓看到了民族文化传承的希望。

九嶷山瑶族婚嫁礼仪与传承研究

赵文辉

本文主要对九嶷山地区瑶族婚嫁礼仪进行调查、记录，并对瑶族婚嫁礼仪的传承进行研究。随着改革开放深入、网络信息时代的推进，瑶族文化逐渐被同化，礼仪逐渐消逝，而保护和传承瑶族文化礼仪又是一个极其重要的课题。对此，笔者通过调查九嶷山地区有过瑶族婚嫁经验者，了解婚嫁礼仪的各个环节和具体细节要求，亲自体验、接触婚嫁活动现场，访问婚嫁礼仪方面的专家学者，对婚嫁礼仪的过程做出详细的记录，并对婚嫁礼仪的传承提出相应的建议，这将对后期研究九嶷山瑶族婚嫁礼仪具有借鉴意义。

一、九嶷山瑶族概况

九嶷山瑶族乡位于湖南省永州市宁远县南部，是宁远县瑶族人口最多的瑶族乡，总人口 34000 人，其中瑶族人口约 9000 人，是一个有着浓厚瑶族文化的少数民族聚居区，九嶷山瑶族属于盘瑶支系中的过山瑶。在旧中国时期，瑶民为了摆脱统治者的歧视和压迫，拖家带口迁移到大山之中，由于山岭地带山高平地少，生活环境艰苦，靠山吃山，瑶民与世隔绝地过着游耕生活，瑶民居住地也只能按照“大分散，小集中”的形式分布，因此也被称为“过山瑶”。九嶷山瑶族的历史悠久，《评皇券牒》《千家峒古书》中都有与九嶷山瑶族历史相关的记录。据记载，在西汉时期瑶族人就进入九嶷山居住，有来自黄河流域的“南蛮”，有从江浙迁徙而来的东支瑶人，还有从江西太和迁徙而来的人，这三支队伍迁入时间各不相同，但是他们的生产方式、生活习惯基本相同，因此九嶷山瑶族人民团结和谐，相互往来。由于九嶷山瑶族人民居住在山丘地带，环境相对封闭，生活水平和经济水平相对较低，经历着刀耕火种的原始艰苦游耕生活。地理环境的特殊性造就了他们艰苦奋斗、勤俭朴实、团结友爱、热情好客、不卑不亢的优良品性，在日常生活、劳作、教育、信仰等方面都代代延续着祖辈瑶族人的习俗，充满着“山”的气息，形成了瑶族人独特的民俗风情和瑶族文化。

二、九嶷山瑶族婚嫁起源

瑶族人的婚嫁有着悠久的历史和民族底蕴。婚嫁历史大致分为三个过程，最初是血缘婚姻，然后是同族婚姻，最后是瑶族与他族通婚。据《南蛮西南夷列传》记载，“昔高辛氏有犬戎之寇，帝患其侵暴，而征伐不克。乃访募天下，有能得犬戎之将吴将军头者，购黄金千镒，邑万家，又妻以少女。时帝有畜狗，其毛五采，名曰盘瓠。下令之后，盘瓠遂衔人头造阙下，群臣怪而诊之，乃吴将军首也。帝大喜，而计盘瓠不可妻之以女，又无封爵之道，议欲有报而未知所宜。女闻之，以为帝皇下令，不可违信，因请行。帝不得已，乃以女配盘瓠。盘瓠得女，负而走入南山，止石室中。所处险绝，人迹不至。于是女解去衣裳，为仆鉴之结，着独力之衣。帝悲思之，遣使寻求，辄遇风雨震晦，使者不得进。经三年，生子一十二人，六男六女。盘瓠死后，因自相夫妻”，说的就是瑶民祖先婚嫁中最早的血缘婚姻。到旧中国时期，瑶民婚嫁对象的选择由血缘关系人扩大到同族瑶人，但是禁止与外族人通婚。据《过山榜》记载：“盘王之女不嫁汉民，若不遵律令，应罚女子作酢三瓮，无节竹子三百根，狗角做梳三百副，老糠纺索三百丈。”原因首先在于旧中国时期九嶷山地区的瑶民社会地位较低，受统治者歧视，而瑶民有自强不息、团结奋斗的精神，渴望通过同族婚姻的力量来壮大瑶族队伍；其次，瑶民在大山里的生活环境相对封闭，通常只与同族瑶人相来往，视野相对狭小，选择婚嫁对象时自然只考虑同族瑶人。到近现代时，瑶民的思想逐渐开放，生活环境与汉族相互交融，瑶民的婚嫁也开始变得自由化，不再局限于相邻瑶寨之间的通婚，瑶汉之间或者瑶族与其他少数民族之间也有通婚，并且受到法律的保护。

三、九嶷山瑶族婚嫁礼仪

九嶷山瑶族的婚嫁礼仪有着浓厚的民族礼节和文化内涵。瑶民向来热情好客，当自家办理婚礼时必叫上所有的亲朋好友同聚同欢，热闹非凡。瑶族办理婚嫁耗费的资金大，办理的时间长，通常有三四天的时间。九嶷山地区瑶族婚嫁有嫁女和嫁男（入赘）两种形式，婚嫁的主要程序为：媒人介绍或者男女双方自由认识、经男女双方或父母同意看家、说媒、定亲、送日、尝酒、过茶、送亲、迎亲、拜堂成亲等，每一个环节都体现着瑶族婚嫁特定的礼节和规矩。

（一）看家

经媒人介绍后，约定日期，媒人带着经过一番梳洗打扮的阿妹和陪同的小姑娘到阿哥家。在此期间，阿妹一直携带着一把红色的长把雨伞，到阿哥家后把雨伞顺着竖立放在墙角边（即伞把着地，伞尖向上）。午饭后或离开之前的一个小时内，如果阿妹把雨伞倒过来放置了（即伞尖着地，伞把向上），那么媒人和阿哥及家里人就会明白阿妹此举是“不同意”的意思；反之，则表明阿妹喜欢这门亲事。

（二）说媒

在旧社会，受思想观念的束缚和地理环境的影响，瑶族阿哥和阿妹通常不能单独见面，只能通过亲友介绍认识，由此就产生了说媒这一环节。当阿哥阿妹到了婚嫁年龄时，他们的父母就会托亲友帮忙介绍适合的对象。媒人在自己接触的范围内找合适的人选，向双方传达对方的家庭情况和各自的想法，为双方的婚姻起到媒介的作用。除此之外，瑶族阿哥和阿妹在走亲访友、对唱瑶歌、对唱山歌的过程中有机会相互碰面认识，如果遇见意中人，阿哥更有主动意识，有的直接表达爱意，有的请媒人介绍了解。通过媒人的介绍、通信、撮合，阿哥阿妹及双方父母同意后，说媒就算成功一半了。

（三）定亲

经媒人介绍，男女双方或父母同意后，阿哥及其父母会在当年的农历二月初一、端午节或中秋节与媒人一同前往阿妹家定亲。定亲通常需要两天的时间，是双方父母第一次见面，阿哥需要准备两只活公鸡各 6 斤、两只活鹅各 8 斤和蹄膀（猪前腿肉）12 斤，为阿妹定制瑶服一套、刺绣头巾一个、蓝靛布一匹（做瑶服专用）、鞋子一双，还有一截红布、人民币或金条、高档烟酒、鞭炮等，用一担竹箩或抬盒装以上部分物品，阿哥带一到两个伴郎抬彩礼。阿妹方把舅舅、姑姑、叔伯、婶娘、哥哥、姐姐等最亲的亲人请来为其做主。一到阿妹家门前，阿哥燃放鞭炮进大堂，见面后阿哥主动敬烟，主动为阿妹方办晚宴。晚宴结束前，媒人主持双方及父母共同商讨婚事，表达各自的观点和意愿，并把阿哥为阿妹准备的瑶服、布匹、定金等当众交给阿妹。第二天清晨，如果阿妹家将阿哥送来的鸡、鹅备厨上菜则表示阿妹及其父母同意这门婚事及阿妹当年出嫁，反之则表示拒绝当年出嫁。有的阿妹年龄小，在订婚日之后可以继续留在家生活几年，具体时间由阿妹父母确定。若愿当年出嫁，女方家必把阿妹的年庚告知男方父母，以便配选结婚吉日。阿妹未出嫁前，阿哥已是准女婿，每年都要拜年、送节，父母生日必到场，阿妹家重要农活必做，常接阿妹到自家玩，以增进感情。

（四）送日

按照九嶷山瑶族人的习俗，结婚择日一般选在冬天农作物收割后，硕果累累，琐事基本忙清。送日（结婚吉日），具体是指阿哥在定亲成功之后，经媒人多方撮合，双方同意当年结婚，阿哥家将写有选定的结婚吉日的红纸和订婚时承诺的多套服装、布匹、首饰（通常手镯 2 对、戒指 8 枚、银坠子一副）等彩礼送给阿妹。送日通常是在中秋节，同时阿哥必为阿妹的父母各做一套服装，或者全家都有，还备有鸡、鸭、鱼、肉、烟、酒等，一般是下午到达阿妹家，同样燃放鞭炮进大门，随同的有媒人及父和（或）母。结婚吉日必须用红纸写上，由媒人晚饭中途递交阿妹父母，若无异议则视为双方家庭通过了，否则再择良日。

送日后双方开始进入筹备婚礼环节，如阿妹要嫁，阿妹家置办嫁妆，双方父母到亲戚家送请柬，阿哥家物色唢呐师、清水公、总厨官、厨官、厨官娘、厨姑，筹备阿哥婚妆及布置房间等。九嶷山瑶族的嫁衣独具特色，嫁衣与一般服装的区别主要体现在头饰和鞋上，嫁衣制作时选用麻制粗布料经深蓝色的染料浸染成蓝靛布，再用绣或挑的形式将五颜六色的细线缝制成各色花纹，在衣领、衣襟、袖口、马甲、围裙、裤脚上都绣满了精美而鲜艳的花纹；头饰则是以多层厚布料包裹长发，加以绣满彩色花纹的盖布置于表层，嫁衣的头饰则多缀以红色丝线缠挑而成的绣球与铜铃置于表层。新郎服装与男性瑶族服装基本相同，以蓝靛布绣花边包头，上衣、马甲、围裙、裤子与女性服装基本相同。鞋子是精美的绣花鞋。手工缝制一套瑶族特色服装需要花费几个月的时间，因此，男女双方的父母会在结婚前准备好。

结婚日前两三天操办酒席，阿哥家请全体为酒席服务的工作人员（总厨官、厨师、厨官娘、厨姑和村上男女老少）到家中帮忙。杀猪、蒸酒、磨豆腐、写对联、摆桌椅、洗碗筷、布新房、搞卫生、买菜等忙个不停。

（五）尝酒

结婚日前一天晚餐时男方家酒席，俗称“讨亲尝酒”或“贺客尝酒”，阿哥家亲朋好友道贺，主要亲戚（舅叔伯姑）挑茶担（猪肉、鸡、鱼、米、碗、一截红布、喜炮），所有亲戚按酒份多少办理茶担。主家邀请的鼓乐师、师公当日下午必到。一般鼓乐师要早于所有客人，客人进门时放鞭炮，鼓乐师奏乐迎宾，每到一批客人必奏乐。

（六）过茶

过茶又称安媒。婚礼日前一天阿妹家晚餐酒席叫嫁女尝酒宴。按习俗规定安媒主要食物由阿哥家提供，并由阿哥家安排厨师操办晚餐。在结婚日的前一日早餐后，阿哥家安排九位厨官、厨姑、客郎等后勤人员作为男方代表前往阿妹家，办理嫁女尝酒宴。按九嶷山瑶族传统礼仪，后勤人员把经理和总厨官准备的豆腐 6 斤、猪肉 24 斤、米一斗二、米酒 40 斤、活鸡、活鸭、鱼、排饷、面、青菜等食物挑往阿妹家，进大门放鞭炮。女方家准备午饭招待后勤人员。

午饭后，女方家父母举行简单仪式，煮一碗猪肉放在桌上，主人请男方家安排的厨官、厨姑、客郎（抬嫁柜的人，双方各一个）等后勤人员围坐一起商谈晚宴及酒份，厨官把男方家安排的食物等当面点清交女方家父母，厨官向阿妹家父母索要酒份清单，拿出来后一起商讨，查看亲戚名单是否有遗漏或份数有无增减，这叫作过茶。男方家所备食物，忌带生姜，因带生姜有表示女子不贞洁的寓意。

下午，阿妹家送亲的亲戚朋友陆续放鞭炮走进大门。客人进门时由主人和厨官献烟，厨姑上茶。晚上，有的地方有哭嫁习俗或唱瑶歌。

第二天为出嫁日，主人为女儿出家（出嫁）必选吉时，一般选在卯或辰时，伴娘为阿妹着好新娘妆，出大门时在神堂前三鞠躬，燃放鞭炮，由舅舅背出大门，并在大门口旁坐着，待亲友早餐后一起前往阿哥家。阿哥家的后勤人员，待天亮赶回阿哥家操办后勤事务，只留客郎一人为新娘抬柜子。

早餐前，客郎将阿妹家准备好的嫁妆进行捆绑，嫁妆是由阿妹父母和阿妹亲友共同准备或赠送的，通常有衣柜、挑箱、书桌、床上用品等。

（七）送亲

早餐后，主人主持女儿出嫁仪式，上一碗猪肉放在鼓手桌上，主人给唢呐队、伴娘、客郎、媒人、行媒（指舅舅，为新娘办包袱和红雨伞）以及为新娘挑嫁妆的人每人一个红包。鼓乐师三打三吹（铜锣和唢呐交替演奏三次，先打铜锣，后吹唢呐，每次的唢呐曲都不同，唢呐演奏时伴随着其他乐器，第三次结束时，立马进入下一步礼节），吹第三遍时乐队走出大门，吹鼓手与新娘和送亲客人行过礼，由阿妹亲舅妈（安媒人）牵着新娘的手，伴娘为新娘撑伞起身，随接抬嫁妆和送亲的队伍在锣鼓声和礼炮声中前往新郎家。新娘的父母、兄弟姐妹一同送亲。有的新娘会为难唢呐师，不吹不走。上岭、下岭、过桥、过院子、过岔道弯道等必吹唢呐。若路途远，坐车。

（八）迎亲

新娘出门后一路上乐队开道，燃鞭炮、吹唢呐、击锣鼓，客郎（抬柜子的）、挑箱（挑箱子的）、挑茶担（挑鱼、肉、喜炮的）纷纷在前，头披红盖头的新娘撑着红纸伞，在伴娘的引导下缓缓而行，送亲队伍跟随其后。阿哥家的迎亲队伍走一里地左右提前等候迎接。送亲与迎亲队伍汇合后，喜炮齐鸣，唢呐队向新娘及送亲客人行礼，讲一番客套话，行媒、总厨官献烟，暂休几分钟后，乐队三打三吹绕新娘转三圈并向新娘和全体送亲队伍鞠躬行礼后慢慢走往新郎家。

赶煞。新娘到达主家门口最宽处，嫁妆放在主家大门口旁，总厨官引导陪姑和新娘站位，陪姑仍然为新娘打伞站立。送亲客人跟随其后站立。暂停片刻，举行赶煞仪式，总厨官杀鸡绕新娘三圈，师公作法为新娘赶煞。赶煞完毕，吹鼓手奏乐三打三吹后绕新娘三圈行礼，紧接着新娘和送亲队伍行至新郎门口坐下，鼓乐队边吹边走进新郎家门并坐鼓手桌，行媒、总厨官和主人分别向亲家客打招呼并一一敬烟，厨姑献茶。

客人进家门时以“男左女右（第一只脚）”的方式跨过门槛进入，将伞收起、斗笠摘下，以表示对主家的尊重。忌讳踩着门槛进入。

洗手、洗脚。敬烟献茶后暂停片刻，立刻举行洗手、洗脚仪式。总厨官端上一个条盘，并在上面放一碗煮熟的猪肉，付上红包，由总厨官分别与唢呐师、行媒、坐媒、师公、陪姑、客郎（挑夫）在堂屋中间面朝神堂三鞠躬，付给红包各一个后立即奏乐。鼓乐师三打三吹后，由厨姑倒热水，总厨官请陪姑为新娘洗手、洗脚，新娘付给陪姑大红包。又三打三吹后为送亲女客洗脚，再三打三吹后为送亲男客洗脚。有的地方新娘进洞房才洗手、洗脚。

新娘进门。洗完后，鼓乐师三打三吹，吹第三遍时乐队走出大门，吹鼓手与新娘行过礼，乐队迎接新娘进大门。新娘由坐媒娘牵着进大门，进大门时由厨姑站在大门内隔门槛接陪姑的伞，在神堂前面朝神堂三鞠躬后稍待片刻，这时师公在神堂前念经书，告祭祖宗——主家添丁添财、人兴家旺、儿孙满堂、万事如意等，并为祖宗敬香化纸。新娘进入洞房，嫁妆跟随抬进大门至洞房。同时主家安排一个命好、子女多的妇女为新娘铺床。

亲家客进门。鼓乐师三打三吹，吹第三遍时，乐队走出大门，与众位女亲家客行礼，然后迎接女客进大门。鼓乐师又三打三吹，用同样的方法迎接男客进大门。所有的亲家客进大门后找凳子坐下，由厨姑上茶，行媒、总厨官、主人分别给各位客人敬烟两支，请客人喝茶、吃糖果。

新娘进门的午餐俗称“栏门酒”。

（九）拜堂成亲

九嶷山瑶族婚嫁中，属结婚这天最为热闹，礼仪繁多，时间久。午餐后，伴郎、伴娘和厨姑分别为新娘、新郎着拜堂服装。总厨官、厨官娘和主人筹备拜堂成亲仪式用品：一张条桌，两个条盘——条盘内红纸或红布垫底各放 3 筒米、喜炮两封，用一个碗装一团肉，放两个放领拜钱的碗。桌上还放有瑶族服饰、布、两朵金花、用两个锡酒壶放上桐油灯、碗四筒、红布及部分嫁妆。主家主要亲房及父母坐神堂下条桌的左方，阿妹亲房及父母坐神堂下条桌的右方，行媒和师公坐神堂下条桌侧方。主要亲戚都要坐条桌。

总厨官付红包给乐队、行媒、师公、坐媒、客郎、陪姑和新娘。总厨官宣布拜堂成亲开始，起乐、鸣锣，三打三吹，吹第三遍时乐队走进房屋接新郎至大堂；又鸣锣，三打三吹，吹第三遍时乐队走进房屋接新娘至大堂。新郎、新娘成排站立大厅中央，面朝条桌上席或神堂。

拜堂。金童玉女为新娘、新郎挂红和插金花，总厨官引新郎拜堂，唢呐师吹拜堂曲，唢呐声不停。新娘着嫁妆站立，新郎由总厨官引拜，拜天地、拜祖宗、拜双亲、拜亲房，有二十四、三十六、七十二拜，由双亲大人商议确定。

讲合婚歌。拜毕，新娘、新郎原地站立，师公讲合婚歌和结婚歌："金瓶载酒批批落，银瓶载酒落批批，二人饮了合婚酒，饮了为婚一世情。"总厨官引导喝交杯酒。坐条桌上亲人喝领拜酒。训话，由双亲大人各自教育新娘、新郎孝敬父母、如何做人等。付领拜钱。双亲大人先掏钱付领拜钱，随后坐条桌上的亲人各自付领拜钱。钱的多少先看双亲大人付多少，再由自己决定，一般每人在 200 元左右。

脱金花。由金童玉女摘下金花、银花，并讲歌。

收拜。总厨官宣布拜堂仪式完毕。新娘、新郎立马各自回房间脱下拜堂服装，互相比快。风俗讲，谁脱下拜堂服装快，以后的生活就是谁占强项。这时，新娘卸下新娘装（但必着瑶服）后成主人，可办家务，与亲人同桌吃饭、招呼客人。

致祝酒贺词。由主人安排坐条桌侧席位的客人或师公与吹鼓手对讲祝酒贺词，只讲四杯。

新郎、新娘新婚之日不能同房，待结婚酒散场后才能同房，这是瑶族传统规矩。

拜堂成亲完成后进入晚餐时间，这个晚餐俗称“填席酒”。

结婚日第二天午餐是正酒，待菜上齐，三打三吹后，师公与吹鼓手对讲祝酒贺词八杯。

祝酒认亲。结婚日第二天晚餐待菜上齐后，总厨官宣布祝酒认亲，所有亲戚不离席等待认亲。三打三吹后，先阿妹认亲，阿哥父亲或母亲带新媳妇到主家亲友席前一一介绍，阿妹当众认亲，阿妹献烟、斟酒并敬酒。后阿哥认亲，阿妹父亲或母亲带新婿到阿妹亲友席前认亲，阿哥献烟、斟酒并敬酒。

告祖认宗。总厨官准备一只已蒸熟的全鸡、米、一块猪肉、两只鸡腿、一个大红包，用条盘盛着四个已斟满的酒杯，红纸垫底，放在神堂下的条桌上，阿哥带新媳妇站立在神堂前，随师公旨意，师公念经主持告祖认宗仪式（意思主家荣喜添丁添财，人丁兴旺）。

审酒份。由总厨官主持审酒份，男女双方父母及亲房、行媒（介绍人）、坐媒（阿妹的弟弟）条桌就位，条桌上摆上鸡肉和猪肉菜，每人一份碗筷、酒杯，也有的不上菜。阿哥拿出酒份清单给阿妹父母过目看是否有添加删减。确定酒份。每份酒三斤猪肉，把单子交给总厨官照数开酒份猪肉，若核对后猪肉不够，再杀猪，或总厨官与阿妹父母、行媒、坐媒商议是否把酒份猪肉折钱。另外还商议正月行亲和其他事项。

坐歌堂。结婚日当天和第二天晚饭后，篝火升起，新郎方男女青年分别从远方唱着瑶歌寻找新娘方男女青年，慢慢进入歌堂现场，开始对歌、跳舞。

以前，亲家路程远的，阿妹家客人路程也较远，翻山越岭，交通又不方便，全部休息两天，吃六餐饭，第三天才走。这个是在阿哥送日子时，在媒人支持下，双方达成的规定。在近些年的婚礼，亲家客吃三餐饭，第二天早餐后就走了。

结婚日第三天早餐俗称“回步酒”。

送客。先送亲家客，早餐散席后，由总厨官主持送亲家客仪式。新娘进屋第二天或第三天早饭后，亲家客回家。所有亲家客全部坐在正大厅里，总厨官和主人分别敬烟，厨姑分别敬茶，总厨官叫新亲家查看酒份肉，是否有遗漏或不满意的，并发表意见。鼓乐师三打三吹，吹第三遍时乐队站立并向所有亲家客行个大礼，各位亲家客立刻走出大门，阿哥家村里的青年人或客人挑上酒份肉送出约两百米，每户亲家客付给一个小红包，主家贺客或村上的青年人，唱着瑶歌送了一程又一程。

同时，新亲家双亲大人各24斤猪肉（一般是前腿）、坐媒（新娘的弟弟）的48斤猪肉茶担分别由总厨官、厨师娘挑上送出大门。每位客人都挑着一大块酒份猪肉慢慢走了。

送媒人。新郎新娘为媒人抬着猪头，送出大门外。过后又由青年人挑着送，青年人轮着送，媒人每次都付红包。

送鼓乐师。送每人一块猪肉3斤，由年轻人送。

送贺客。有贺客来了茶担，主人必回敬茶担肉，按来的礼物多少回敬茶担肉，一般一担茶担是3斤猪肉，一头茶担是2斤。主人回敬亲戚的茶担要送出大门口。

送厨官。总厨官、厨官娘各12斤、厨姑8斤，其他厨官各6斤猪肉，由阿哥阿妹和父母挑着送出大门外，以上每次送时都燃放鞭炮。

（十）落户形式

九嶷山瑶族婚嫁形式分为嫁女和招郎，具体的落户形式以男女双方的家庭情况和父母意愿而定。如果阿妹有兄长能够照顾其父母，则自愿出嫁，这种嫁女的形式跟汉族类似；如果阿妹无兄长，阿哥愿意在阿妹家安家落户，则叫招郎。招郎又分为两种方式：一是“两不辟宗”，俗称“两边走”；二是“男从女姓”。第一种是指婚后阿哥可以自由选择在自家居住或者去阿妹家居住，同时照顾双方父母，婚后所生的第一胎子女随母姓，第二胎子女随父姓，其后男女双方根据各自的意愿自行商定。第二种是指阿哥婚后固定在阿妹家居住，赡养阿妹父母，婚后所生子女一律随母姓。没有儿子的家庭必留一个女儿在家招郎孝敬父母。九嶷山瑶族人通过招郎的形式保障了女方父母得到赡养的权利，延续了女方家庭的血脉，同时也减少了瑶族人重男轻女现象的出现，维护了男女双方平等的权利和义务，促进了社会的和谐发展。

四、九嶷山瑶族婚嫁礼仪的传承

随着经济社会的发展和民族文化大融合，九嶷山瑶族传统婚嫁礼仪文化逐步被同化。瑶族青年因长期在外学习、工作，受生活环境和外来文化的影响，瑶族阿哥通常选择在外娶妻，瑶族阿妹选择外嫁，导致办理纯瑶族婚礼的人越来越少，知晓瑶族婚嫁礼仪的人更是微乎其微，只有少数六十、七十年代的人懂得瑶族婚嫁的具体礼节，瑶族婚嫁礼仪的传承受到重重阻碍。九嶷山瑶族传统婚礼已列入永州市非物质文化遗产名录。为了让瑶族婚嫁礼仪一代一代地传承下去，让瑶族婚嫁文化精髓广泛传播，可以从以下方面进行保护和传承。一方面，政府加大投入，建立健全民族礼仪传承长效机制。进行普查登记，挖掘整理民间文本、文献资料，激发村民的积极性，提升村民保护并传承本民族传统文化的自觉性，守护共同的精神家园。政府部门可以通过资金补助和技术上的支持，鼓励瑶族青年按照瑶族婚嫁礼仪办理婚嫁，同时要加强对瑶族青年人员的教育培训，组织集中学习瑶族婚嫁礼仪、瑶族歌曲、瑶族舞蹈、制作瑶族服装和其他瑶族传统文化，使年青一代了解瑶族婚嫁的各个过程，学习瑶族历史，利用瑶族的各种婚宴、生日宴、重大节日（如敬鸟节、过半年、盘王节等）集中表演瑶族民俗节目，展示瑶族婚嫁礼仪等瑶族民俗文化。另一方面，对于有潜力的村落进行重点投入帮扶，在瑶族聚居区建立传承基地，传承民族文化遗产。打破行政区划的固有限制，改以人口聚集密度、礼仪文化相似度为界线作为划分单位，培养懂民族礼仪文化，愿意并且能够传承瑶族礼仪文化的青年一代专业人才，进行礼仪业务培训。依托市场大力发展乡村旅游，创新推进民俗文化产业，对产业价值链进行延伸，让更多当地瑶族村民在旅游业和文化产业中创收获益。利用文化展、博物馆和新媒体传播媒介宣传瑶族传统礼仪文化。成立瑶族文化博物馆，通过音频、视频、图片和文字等形式对九嶷山瑶族婚嫁礼仪进行完整的记录，对具体的婚嫁礼节进行详细的解说，并且将这些记录资料交博物馆妥善管理，以保护九嶷山瑶族婚嫁礼仪甚至是整个瑶族婚嫁礼仪不被历史所遗忘，让九嶷山瑶族婚嫁礼仪得以延续，同时向全社会开放展出，传播瑶族文化。这样不仅有利于保护和传承瑶族礼仪习俗，而且有利于更广泛地传播瑶族优秀传统文化，并且带动瑶族青年增收创业。

参考文献

李慧，2013. 江永过山瑶族婚服寓意与传承发展［J］. 艺术科技（4）：82-83.

盘泰福，1994. 瑶族婚姻习俗［J］. 贵州民族学院学报（4）：

94-96.

谭淅予，2012. 九嶷山地区瑶族文化图像采集与研究 [D]. 长沙：湖南大学 .

徐丹，2014. 湖南九嶷山瑶族民歌的传承与创新研究 [D]. 长沙：湖南师范大学 .

余林，2013. 浅析贵州省荔波县瑶麓乡瑶族婚嫁文化旅游的开发及保护 [J]. 黑河学刊（2）：33.

周小慧，2008. 独特的瑶族婚俗 [J]. 今日南国（9）：149-151.

道县瑶族婚姻礼仪研究

胡昌礼　盘梅

瑶族是中国最古老的民族之一，它的习俗古老、神秘，不但有着传奇色彩，也有着很深的民族文化底蕴。道州瑶族传统婚俗便是一道独特的民族风情。

为了从不同角度、不同层面探讨瑶族文化的深刻内涵，笔者对道县横岭瑶族乡民族村进行了较为细致的调查研究。本文以历史文献及田野调查资料为依据，对道县瑶族婚姻礼仪进行探讨，并针对存在的实际问题提出粗略见解。

一、道县瑶族婚姻习俗

（一）瑶族概况

道县瑶族历史久远。瑶族先民在道州一带生活最早见诸文字记载的，还是《梁书·张瓒传》："零陵、衡阳等郡，有莫徭者，依山险而居，历政不宾服。"（道县当时属零陵郡属县）清光绪《道州志》载："州南曰马江瑶、横岭瑶、乱石瑶、深海瑶、石源瑶、鸭头寨、鬼子山、龙门坳、龙洞源、东河源、茄子寨、楠竹坪共8寨，瑶官一人领之。州西曰大江源、坦漯源共2村，设瑶总二名统之。州西北曰北岭瑶，栗木村、坝头村、龙村、分水岭设瑶总4名统之，瑶户20村，共1920户，7310人。”

有史料记载“宋时，瑶民游居于道州”，有“道州瑶”之说。道州千家峒瑶民在元大德九年遭到元军围剿，大量南迁，深入广东、广西和九嶷山腹地，至今还流传着悲伤凄楚的“十二节牛角”的传说以及从道州潇水浮桥逃亡的凄美故事。

瑶族有自己独特的语言，属汉藏语系苗瑶语族瑶语支。但由于瑶族支系多，其语言也不尽相同。道县瑶族自称“绵”“勉”，使用“勉”语。随着时代的变迁，特别是受瑶汉世代杂居交往的影响，现在瑶族人民多会讲汉话（道县方言）。除居住在大山深处的少数村民日常交流仍用瑶语外，在丘陵地区瑶汉杂居的村落，瑶民能讲“勉”语的已为数不多。

道县现辖三个瑶族乡，即洪塘营瑶族乡、横岭瑶族乡、审章塘瑶族乡，另有19个散居少数民族村、组。瑶族人口4万余人，主要分布在县境东南部，约占全县总人口的5%。三个瑶族乡总面积534平方公里，占全县总面积的1/5以上。

（二）婚姻形式

瑶族社会既有男婚女嫁，也有女婚男嫁，瑶族人对于生男还是育女，都是一视同仁，无重男轻女或重女轻男的现象。特殊情况下近亲也成婚，还不论辈分，有表侄女与表叔成婚、表侄与表姨娘成婚、侄女可随姑、外甥能养舅等习俗。

女婚男嫁即招郎入赘婚姻，有几种形式：一是叫“买断”。即男方入赘到女方家后，完全脱离自己父母的家庭，从女方家的姓氏，更改名字，所生子女随女方姓。二是“两边顶”。若女家只有女孩没有男孩，男子上门入赘后所生男孩第一个随母姓，以示女家不断香火，第二个随男方姓，其余的经双方协商跟谁姓都可以。三是“两边走”。男子上门入赘后，采取“两边走”的形式，即每年夫妻俩都要在双方父母家中劳动半年或数月，赡养双方父母。

（三）婚姻族规

过去，瑶家人有“瑶女不进汉人门”的族规，即瑶家姑娘是不可以嫁给汉族人做媳妇的，但是瑶家小伙子可以娶汉族姑娘做妻子。实际上形成这种族规的根源是民族自我保护，主要是防止本民族被同化。因为瑶族人口稀少繁衍后代少，瑶族人以弱势群体生活在大山里，如果山里的姑娘允许大量往外流，山外的姑娘又不愿进大山里生活，就会出现山里男女配对比例失调，对发展本民族人口不利。

二、道县瑶族婚姻礼仪

婚姻是一个人的终身大事，也是一个家庭、一个家族的头等大事。它关系到家族的繁衍、民族的兴旺、国家的强盛。瑶族世代生活在多民族交错杂居、多文化交融并存的地区，长期以来，在学习、吸收和借鉴外来优秀文化的同时，也非常重视从整体上发扬、继承本民族优秀的传统文化，并经过世代相传，已形成了固定的婚姻礼仪。

1. 订婚

瑶家阿哥阿妹通过劳作间对歌、走亲访友、赶集等机会相互交流，或写情书表心意，在相爱一段时间后，双方父母都有意向，男方就请媒人到女方家提亲。第一次登门提亲，男方或父或母陪同媒人，带上三样礼物（一只鸡、一块肉、两包糖），若是女方同意了，主人就把带去的鸡杀了招待客人；若是暂时不想答应这门亲事，就把鸡留下养着。正常情况下媒人要跑三趟女方家，才能够确定好婚事。在订婚前，男方父母要请风水先生合八字写婚书，将男女双方的属相和生辰八字精心对照，确认相配才能择吉日订婚。

订婚要开“桌席”。桌席粑粑：吃小桌席 4 个粑粑，吃大桌席 6 个粑粑，爷娘 12 个粑粑；桌席猪肉：吃小桌席 3 斤猪肉，吃大桌席 6 斤猪肉，爷娘各 12 斤猪肉；订婚礼米：一堂米 12 斤；订婚礼金：根据当时生活条件和双方父母商量而定，用红纸包好，只要是吉利数字就可以；还要带去两只鸡（雄鸡、雌鸡）、一桌酒肉；给姑娘的礼物只是一套衣服布料、一套做好的成衣、一双鞋袜、一张头巾。

订婚前两日，用石“粑坎”或木“粑坎”冲打订婚粑粑。粑槽若是从别的寨子里借来的，用完后千万不能急着送，让它搁放一段时间，以后谁用谁来抬。粑槽象征女人，不能把心爱的女人送给别人。送了粑槽，婚姻是不美满的，以后有退婚或离婚的可能。

订婚那天，要挑选八字好的家庭女子送彩礼。彩礼队伍走出村口后，在路上遇见的第一个人是最有预兆性的。若是遇见男的，预示着夫妻生儿女第一胎是男孩；若是遇见女的，预示夫妻生儿女第一胎是女孩；遇见干部是遇上了贵人，预示着将来儿女们有出息，前途无量。

彩礼担子在途中不能随意放下，路途较远的，两个人轮流挑一担，只能在离村寨较远的地方统一休息一会儿，不能久留，怕沾上邪气带进女方家门。队伍前面还要安排一个行走速度快的人探路，若是前面发现不好的情况马上返回报告，可以避让，或者绕道而行。

瑶族婚姻讲究长幼有序，一般兄长、姐姐先订婚或结婚，弟弟、妹妹方可结婚或出嫁。

订婚后，接着就请风水先生看日子，准备办结婚酒。结婚日子定好了，用一张小彩纸写上结婚日期，放进红纸做的信袋里。另外还要准备一堂粑粑、一桌酒肉、一只鸡、一个红包、一些小礼品，男子本人与父母一道陪同媒人，去女方家送日子——报日。

2. 耍嫁

瑶家姑娘在出嫁前，要在亲友家里耍嫁。过了六月六、亲戚朋友就开始轮流邀请，有的一家耍十天、半个月或更长时间，亲友多的要耍好几个月。在耍嫁期间，姑娘以做手工活为主，如：挪线、扎鞋底、剪鞋面、做布鞋。姑娘在出嫁前，要为双方家人每人做一双布鞋。瑶家人有热情好客的传统美德，若村子里来了耍嫁女，有的主动请姑娘到家里吃饭。耍嫁期满，待嫁姑娘还要到吃过饭的亲友家中哭嫁辞别，感谢亲友邻居们的深情厚谊、热情款待。送别的人要送出村口，妇女们边哭边送，有的人还往姑娘口袋里塞红包。

“瑶乡的山水最美，瑶寨的同胞最亲”。待嫁姑娘耍嫁归来，本村的乡亲们又轮流邀请吃饭，家家户户要吃到。一起长大的同龄人都要送点礼物作纪念，比如：一张毛巾、一面镜子、一把梳子、一双袜子、一根腰带、一双布鞋……都代表着自己的一分心意。

3. 迎送亲

在瑶寨里办大酒，主人至少要请两名有威望、有能力的人当主管（提调），安排酒宴的一切事务。结婚头日，由一名主管陪同媒人，带着鼓手和迎亲队伍穿着瑶族服装，去女方家接新娘（打花烛）。迎亲队的成员有：两名厨师、一名煮饭娘、一名洗菜妹、一名侍女及若干挑嫁妆的青年小伙子。男方根据女方估算的桌子，带去几样主打菜肉，去鼓手的带36斤猪肉，不去鼓手的带32斤猪肉，女方也自备一些酒肉；此行还要带去一个特殊人物（清水爷）、三件礼物（一只鸡、一块肉、一个红包），用于在女方祖宗神位上迁出户籍。

嫁女酒正堂屋一般不摆长桌，根据堂屋的大小摆上几张小桌和一张高桌。但是上上亲必须坐在靠近神位的桌子，按“娘亲舅大、爹亲叔大”的礼俗，依辈分安排座位。即：外公、外婆、舅爷姨娘坐在左上桌席位，爷爷奶奶、伯伯叔叔坐右上桌席位，迎亲主管和媒人在左上桌和右上桌各坐一人，送亲客和迎亲客坐在左右下方的桌子，堂屋右边靠近大门的高桌是鼓手的席位。

吃过晚饭后，迎亲队忙着整理嫁妆担子，鼓手们吹吹打打又开始了。新娘向长辈、兄弟姐妹及亲友们哭嫁，诉说离别之情，妇女们也哭着回应新娘。鼓乐声伴着哭嫁声组合成了一种独特的民族音乐，那声音催人泪下，在村寨的夜空回荡，到了晚上十二点多钟，吃了夜宵才平静下来。在大家准备休息时，清水爷开始履行他的职责，向祖宗神位申请报告，把新娘从本户迁走。神位下放着一个大茶盘，茶盘上摆放着酒、肉、红包。清水爷先烧了纸、敬上香、滴了酒，双手合拢作三个揖，念着向祖宗请示的话语，然后杀鸡沾血，响喜炮结束。

第二天一早，伴娘陪着新娘又挨家挨户哭嫁告别，以表达对父老乡亲们的感恩之情。吃了早饭，送亲的人到齐了，所有的担子在门口候着，鼓手们吹着《离娘女》催大家起程。此时，新娘在祖宗神位前眼含泪水，烧上一叠纸、敬上一炷香、作三个揖。一群兄弟姐妹们围上来，拉着新娘的手和衣服不让走，迎亲的侍女把新娘往外拖，堂屋里哭声一片，这哭声让男人也闻声掉泪。在大家的劝说下，侍女搀扶着新娘迈出了生活多年的大门。伴娘撑开大红伞举在新娘头上，伴着《送亲曲》慢慢走过村寨，乡亲们都含泪送出村口，站在高处目送着远去的送亲队伍，看不到背影了，才依依不舍地返回。

走出村口后，急速走在最前面的一个人是清水爷。因为他要赶回男方家在祖宗神位上为新娘入户，也就是说请求祖宗接受新娘进入门庭。

这天，男方家里都忙着迎亲。铺新婚床的那位妇女叫侍娘婆，她是负责接待新娘的。瑶家对侍娘婆要求较高，要挑选能说会道、身体健康、八字又好、有儿有女的妇女。侍娘婆在新娘到来之前就把新房布置好，新婚床铺好了侍娘婆拿着枕巾在床上左扫扫、右扫扫，念起了吉祥的祝福语："新郎抱新娘，睡上我铺的床，十月怀胎后，儿女一双双。"祝福语有很多顺口溜，没有规定的句子，只要是吉利的话语即可。侍娘婆领了红包欢喜地等待新娘到来。

迎亲队伍挑着嫁妆担子走在前面，新娘和送亲客跟在后面行走，来到村口就止步等候。鼓手第一轮送媒人和挑嫁妆的进屋，第二轮又吹着《迎亲曲》接新娘进屋。此时，清水爷端着一碗水，用拇指、食指、小指顶住水碗，吸水喷向新娘，连喷三次斩煞气，口念咒语："年月日时煞，怀胎落地煞，床公床母煞，天煞地煞，锣煞鼓煞，红沙大煞，红沙大煞，所有神煞急急行开。"念神咒完毕，杀鸡见血，围绕新娘滴鸡血走一圈。

接着侍娘婆打来一盆温水让新娘洗手、洗脸，意思是一路辛苦，要洗尘、洗汗、洗邪气，进屋之后吉祥如意。此时还有一种神秘之事让人难以置信，若是谁家小孩牙齿掉了很久长不出来，或者牙齿长歪了，新娘洗手后让她看一看，摸一摸，倒杯水憋气喝三口，不久小孩就会长出白白的牙齿，歪牙也会自然长得端端正正；小孩爱流口水，让新娘憋住气顺手摸三下嘴巴，也很“灵”，几天之后口水真的不流了。所以新娘到了村口要耽误一些时间才进家门。

侍娘婆把新娘迎进家门，第一件事就是领着新娘在神位前作三个揖，向祖宗报告新添的家人到了，希望以后得到保佑；第二件事就是搀着新娘慢步走向新房，跨进门槛后特意停留几秒钟，因为此时新郎正在楼上张开两脚，让新娘从男人胯下走进洞房。俗意是：今后生活中男人管得住女人，能够当家作主，女人一切服从男人。这是一个小秘密，只有结婚时父亲才能告诉儿子，不让新娘知道的。

第三轮是迎接送亲客，此时的鼓手吹得更有劲，打得更有节奏，因为最后一轮给了一个红包。走进堂屋跟刚才的大不一样，左右两边摆好了一张张凳子，中间放着脸盆、脚盆、热水，接待客人的瑶家阿妹穿着漂亮的新服装在两旁候着；有的手里端着茶盘，盘里的热茶香飘满屋；有的提着装鞋的袋子。迎进门的送亲客，先喝上一杯暖心茶、接一双烟，再洗脸、洗脚，换上干净的布鞋，这是接待上亲的礼节。接下来就是喝议事酒。只炒两碗肉上桌，参加议事人员有一名主管、一名厨师、媒人和女方父母叔伯舅爷。商议的事项：一是安排送亲客席位，确定好后，几餐固定不变；二是厨房煮菜放哪些配料、哪些香料，煮什么样的口味，都要征求送亲客的意见；三是每一餐亲家娘那一桌，多加两碗瘦肉，礼意是报答母亲的养育之恩。

4. 办婚宴

瑶家婚宴，有的办三餐正酒（送亲客住一晚），有的办六餐正酒（送亲客要一天，住两晚）。

过去，瑶山贫穷落后，操办一席酒宴很不容易，一般都是左拉右扯、东凑西借才办好一次婚宴。酒席上虽然摆着十二碗，但肉的分量还是很少，传说“食神”还会来“抢食”。为了不让“食神”抢食酒肉，办婚宴的前两日，主家会请“法师”举行“封坛”仪式。

“封坛”就是封住“食神”，以免其到酒宴上“抢食”，方法是：量一升米，盛一壶酒，装一小块肉，放在茶盘上摆在大门口，把吃饭王、喝酒王、吃肉王请来，写在三张小纸条上折叠起来，代表三王。分别放进米升里、酒壶里、肉中间，红纸封口青线捆好，把这三样东西放在楼上储存粮油的地方，密封保存，“食神”就不会来酒席上抢食。待办完酒客人走了，再拿下来送神。送神完毕，将三个小纸团扔出门外很远的地方，三神就远离门庭了。

婚宴前三餐，厨房上菜是有讲究的。第一餐第一碗是猪心猪肝（新娘是新郎的心肝宝贝），第二餐第一碗是白豆腐拌葱（新娘清清白白），第三餐第一碗是圆豆腐酿（夫妻团团圆圆）。送亲客中辈分最高的那一席，每一餐要安排一名陪酒员负责斟酒，安排两名侍女站在堂屋下方听候安排，做好服务工作（舀饭、上菜、倒水洗脸）。

晚餐比较辛苦的是鼓手。因为每上一碗菜鼓手要吹一曲，待到上完菜后，主管对着鼓手大声喊：“响乐师啊，你们辛苦了！今天感谢媒人带来外家人，带来了亲家爷、亲家娘，又带来六亲九眷、姑娘姐妹。大家放了玉步，走了苦路，来到茅屋贱舍，主人手长衣短，没有什么招待，照顾又不周到，桌上无摆，酒肉淡薄，我们一起陪上亲客喝个月月红好不好！”接着就是斟一杯，吹一曲，干一杯，客人喝上十二杯，鼓手连吹十二曲。鼓手的红包不多，每餐饭一个，拜堂时加一个红包。

5. 拜堂

吃好了晚餐，待碗菜收拾干净后，主管要召集双方主要人员又喝议事酒，只喝两杯。喝了第一杯，斟满第二杯，就开始商议拜堂事宜，确定好受拜人员，安排拜堂席位。

古人拜堂有 124 拜、72 拜、48 拜、36 拜、24 拜、12 拜，后来一般都是 36 拜或 24 拜。瑶家拜堂时，摆的是长桌宴，摆放形状有两种：有“一”字形状长桌，有“半口”形状长桌，可以根据堂屋大小选用摆放形状。长桌上双方父母坐在上席正中，左边是女方上亲席位，右边是男方亲属席位；桌上还安排了一名主管、一名厨师、两名斟酒员的席位。拜堂宴开始，厨师安排上菜顺序。第一碗菜瘦肉，喝一双筵席酒；第二碗菜猪肝，喝一双暖席酒；第三碗菜白豆腐，喝一双筵席酒；第四碗菜是鱼，喝一双八字好酒。喝完八杯酒，书手鸣喜炮，鼓手响乐，接新人出来行拜。先接新郎，再接新娘，男左女右站在拜堂的位置。堂屋下方正中，摆着一床折叠成长方形的新被子，被子上放着一对新枕头，这就是新郎行拜的八宝床。待鼓乐声停下来，主管对长桌上的上亲客大声说：“众位亲戚朋友，一起举杯，共饮一双迎拜酒！”喝完两杯酒，主管吟诗导入行拜：

一对蜡烛亮堂堂，红漆桌子摆四方。
两边坐着六亲客，中间摆着八宝床。
恭喜新人来行拜，拜过高堂拜爹娘。
一拜高堂众安主，二拜爹娘福寿长。
拜了六亲拜九眷，拜过亲人平平安。
左边拜两拜，右边拜一双。
新郎拜得满身汗，心疼着急是新娘。
拜得夫妻同地久，白头到老共天长。

拜堂时只是新郎行拜，新娘手持红毛巾站在右边作陪。吟诗完毕，鸣喜炮，吹《拜堂曲》。在鼓乐声中，新郎双手捧着一块青布新头巾，高举过头自上而下，向左两次，向右两次，再向中间两次作鞠躬礼，然后单跪着作两次鞠躬礼，就算完成一拜。每拜完一拜，书手端着茶盘去接席上的红包（茶盘上红纸盖底，白米压面，放两个红包做引子）。

拜堂礼毕，由席上的一位长者向新郎新娘吟祝愿诗："新郎新娘，幸福美满；早生贵子，平安健康；共建家园，地久天长。"

接下来就是喝合婚酒。书手用茶盘端来两杯酒，伴郎、伴娘把酒送到新郎、新娘手中，一对新人在喜炮声、欢呼声中喝着交杯酒。然后伴郎拉着新郎离开自家，伴娘搀扶着新娘进入洞房。洞房花烛夜是伴娘陪着新娘同睡两晚。因为外家人没走就同床，那是伤风败俗、不道德的做法，所以瑶家有"拜堂不圆房"的习俗。

6. 唱瑶歌

对歌是瑶家人对客人的一种友好礼节，结婚这样的喜事更是少不了。对歌一般分成两个组，主方与客方对唱，各坐一处房间，能听到歌声即可。若遇上来自各地的客人多，就可以客人与客人对唱，主方可以不参与。唱歌的内容有生产生活方面，有自我介绍的，有倾诉自己苦衷或忧愁的，大部分是以唱情歌为主，有些没有结婚的阿哥阿妹通过对歌成为情侣，心心相印。

第三天，吃过早饭送亲客就准备回家，行步前要喝骑马酒（古人亲家骑马回家）。有些民族地区是喝拦门酒，喝拦门酒要唱拦门歌或吟拦门诗，客人答不上来的喝两杯酒，但不能走，主方又另行唱一句歌或吟一句诗，直到答上了才放客人走。而骑马酒与拦门酒不同，堂屋里摆一张小长桌，厨房炒两碗肉上桌，主方四人（主人、主管、媒人、厨师）坐上席，客方四人坐下席。第一杯酒、第二杯酒喝完，斟满第三杯时，客方在酒杯上架筷子，筷子上放着红包，就拱手辞别了（感谢两天来的热情招待）。

出门时候，要给女方父母肩上各搭一根长红线（男搭左、女搭右），俗意是祝亲家爷、亲家娘健康长寿，共度夕阳红。鼓手送出村口返回，年轻的阿哥阿妹又亮出嗓子唱着情歌远送一程。

三、道县瑶族婚姻习俗礼仪的分析与思考

（一）对道县瑶族婚姻习俗的几点认识

道县瑶族流传至今的婚姻习俗记载了瑶族群众创造的优秀民间文化，有着独特的表现形式和深层的文化内涵，是瑶族历史文化长期的积淀和传统文化的集中体现，折射出长期以来瑶族儿女追求幸福的文化心理。于是，婚姻习俗中的所有繁文缛节都有它神圣的意义。

1. 道县瑶族婚姻习俗具有鲜明的地域特色和浓郁的民族特色

瑶族婚姻习俗的形成有其社会和文化方面的原因。从道县瑶族生存的地理空间来看，他们的世居地处于与汉族接壤区域；从其人文环境看，这里瑶汉杂居，瑶汉文化交融荟萃。在这种社会氛围中，瑶族以开放的心态和别的民族交往互动，瑶族婚姻礼仪与当地汉族有类似的地方，也有其独特的习俗。同时，为了保持自己的特点，防止在多元文化的交往中失去本民族特点,形成了一套防止民族同化和保护民族属性的婚姻族规，“瑶女不进汉人门”就是例子。

2. 道县瑶族婚姻文化充满了丰富多彩的民间生活气息和情感交流

道县瑶族婚姻习俗充满了生活气息及情感交流，体现了瑶

族人民热爱生活、追求幸福的强烈愿望。如订婚要挑选八字好的家庭女子送彩礼，侍娘婆也要求是身体健康、有儿有女的妇女，寓意都是美好祝福。瑶族姑娘“耍嫁”，历经数月，邻居、叔伯婶娘、亲戚朋友请“嫁饭”，充分表达了对“待嫁女”的深情厚谊与依依不舍之情；瑶族姑娘“辞主”，依依不舍、泪眼婆娑、情深意浓；哭嫁情景更是充满感恩、惜别、牵挂、祝福。瑶家人嫁女，舅舅、父母、叔伯等长辈以及同辈的兄弟姊妹是一起参加送亲的，这与汉族完全不同，由此看出，瑶家人没有“嫁出去的女如泼出去的水”的陈腐观念，瑶家人从来没有重男轻女的陋习。

3. 道县瑶族婚姻观已开始发生深刻变化

《婚姻法》禁止“直系血亲和三代以内旁系血亲结婚”，已得到广大瑶族群众认同，认识到近亲结婚对后代造成的严重危害。过去瑶族人中侄女随姑婚姻是提倡的，认为这是亲上加亲，现在开始用科学的态度对待这一问题，优生优育提高国民素质的理念得到重视，这些观念为瑶族婚姻增添了新的一页。

特别是改革开放以来，经济发展了，生活富裕了，社会主义文明新风尚逐渐形成，年轻人自由恋爱，婚姻自主、反对包办已成为主流。外出务工人员已不受陈规陋习的约束，择婚也开始重视文化、能力、品德、五官及双方家庭等方面因素，跨族婚、跨地域婚已十分普遍。

（二）对瑶族婚姻文化习俗的思考

瑶族婚俗文化现正陷入衰退及至失传的境地。造成此现状的原因是多方面的。其一，瑶民与外界交往增多，迁徙、外出人员越来越多，世居瑶民减少，婚俗文化逐渐丢失；其二，老一代年事已高，传统婚姻习俗的传承人断层；其三，电视、网络文化的强势作用，使民族文化被边缘化；其四，讲瑶语人越来越少。母语支撑着文化，一旦母语走向衰退，优秀的民族文化将失去生存和发展的土壤。

近年来，在党的民族政策关怀下，民族地区经济快速发展，瑶族人民生活水平得到显著提高，人们的物质需求已开始向更高的精神需求转变。现在，每年盘王节各地都会举行盛大庆典，瑶民婚嫁、生日、建房等酒宴都自发组织坐歌堂活动，农闲时节瑶民在一起对唱山歌，甚至用手机互对瑶歌，集中反映了瑶族群众的喜好和追求。在此笔者建议，各级民族、文化部门不仅要集中精力挖掘、整理传统婚姻习俗中的宝贵遗产，更要有所发展、有所创新，古为今用，不断丰富瑶族人民的文化需求，满足瑶族人民的热切愿望。

潇水流域瑶族文化保护传承与创新发展策略

谷显明

随着现代化、城市化和全球化的发展，瑶族生产生活方式发生根本性变化，进而导致瑶族文化传承发展面临前所未有的挑战。为此，在实施中华优秀传统文化传承发展的时代背景下，我们应大力推进瑶族传统文化的保护和传承，激发瑶族传统文化的生机与活力，促进瑶族传统文化的繁荣与发展。在文化遗产保护上，要遵循原真性、整体性、活态性、流域性保护原则，健全政府主导、专家咨询和公众参与机制，构建文化遗产数字化保护、文化生态园区保护和遗产地理标志保护等模式。在民族文化传承上，要大力加强宣传教育，建立瑶族文化数据平台，加强瑶族特色村寨保护，同时要健全传承人发掘、扶持和培养机制，不断壮大民间文化传承队伍。在传统文化创新上，要大力推进文化旅游开发，积极促进文化传媒结合，大力发展文化创意产业，通过打造潇水文化旅游带，建立南岭瑶族文化风情园，设立瑶族文化数据中心，鼓励文化创意项目研发，打造文化创意产业集群等途径，推动瑶族传统文化保护传承和创新发展。

作为南岭民族走廊重要组成部分的潇水流域，自古以来是湘粤桂的交通要道，也是族群迁徙的必经之地。在长期的社会历史发展中，这一流域的瑶族人民创造了丰富多彩的传统民族文化，集中表现在传统习俗文化、宗教信仰文化、社会伦理文化，以及民间文学、民间歌舞、民间工艺等方面。具体来讲，就是以坐歌堂为代表的婚嫁文化，以盘王节为代表的节庆文化，以度戒为代表的宗教文化，以织锦为代表的服饰文化，以盘王大歌、长鼓舞为代表的歌舞文化等。这些传统文化是瑶族先民古老智慧的结晶，是瑶族农耕时代社会生活的见证，也是瑶族人民永恒的精神家园。但随着现代化、城市化和全球化的发展，瑶族生产生活方式发生根本性变化，传统生计不断发生转型，社会结构不断发生变迁，进而导致传统文化根基不断被消解，传统文化传承发展面临前所未有的挑战，一些文化因子面临着湮没消失的危险。因此，在实施中华优秀传统文化传承发展的时代背景下，我们应大力推进瑶族传统文化的保护和传承，激发瑶族传统文化的生机与活力，促进瑶族传统文化的繁荣与发展。

一、文化遗产保护

文化遗产包括物质文化遗产和非物质文化遗产。它是各民族智慧的结晶，是全人类文明的瑰宝，是不可再生的珍贵资源。长期以来，地方政府重视历史文化遗产保护工作，积极采取政策支持、资金扶持、项目开发以及人才培养等措施，积极推进瑶族文化遗产保护传承工作。但在推进文化遗产保护中，仍然存在“重开发，轻保护”“重申报，轻传承”等诸多亟待破解的难题。为此，我们需制定有效的文化遗产保护措施，促进瑶族文化遗产得到有效保护和持续发展。

（一）遵循保护原则

我们必须遵循文化遗产保护原则，促进瑶族文化遗产得到科学的、可持续的有效保护。一是原真性原则。“原真性”这一概念最早见于1964的《威尼斯宪章》，文中提出“将文化遗产真实地、完整地传下去是我们的责任”，当时主要适用于欧洲文物古迹的保护与修复，之后逐渐在世界范围内达成理解和共识。世界遗产委员会明确规定，真实性是检验世界文化遗产的一条重要原则，并要求真实全面地保存并延续文化遗产的历史信息及全部价值。为此，在开展瑶族文化遗产保护时，对遗产的维修、恢复应“修旧如旧”，做到材料原真性、工艺原真性、设计原真性和环境原真性。二是整体性原则。所谓整体性就是要保护文化遗产所拥有的全部内容和形式，包括传承人和生态环境，即要从整体上对非物质文化遗产加以关注并进行多方面的综合保护。因为文化遗产是由无数具体的文化事象构成的，而不是某些“代表作”和零散的“文化碎片”所能涵盖的。为此，在对潇水流域瑶族文化遗产保护上，不仅应有单体文化遗产保护意识，还应当有整体文化空间保护意识；不仅保护单一的民俗文化，还应保护形成这一民俗文化的文化生态环境。三是活态性原则。开展文化遗产保护应从民众生活出发，坚持“生活相”“生活场”“生活流”的立场观念和方法，从有“根”的生活里重置或还原文化遗产本体的面貌。同时，要加强对非物质文化遗产代表性传承人的认定与保护，鼓励和支持代表性传承人开展传习活动。四是流域性原则。从地理学来看，广义的流域指“所有包含某水系（或水系的一部分）并由分水界或其他人为、非人为界线（如灌区界、地貌界等）将其圈闭起来的相对完整、独立的区域”。潇水流域的瑶族文化遗产抢救与保护，不仅仅是某一县（区）的保护，而且地方各县

（区）政府在明确各自保护范围，特别是采取相关措施时必须强调流域观念，对一些具有共通性的文化遗产作整体性的联合协作保护。因此，在这一相对完整、独立的区域内，只有打破单纯的行政区域和族群区域，树立流域保护意识，坚持流域保护原则，才能更好地保护流域的文化遗产。

（二）健全保护机制

2005 年国务院办公厅印发的《关于加强我国非物质文化遗产保护工作的意见》提出，要加强领导，落实责任，建立协调有效的工作机制。一是政府主导机制。地方政府要将瑶族文化遗产保护纳入国民经济和社会发展整体规划，组织成立“潇水流域瑶族文化遗产保护中心”，统一规划和协调瑶族文化遗产保护工作，通过制定政策和法规标准对文化遗产保护工作进行推动和规范。要不断加大瑶族非物质文化遗产保护工作经费投入，为瑶族文化保护工作提供必要的物质保障。同时，制定吸纳社会资金的优惠政策和措施，逐步形成政府主导、社会力量广泛参与的投入机制，确保瑶族文化遗产保护工作的开展。二是专家咨询机制。充分发挥有关学术机构、大专院校、社会团体等各方面的作用,建立文化遗产保护专家咨询与评估机制。如依托地方高校、科研院所和社会组织，对文化遗产保护的重大事项开展专家咨询和论证，对文化遗产代表性项目申报和保护情况进行评估。三是公众参与机制。积极发挥非政府和非营利机构以及社会公众的作用，建立公众参与文化遗产保护的工作机制，通过举办听证会、座谈会、咨询会等形式畅通公众参与渠道，鼓励专家学者、社会公众参与文化遗产管理决策，对文化遗产的管理政策、总体规划、重大项目计划进行听证，在决策阶段广泛征求公众的意见和建议，以推进瑶族文化遗产保护工作的科学化。

（三）创新保护模式

在文化遗产保护中，我们要积极采取多种有效措施，形成符合实际需要、具有自身特色的文化遗产保护模式。一是遗产数字化保护模式。文化遗产数字化，是借助数字化信息获取与处理技术，是对文化遗产存在方式的一种新型保护方法。建议地方政府将“潇水流域瑶族文化遗产数字化博物馆”纳入永州历史文化博物馆建设规划，将瑶族历史文化遗产包括藏品、图书、文献、研究成果、影像等资源进行数字化处理后，通过在虚拟空间中再现真实的历史地理信息，以一种直观的方式向大众展示，充分展现民族特色、地域特色、学科特色、文化特色，推动瑶族文化创新和旅游发展。二是文化生态园区保护模式。文化生态保护区是指“在一个特定的区域中，通过采取有效的保护措施，修复一个非物质文化遗产和与之相关的物质文化遗产互相依存，与人们的生活生产紧密相关，并与自然环境、经济环境、社会环境和谐共处的生态环境”。为此，我们要积极争取国家和省市支持，在江华瑶族自治县建立“潇水流域瑶族文化生态保护试验区”，在江永县设立“女书文化生态保护试验区”，将瑶族民间文化遗产原状地保存在其所属的区域及环境中，与当地自然环境，古村镇、古建筑等物质文化相依相存，将遗址区与风景区结合建成文化遗产旅游景区，形成较为完整的瑶族文化生态园。三是遗产地理标志保护模式。1994 年开始，我国将地理标志纳入商标法律体系予以保护，但一些地方政府对以非物质文化遗产注册集体商标和证明商标的地理标志保护重视程度还不够。为此，建议地方政府将非物质文化遗产纳入地理标志的集体商标和证明商标保护范围，纳入质检系统的地理标志保护范围，由经政府同意的组织（包括团体、协会等组织）申请地理标志保护，并在保护中开发利用非物质文化遗产。

二、民族文化传承

瑶族社会是瑶族文化所塑造的，瑶族社会之所以为瑶族社会，是因为瑶族文化在焉。直到今天，正因为瑶族社会中形成隽永而广泛影响的文化传统被一代一代传承下来，才使得瑶族社会具有与其他民族不同的特质。但自二十世纪八九十年代，伴随文化全球化和中国社会剧变，外来文化悄然解构着瑶族社会结构，消解着民族文化边界，导致瑶族社会正面临着文化“断裂”危机。为此，我们不仅要积极开展瑶族文化遗产保护，还要大力推进瑶族传统文化传承工作。

（一）加强宣传教育

文化遗产的保护传承工作任务繁重，迫切需要社会各界的支持和参与，而民族文化传承途径主要有学校、社区和家庭三个方面。为此，一要加强学校教育和社区教育、家庭教育的合作，广泛开展面向社会公众，特别是广大青少年的宣传教育活动，提高民众对瑶族文化保护传承重要性的认识，增强民众的瑶族文化保护意识。积极鼓励地方学校申报“湖南省非物质文化遗产传承学校和实践基地”，通过开展各类瑶族非遗活动、编纂非遗校本教材、开设非遗专业课程、强化非遗相关学术研究等方式，增强师生的瑶族文化保护传承意识。二要积极采取灵活多样、通俗易懂、贴近群众的形式，充分利用广播、电视、报刊、网络等媒体，采取专访、系列报道、专题片以及文艺演出等形式，广泛宣传瑶族传统文化知识以及瑶族文化保护传承的重要性和紧迫性，不断扩大宣传的覆盖面和影响力，唤起瑶族民众的文化自觉，调动瑶族民众参与文化保护的积极性。三要充分发挥地方博物馆、文化馆、展览馆、群艺馆等公共文化机构的作用，开展瑶族传统文化遗产传播展示，普及文化遗产保护知识，增强传统文化保护意识，营造保护传承瑶族文化的良好氛围。

（二）创新传承方式

一是建立瑶族文化数据平台。深入开展瑶族文化遗产资源普查，全面掌握瑶族文化资源种类、数量、分布状况和生存环境，收录和整理瑶族文化资料，分级分类建立资源名录、资源数据库和资源项目库。在此基础上，运用文字、图片、录音、录像以及实物展示等方式，建立“潇水流域瑶族文化遗产资源数据平台”，使之成为大众欣赏、普及教育、学术研究的重要平台，宣传和展示瑶族文化的重要窗口，保护和传承瑶族文化的重要阵地。二是推进瑶族文化进校园工作。组织开展“民间文艺进校园，民间艺人上讲台”活动，聘请一批优秀瑶族文化传承人走进校园、走上讲台传授技艺，让学生在学习中接受瑶族优秀传统文化的熏陶，培养学生对瑶族文化的认知和热爱，推动瑶族民间传统文化的传承和发展。三是加强瑶族特色村寨保护。按照国家民委办公厅、财政部办公厅《关于做好少数民族特色村寨保护与发展试点工作的指导意见》精神，将瑶族聚居比较集中、文化氛围浓厚、群众积极性高的村寨列为瑶族特色村寨保护工作示范点。通过认真组织实施富有民族特色的项目，使项目村寨建筑风格特色鲜明，基础设施大为改善，文化活动不断丰富，助推瑶族文化的保护传承。四是打造品牌特色文化项目。潇水流域相关县区要整合力量，搜集整理一大批瑶族民俗文化表演素材，将民间艺人请出山寨、请上舞台，把诸多隐匿深山、濒临失传的瑶族民俗文化和民间技艺搬上舞台，在保留瑶族原生态民俗文化的前提下，将民族音乐和舞蹈与声、光、电完美结合，精心打造一台具有南岭瑶族风情的特色旅游文化演出，使之成为展示潇水流域瑶族原生态文化的靓丽名片。

（三）壮大传承队伍

民间文化艺术是活态的精神文化遗产，民间传承人是其活态载体的重要承载者与传递者。为此，我们要积极发挥他们在保护民间文化资源、传承民间文化技艺、活跃乡村文化生活、发展地方文化产业等方面的重要作用。一要健全传承人发掘机制。组建成立潇水流域瑶族民间文化普查工作队，按照“不漏掉一个艺术门类、不漏掉一位民间艺人”的原则，深入农村地区开展瑶族民间文化专项普查，认真做好传承人寻找、评选和认定工作，建立和完善瑶族文化遗产传承人名录体系；同时，采取录音录像方式对他们传承的文化艺术进行分类采录，建立瑶族民间文化资源“活态”数据库。二要健全传承人扶持机制。地方政府要制定民间文化保护、奖励、资助系列政策，设立“瑶族民间文化传承专项基金”，用于保护民间文化资源和扶持传承人；建立瑶族文化传承人资助制度，对瑶族文化传承人给予一定的补贴，扶持其进行文化传承活动；建立县（区）级领导联系民族民间文化优秀传承人制度，主动为民间文化传承人排忧解难。三要健全传承人培养机制。依托各县市区民间文化组织力量，建立瑶族非物质文化遗产传承基地，开办瑶族民间文化传承培训班，大力培养瑶族文化专业人才，确保瑶族文化保护传承后继有人。地方教育部门和学校可将瑶族文化作为学生素质教育的主要内容之一，开设瑶族民间传统文化传承班，把瑶族文化纳入课堂教学内容，在校园文化建设和各种活动中融入瑶族文化内容，使学校成为培养瑶族民间文化传承人的重要载体。同时，整合地方高校、科研院所和社会组织力量，挂牌成立“潇水流域瑶族文化研究基地”，开展瑶族文化挖掘和研究，推进瑶族文化传承和发展。

三、传统文化创新

在文化全球化的今天，以网络化的现代传媒为介质、由消费意识引导大众、以时尚化为运作方式的大众文化对传统文化形成了一种挑战。因此，一个国家一个民族要保持发展的连续性和竞争力，必须规避传统文化的劣势，挖掘传统文化的精髓，将传统文化融入现代生活中，不断推进传统文化的创新发展。为此，我们要将历史传统与当代进步相结合，用现代思维去延展历史底蕴，最大限度发掘历史资源价值，让民族传统文化以有效的方式和不竭的生命力代代相传。

（一）推进文化旅游开发

我们要依托潇水流域丰富的旅游资源和文化资源，积极探索旅游观光、休闲娱乐、文化体验、商务会展“四位一体”的产业发展模式，着力开发一批特色旅游休闲产品，将优秀的文化资源转化为优势的经济资源，推动文化遗产保护传承和文化旅游经济发展。一是整合文化旅游资源，打造潇水文化旅游带。永州市及各县区政府要对潇水流域文化旅游资源进行整合，严格按照国家《风景名胜区规划规范》相关要求，做好文化旅游产业发展规划，以零陵古城为中心，打造潇水流域文化旅游带，设计潇水文化旅游精品线路。具体包括：零陵古城、周家大院→道县周敦颐故里→江永千家峒（女书园、上甘棠、勾蓝瑶）→江华神州瑶都。尤其要重点突出“古城文化”“理学文化”“瑶族文化”等优势，打造潇水流域文化旅游精品项目，实现人文景观和自然景观有机结合，提升永州文化旅游品位和档次。二是整合瑶族文化资源，建立南岭瑶族风情园。江华、江永等相关县区要加强横向协作，整合瑶族文化旅游资源，建立“南岭瑶族民俗文化风情园”，打造南岭瑶族文化旅游核心园区，具体包括瑶族非物质文化遗产活态展示园、瑶族文化遗产资源数字传播园、瑶族非物质文化遗产演艺园、瑶族原生态农耕文化体验园、瑶族非物质文化遗产培训园等，以此带动南岭地区瑶族文化旅游发展,形成“湘粤桂南岭瑶族文化旅游圈”。三是发掘村寨旅游资源，推进乡村旅游全域化。南岭地区各县区政府要以“美丽乡村”“风情小镇”“特色村寨”建设为契机，加强乡村旅游专项规划，对乡村旅游发展进行科学定位，对旅游项目开发进行合理布局，对乡村旅游进行整体营销，开发休闲观光型、务农参与型、民俗节庆型等乡村旅游类型，突出乡村旅游项目的差异性和互补性,扶持和引导乡村旅游健康发展。同时，以“公司+农户”“社区+公司+农户”“村办企业开发”等模式，积极鼓励和引导旅游公司、村寨群众参与乡村旅游开发，建设一批集农耕体验、田园观光、教育展示、文化传承等功能于一体的休闲农业园和文化体验馆，形成“一乡一品、一村一业、一家一艺”的乡村旅游品牌。

（二）促进文化传媒结合

20世纪90年代以来，现代传媒不仅拓宽了传统文化的传承渠道，还拓展了文化艺术的表现领域，演绎出一个又一个文化奇观。为此，我们要推进现代传媒与传统文化的结合，构建传统文化传承发展新路径，积极推动瑶族传统文化发展。一是建立瑶族文化数据中心。通过组织地方相关文艺团体及民间艺人，在充分采集瑶族语言文字、风俗习惯、民间文艺、民族古籍、文物遗产、民族体育、旅游资源等民族文化数据资源的基础上，综合运用文字、图片、动画、音频、视频等多种表现形式，打造“潇水流域瑶族文化动态数字博物馆”，并依托互联网、数字电视、移动终端等新媒体技术，宣传推介和传承发展瑶族传统文化，实现瑶族文化的有效保护和传播，同时为瑶族文化创意产业发展打下坚实基础。二是策划瑶族文化专题宣传。积极与电视媒体栏目开展合作，通过举办“瑶族民俗文化艺术节”，对瑶族节庆文化进行深度挖掘，精心制作专题宣传片，开展瑶族文化旅游宣传促销，扩大瑶族文化影响力和知名度。三是打造瑶族文化强档栏目。通过与地方高校、电视台和民间艺人合作，组织专门团队对潇水流域非物质文化遗产进行考察，借鉴《中国记忆》《河西走廊》等，拍摄《神州瑶都》《南岭瑶风》《永州非遗》等专题片，利用电视传播平台和先进传播手段将专题影视作品进行展播，让人们领略到博大精深的瑶族文化。

（三）发展文化创意产业

20 世纪 90 年代，英国率先提出“文化创意”这一概念，此后逐渐在全球形成了一股热潮，很多国家把培育创意产业作为国家战略。2014 年，国务院出台《关于推进文化创意和设计服务与相关产业融合发展的若干意见》，标志着文化创意与相关产业融合发展正式成为国家战略。潇水流域民族文化资源极为丰富，文化产业价值潜力巨大，这是永州地区发展文化创意产业的差异化优势。为此，加快瑶族文化创意产业发展，成为促进瑶族文化传承发展，推动瑶族经济社会发展的重要途径。一是加大政策资金扶持。地方政府出台相关政策措施扶持文化创意产业发展，积极培育动漫游戏、设计服务、现代传媒、文化会展业等文化创意企业，大力引导资金、人才、技术等生产要素向文化创意行业合理流动，对重点成长型文化创意企业可根据产业分类、投资额度、产业预期等给予重点扶持。同时，按照政府引导、市场主导的原则，建立“潇水流域民族文化创意产业园区”，形成资源、资本、人才、企业等市场要素集聚效应，逐步形成文化创意产业集群化发展模式，为文化创意产业营造良好的产业环境。二是推动文创项目研发。积极鼓励企业设立或与院校合作设立动漫游戏、工业设计、影视传媒、数字出版等产业研发（技术、创作）中心，充分利用地方院校学科优势，组织专家学者对瑶族传统文化进行深度挖掘，加强文创元素的数字化采集、整合、加工与利用，重视文创衍生产品的创新性开发。重点根据瑶族创世古歌和神话传说，依托瑶族地区自然生态及特有风情，探索以瑶族文化艺术为基础，开发传媒影视、动漫创作、网络游戏、工业设计和衍生产品，并对获得国家级、省级重大奖项的原创作品给予经费资助和重点奖励。三是打造文化创意产品。积极鼓励和引导中小企业、民营资本进入文化创意行业，重点发展文化旅游、演艺娱乐、动漫游戏、文化会展、创意设计等文化创意产业，推进文化创意产业与相关产业融合，努力形成各产业间的融合互动发展格局。通过新媒体技术把民族、文化、创意、科技、产品连接起来形成有机整体，逐步建立以民族文学为底本、以电影演绎为重点开发、以动漫创作为长线开发、以网络游戏和衍生产品为后续开发，具有瑶族文化特色的立体产业链条，为市场提供能满足人们物质需要的文化创意产品。同时，结合历史旧街区、旧建筑保护与改造，融入文创产业发展，建设一批有历史记忆、时代特色和地方特色的文创社区，促进文化创意产业发展和民间文化传承发展。

参考文献

国家文物局法制处，1993. 国际保护文化遗产法律文件选编 [M]. 北京：紫禁城出版社：162.

李春霞，彭兆荣，2011. 联合国教科文组织在区域性文化遗产保护方面的经验 [J]. 重庆文理学院学报（社会科学版）（1）：1-6.

李荣启，2008. 论非物质文化遗产保护的主要原则与方法 [J]. 广西民族研究（2）：185-190.

李伟，2006. 乌江流域的非物质文化遗产及其保护 [J]. 重庆社会科学（9）：119-122.

岳健，穆桂金，等，2005. 关于流域问题的讨论 [J]. 干旱区地理（6）：775-780.

舜帝与永州瑶族的渊源及其文化影响

肖献军　胡娟

瑶族的祖先存在多源性，永州瑶族可能为舜帝后裔，《山海经》称："帝舜生戏，戏生摇民。"舜封象于有庳、戏生摇民、舜帝南巡都可能与舜化瑶民相关。在舜文化影响下，莫瑶与湖湘其他蛮族相比，民族反抗情绪最小，至今，永州瑶族对盘王的崇拜与对舜帝的崇拜并存，舜文化依然对瑶文化影响深远。

一、瑶族为舜帝后裔的可能性证据

何光岳先生在《南蛮源流史》中推断，古摇民和盘瓠是瑶族中最主要的两个氏族，是形成瑶族的主要骨干，是瑶族的最早源流。关于盘瓠与瑶族的关系，见证于《后汉书》："昔高辛氏有犬戎之寇，……帝不得已，乃以女配盘瓠。……今长沙武陵蛮是也。"盘瓠成了苗族和瑶族的共同祖先，这与《评皇券牒》所载基本相同。《魏略》曰："高辛氏有老妇，居正室，得耳疾，挑之，乃得物大如茧。妇人盛瓠中，覆之以盘，俄顷化为犬，其文五色，因名盘瓠。"所以，不少瑶人也尊奉瓠芦。但在《后汉书》中，只说了盘瓠是长沙、武陵蛮的祖先，这一点，干宝《晋纪》也有载："武陵、长沙、卢江郡夷，盘瓠之后也。杂处五溪之内。盘瓠凭山阻险，每每常为害。用糁杂鱼肉，叩槽而号，以祭盘瓠。俗称‘赤髀横裙’，即其子孙。”《荆州记》曰：“沅陵县居酉口，有上就、武阳二乡，唯此是盘瓠子孙。”

在古代，湖湘境内的衡山是一条较为明显的界限，衡山以南和衡山以北在民情、风俗上皆有较大不同。据《后汉书》所载，长沙、武陵蛮所处之地在衡山以北，这一带的苗人和瑶人的祖先是盘瓠。在《后汉书》中，另外记载了安帝元初三年（116 年），“又零陵蛮羊孙、陈汤等千余人，著赤帻，称将军，烧官寺，抄掠百姓”。永寿三年（157 年）“又零陵蛮入长沙”，延熹五年（162 年）八月“又零陵蛮亦叛，寇长沙”。可见，零陵蛮、长沙蛮、武陵蛮在后汉时是势力较大的三支蛮族，《后汉书》《晋纪》《荆州记》以盘瓠为后汉长沙蛮、武陵蛮之祖先，而不及零陵蛮之祖先，则零陵蛮（当以永州瑶族为主）之祖先当另有版本。零陵蛮之祖先为何？个人认为与舜帝有一定关系。其可能性证据如下：

其一，《山海经》载：“有易潜出，为国于兽，方食之，名曰摇民。帝舜生戏，戏生摇民。”易、戏音近，当为同一人，戏于蛮荒之地、野兽出没的地方建立了一个国家。“戏生摇民”，何光岳《南蛮源流史》指出“摇人当属于舜帝之后”。他指出，“摇民的始字为䍃。䍃字呈手制瓦器状，传说舜帝曾陶于雷泽，是一个制作陶器能手，因而舜帝之裔便叫䍃民”。“䍃加穴为窑，更证实䍃人确实以制造陶器得名。”《说文解字》对䍃的解释也证实了这一说法：“䍃，瓦器也，从缶肉声。”瑶族的瑶在古代有多种写法，但不管怎么变化，都带有䍃旁，说明这个民族擅长制陶，再加上“帝舜生戏，戏生摇民”，可见，舜帝和瑶族祖先有某种直接的关系。

其二，罗泌《路史》载夏世侯伯中有“繇余”之国，“繇余”与“姚余”音近，姚姓乃为舜帝姓，姚余即为舜帝后裔之意思。在今浙江，有一地方为“余姚”，学者多认为此地多为姚姓后裔所居，故名余姚。瑶族之瑶又可作繇，繇余之国可能是以舜帝后裔为主建立的一个国，今天瑶族之祖先可能与“繇余”之国有一定关系。

二、舜帝后裔支地理分布的可能性

在确定舜帝后裔中一支为瑶族源流之一后，这支瑶族分布在哪里呢？笔者认为，分布在永州的可能性要大。由于《评皇券牒》的存在，今天的学者大多相信瑶族是一个迁徙性较强的民族，但中国古代属于农耕文化，除非国家出现重大动乱（如两晋、两宋交替），大规模的人口迁徙并不具备多大可能性。《评皇券牒》为唐朝贞观二年敕旨，其原旨应该已不存在，今天所存的《评皇券牒》多为手抄本，也有少量的木刻印、石印本，各本文字出入较大，多为宋后版本，有关瑶族迁徙的传说可信度有多大还值得商榷。据《后汉书》所载，在湖湘境内就已存在武陵蛮、长沙蛮，根据历代正史中有关南蛮史的记载，武陵蛮是苗瑶民族的先祖、长沙蛮与瑶族有一定关系。杜甫《岁宴行》载：“岁云暮矣多北风，潇湘洞庭白雪中。渔父天寒网罟冻，莫徭射雁鸣桑弓。”在岳州、潭州一带，唐时有瑶族的存在，这一带也是长沙蛮分布的区域。那么，零陵蛮是否也与瑶族相关呢？在古老的零陵郡是否有瑶族存在呢？“州界零陵、衡阳等郡，有莫徭蛮者，依山险为居，历政不宾服，因此向化。”（《梁书》卷三四）这是隋唐前正史中少有的直接指明莫徭分布地理情况的记载，从此条也可见瑶族分布于零陵并不是从梁代开始的，“历政不宾服”，说明了莫瑶居于此已有长久时间了。《隋书》也云：“长沙郡又杂有夷蜒，名曰莫徭，自云其先祖有功，常免徭役，故以为名。其男子但著白布裈衫，更无巾裤；其女子青布衫、班布裙，通无鞋履。婚嫁用铁钴莽为聘财。武陵、巴陵、零陵、桂阳、澧阳、衡山、熙平皆同焉。其丧葬之节，颇同于诸左云。”也指出了在零陵有莫瑶的存在。

零陵蛮源于何处，是否真与舜帝相关呢？这里先梳理一下舜与三苗的关系。

（1）三苗在江、淮、荆州数为乱。于是舜归而言于帝，请流共工于幽陵，以变北狄；放讙兜于崇山，以变南蛮；迁三苗于三危，以变西戎；殛鲧于羽山，以变东夷。

（2）三苗不服，禹请攻之。舜曰：“以德可也。”行德三年，而三苗服。

（3）于是帝尧老，命舜摄行天子之政，以观天命。……五月，南巡狩。

据第一则中言及帝，第三则言及舜摄行天子之政，则舜以德化三苗在舜摄政但还尚未登上帝位之前。“放讙兜于崇山，以变南蛮”，历来学者对这句话有误解，认为这是让讙兜教化南蛮，但讙兜在上古时期是“四凶”之一，怎么可能变南蛮呢？而且南蛮（三苗）分布在江、淮、荆州，把讙兜从此三地放于崇山，则讙兜对三苗的影响已极其小了。据今天学者考证，“崇山”在今张家界一带，古属武陵郡，也即武陵蛮所在之地。可见“放讙兜于崇山”乃是把讙兜从三苗核心之地驱逐到边缘之地，削弱讙兜在三苗的影响力，从而打击三苗内部的反抗势力。值得注意的是，由于讙兜的影响，武陵蛮的反抗在古代是很强烈的，无论是反抗的次数还是规模，都远远要超过零陵蛮。除驱逐讙兜外，舜帝对三苗之民进行了“以德化蛮”。要消除一个民族或者部落的反抗，要让他们移风易俗不是件简单的事，舜帝的“化蛮”主要有以下方面：一是南巡狩，舜帝摄政后便确立了“五岁一巡狩”的制度，亲身深入蛮夷之地，感化南蛮。据司马迁《史记》载：“践帝位三十九年，南巡狩，崩于苍梧之野。葬于江南九嶷，是为零陵。”《尚书》中也记载：“舜生三十，征庸三十，在位五十载，陟方乃死。”直到舜帝去世前，依然在坚持这一制度。其二，安排至亲之人居于南蛮之地，对南蛮进行感化。舜帝派出的人有二：其一是象。《孟子·万章上》记录了孟子和万章的一段“舜封象于有庳”的探讨，现录如下：

万章问曰：“象日以杀舜为事，立为天子，则放之，何也？”孟子曰：“封之也，或曰放焉。”

万章曰：“舜流共工于幽州，放讙兜于崇山，杀三苗于三危，殛鲧于羽山，四罪而天下咸服，诛不仁也。象至不仁，封之有庳。有庳之人奚罪焉？仁人固如是乎？在他人则诛之，在弟则封之。”

曰：“仁人之于弟也，不藏怒焉，不宿怨焉，亲爱之而已矣。亲之欲其贵也，爱之欲其富也。封之有庳，富贵之也。身为天子，弟为匹夫，可谓亲爱之乎？”

“敢问或曰放者，何谓也？”

曰：“象不得有为于其国，天子使吏治其国，而纳其贡税焉，故谓之放，岂得暴彼民哉？虽然，欲常常而见之，故源源而来。‘不及贡，以政接于有庳’，此之谓也。”

其实，封象于有庳，说不上是放，因为封象于有庳是在舜帝感化象后，既然已感化了象，便不存在流放了。但说是封也很难说通，如果舜帝真不计前嫌，要封他的弟弟，大可不必把他封到如此偏僻蛮荒之地。但如果说是放，则不符合舜帝慈孝之本性，舜帝既然能和陷害他的父亲和好如初，有什么理由能不和其弟和好呢？乃知舜之封象于有庳乃在于化蛮，象所承担的任务不仅仅只是治理有庳这么一个小地方，而在于通过治理这个地方，让南蛮之人感受到舜帝对他们的重视，由此南蛮民族逐渐向华夏民族靠拢。而有庳应当是蛮族集中之地，这样的分封才更具现实意义。

有庳在哪里呢？《汉书・邹阳传》："昔者，舜之弟象日以杀舜为事，及舜立为天子，封之于有卑。"颜师古注曰："地名也，音鼻，今鼻亭是也，在零陵。"《永州府志》载："舜封弟象于有鼻，即今道州地，道州北五十里地方有庳亭，今其地有象祠，土人水旱必祷。"唐元和九年（一说元和五年）刑部郎中薛伯高刺道州时，曾毁此庙，柳宗元因此作了《道州毁鼻亭神记》来颂扬此事，此文写道："鼻亭神，象祠也。不知何自始立，因而勿除，完而恒新，相传且千岁。"据此可知，至唐时道州象祠存在已久，在汉或汉前就已存在。可见，有庳所在地与舜帝南巡方向一致，与舜帝崩于零陵一致，则封象于有庳存在着化蛮的可能性。事实上，永州地区人民数千年以来都在祭祀象，说明永州之民并没有把象当作一个怙恶不悛的人，而是把他当作勤劳、勇敢、善良的人，也从此可见，舜试图通过象来感化南蛮的目的基本达到了。

其二是戏。在秦汉以前，就存在着对蛮族地区的和亲政策，又或安排国家或部落首领子女等作人质，尧舜之时，此风或已存在，如二妃下嫁于舜，就可能是华夏部落与东夷部落的联姻。戏有可能在尧舜时充当了这一角色。《山海经》载："有易潜出，为国于兽，方食之，名曰摇民。帝舜生戏，戏生摇民。"又袁珂按："此乃摇民传说之异闻，故附记于此。其实有易即戏也，易、戏声近，易化摇民即戏生摇民也。"很显然，摇民不是一个人，怎样理解戏生摇民呢？很有可能是戏抵达南蛮之地后，与南方蛮族部落联姻，或娶了南方部落首领的女子，生下了个具有南方蛮族部落血统的儿子，此子或被封或自己建立了一个新的部落，这便是摇民，也即后来的莫徭。从唐及唐以前文献看，莫瑶主要分布地域在湘水流域一带，自洞庭至零陵均有莫瑶的存在。值得注意，今天瑶族分布最多的省份是广西，但在唐前文献中，很少记载莫瑶分布在广西一带，则广西之瑶族，除部分来源于百越之民，可能还有部分在唐及唐后自湖南、江浙一带迁入。湖南境内的莫瑶，虽自北至南都有分布，但从上面提及的文献看，大部分分布在长沙之南，衡阳、永州境内都是集中分布地。《山海经》中提到的摇民国，自然也是摇民分布最集中处，则古之摇民国，很可能就在衡阳、永州之间。又考舜帝南巡路线，与莫瑶之分布区域高度重合，如此，似乎可以理解舜帝晚年为何要南巡，又为何要葬于江南九嶷。因为这一行为不仅可以感化南蛮，还可以与象、戏重聚。由此可以理解，为什么永州境内的瑶民几千年以来不仅没有消散，而且越聚越多，而衡山以北的瑶民，由于缺乏一种精神的凝聚力，最终迁徙于他处，至于今已日见凋零。

三、虞舜文化对永州瑶族的影响

舜帝是中华道德文明之始祖，其在南方地区的经营对于永州瑶族的发展具有重大意义。南蛮有广义和狭义之分，广义的南蛮主要指先秦时期楚国所在之地，又称荆蛮。但随着社会的发展，长江以北地区及东南沿海一带得到了较大开发，南蛮开始由广义向狭义转变，开始专指长江以南的零陵、桂阳、长沙、武陵等地的少数民族，这些民族所处地理环境相对恶劣，多高山深壑，由此造成了民族性格的偏狭，民风剽悍。早在尧舜时代，三苗之民就多次起兵反抗；夏商之时，武陵蛮渐为边患；周宣王时，命方叔南伐蛮方；秦昭王时命司马错征五溪蛮。湖湘地区民族的反抗，在东汉时最为强烈，先后有武陵蛮、溇中蛮、澧中蛮、长沙蛮进行反抗。相比而言，零陵蛮的反抗要弱得多，而莫瑶尤为特别，唐以前的历史几乎见不到反抗。这与中原民族在对莫瑶长期进行德化相关。以德化蛮正是从舜帝是开始，禹曰："俞哉！帝（舜帝）光天之下，至于海隅苍生，万邦黎献，共惟帝臣，惟帝时举。敷纳以言，明庶以功，车服以庸。谁敢不让，敢不敬应？"即使在反叛频繁的东汉，以德化蛮也在同时进行。东汉蔡邕就曾到过永州。西晋末年，晋室难渡，南方在一定程度上得到了开发，民族的反叛少了许多。隋唐之际，国家实现了统一，政治中心北移，但与秦汉时相比，湖湘地区少数民族的反抗无论规模还是强度都要小得多。这得益于唐王朝实行的科举制度和贬官制度。唐代的科举主要有明经科和进士科，考试的主要内容除了时事策论外，最多的就是儒家经典和辞赋了，故通过科举考试培养的人才主要是儒士和文学之才。他们大多崇尚尧舜之道，这批人才进入仕途之后，多把所学和所用结合起来，主张实行仁政和德治。但文人的仕途并非一帆风顺，朝代越是强盛，贬谪之风就越盛行，君主的集权使得他有能力控制文人的一切。唐代的贬谪之臣在湖南地区最为集中，在自然条件艰苦、文化相对落后的永州地区贬谪尤为集中。永州地区在经历东晋和南北朝开发后变得相对安定。文人进入这里后，他们充分利用舜帝在该地域的影响，以德化人，取得了重大成就。如柳宗元贬谪永州担任司马后，主张以德化蛮，并且他好为人师，湘南地区不少学子都受到了柳宗元的影响。

另有在永州地区做官的文人，他们虽非贬谪至此，但与贬谪文人一起为湖湘地区民风民俗的转化作了重大贡献。道州刺史元结堪为代表，元结不仅在诗文中多次提到舜德，永泰元年（765 年）元结在道州刺史任时，以虞舜葬于苍梧九嶷之山，立舜祠于道州西之山南，作《舜祠表》，又令江华令瞿令问篆刻石上。《舜祠表》对虞舜之德进行了颂扬："于戏！孔氏作《虞书》，明大舜德及生人之至，则大舜于生人，宜以类乎天地；生人奉大舜，宜万世而不厌。"永泰二年（766 年）元结又于道州西山上建舜庙，上《论舜庙状》，并请免除近庙两户赋税，负责扫除之事。在经过这些文人与官员的不断努力之后，永州瑶族基本上融入了中原文化中。据《新唐书·西原蛮传》载，唐时"桂管经略使邢济击平之，执吴功曹等。馀众复围道州，刺史元结固守不能下，进攻永州，陷邵州，留数日而去。"元结之所以能抵抗西原蛮的进攻，与道州（江华在唐属道州）百姓的支持相关，其中就包括瑶族人民的支持。

时至今天，永州境内的瑶族人民，对盘王的崇拜与对舜帝的崇拜同时并存，在宁远、道县、江永、江华等瑶族分布相对集中的区域，存在着舜庙、象庙等舜文化遗迹，舜文化对瑶族人民的影响依然长久、深远。

参考文献

何光岳，1988. 南蛮源流史 [M]. 南昌：江西教育出版社 .

焦循，沈文倬，1987. 孟子正义 [M]. 北京：中华书局 .

皮锡瑞，1989. 今文尚书考证 [M]. 北京：中华书局 .

司马迁，1982. 史记 [M]. 北京：中华书局 .

许维遹，梁运华，2009. 吕氏春秋集释 [M]. 北京：中华书局 .

元结，1960. 元次山集 [M]. 孙望，校 . 北京：中华书局 .

试论瑶族文化的知识产权保护

唐晓君

知识产权保护制度在我国的历史较短、起步较晚。笔者提出了瑶族文化知识产权保护的对策和措施。认为瑶族文化知识产权保护必须处理好坚持批判与继承的关系，要协调好传统文化与现代文化的关系，要认真学习和吸取其他民族的优秀文化和先进经验，要把对瑶族的感情与科学态度正确地结合起来。这样，通过行之有效的手段和途径，才能为瑶族文化的知识产权保护筑起坚固的屏障。

一、瑶族文化的理论界定

（一）瑶族文化的概念

瑶族文化，是瑶族在其社会历史发展过程中创造和发展起来的具有本民族特点的文化。瑶族文化从广义上说，包括物质文化和精神文化，瑶族物质文化是该民族改造客观世界的物质生产活动及其所创造的物质财富，饮食、服饰、住宅、建筑、生产工具等属于物质文化的内容，表明了瑶族在物质生产领域中认识、掌握、改造世界的创造力量的表现和发展程度。瑶族的精神文化包括精神生产活动及其所创造的精神财富，它是物质生产活动所创造的物质文化的直接产物，瑶族的语言、文字、教育、科学、文学、艺术、哲学、宗教、风俗、节日和传统等，都属于精神文化的内容。瑶族文化反映了瑶族历史发展的水平，是瑶族的精神依托和力量，它凝聚为瑶族的性格和社会心理意识，是瑶族内聚力的牢固纽带。离开瑶族文化，共同心理素质就失去依托而不能存在。

（二）瑶族文化的内涵

我国是世界文明发达最早的国家之一。中华民族以其悠久的历史和灿烂的文化而屹立于世界民族之林，对世界文明作出了卓越的贡献。

祖国光辉灿烂的文化，是各族人民共同创造的。瑶族人民以自己独具特色的绚丽多彩的文化，丰富了祖国的文化宝库，共同创造了祖国悠久的历史和灿烂的文化。瑶族是一个生活在我国南方的历史悠久、源远流长的山地民族，主要分布在我国南方的广西、湖南、广东、云南、贵州、江西等省（区）相毗连的山区，总体分布形式呈现出大分散、小聚居的特点。其中以横亘绵延于湘、桂、粤之间的南岭地区最为集中，自东而西分布有乳源、连南、江华、富川、恭城5个瑶族自治县等十余个瑶族较为集中聚居的县，历史上就有“南岭无山不有瑶”的说法。

瑶族主要是古代南蛮中蛮族的后人，历史非常悠久，可追溯至几千年前的远古时代，先秦以前，就有“蛮”“荆蛮”等关于瑶族先民的零星记载。秦汉时期，有关瑶族先民“武溪蛮”“武陵蛮”“长沙蛮”的记载更是经常见于各种史籍文献之中。及至隋唐时期，“莫徭”“徭人”等族称始见于相关史籍之中。关于瑶族的族源，学术界尚有其他诸多见解，从一定意义上反映出瑶族文化形成和发展的多元性。

瑶族有多种本民族语言，历史上民间多习用汉字。瑶族语言情况比较复杂，按语言谱系分类，有属汉藏语系苗瑶语族瑶语支的，有属汉藏语系苗瑶语族苗语支的，有属汉藏语系壮侗语族侗水语支的，还有属汉语方言的。不同族系的瑶族在历史文化上有较大的差异，因此，瑶族内部的瑶族称谓也有较大的区别，自称有近百种，而他称则多达400余种，这在一定程度上也反映出瑶族文化的丰富多样性。

瑶族的宗教信仰经历了从自然崇拜、图腾崇拜、祖先崇拜等原始信仰到民间巫教与道教等人为宗教交融发展的漫长过程。对瑶族民间信仰影响深远的是，备受推崇的盘瓠和密洛陀。盘瓠崇拜在占瑶族人口70%以上的操苗瑶语族瑶语支语言的“勉”族系以及主要是由“勉”族系发展而成的平地瑶族系中广为传承。“盘瓠”瑶语本义解为“盘王”，实际上是一个集原始氏族权威于一身的图腾与氏族首领的二元统一的神。在瑶族民间关于“盘瓠”的神话和信仰习俗中，早期图腾崇拜的影子依稀可见。一只与瑶人“根骨”“出身”联系在一起的“身长三尺，毛色斑黄”的“龙犬”，以其神勇助平王打败高王，得与平王的三公主结婚，生下六男六女，互为婚配，繁衍为天下瑶人。这一古老神话及其历史上的民间演绎，成为瑶族文化的典型表征，深刻烙印在瑶族的文化和生活习俗之中。密洛陀的崇拜则主要流传在广西西部操苗瑶语族苗语支语言的“布努”族系中，在“布努”瑶族民间，这一古老的创始女神通过口传身授的史诗《密洛陀》和民间的祝著节或婚丧仪式代代传颂。作为一个山地瑶族，瑶族历史上还较多地保存着自然崇拜，如打猎要祭山神、伐木要祭林神、捕鱼要祭水神、种田要祭谷神等。在瑶族的宗教信仰中，原始巫教与道教交相辉映，其中道教的成分非常明显。瑶族民间的道公、师公既是瑶族社会中主要的宗教法事主持者，也是瑶族宗教等文化传统的重要传承者。

瑶族的服饰文化主要有瑶斑布和瑶族服饰。瑶族支系众多，各支系服饰也不尽相同。所以，过去瑶族曾因服饰的颜色、裤子的式样、头饰的装扮不同而得各种族称。曾有“过山瑶”“红头瑶”“大板瑶”“平头瑶”“蓝靛瑶”“沙瑶”“白头瑶”等自称和他称。在风俗习惯方面一直保持本族传统特点，尤其在男女衣着上更为明显。瑶族妇女善于刺绣，在衣襟、袖口、裤脚镶边处都绣有精美的图案花纹。发结细辫绕于头顶，围以五色细珠，衣襟的颈部至胸前绣有花彩纹饰。男子则喜欢蓄发盘髻，并以红布或青布包头，穿无领对襟长袖衣，衣外斜挎白布坎肩，下着大裤脚长裤。瑶族妇女精于蓝靛印染，至今仍保留着一套完整的印染技术。她们将自己种植的蓝草经过浸泡加工后，提取蓝靛，加入白酒，经草木灰过滤、发酵呈黄色后便可染布。在染布过程中经过数次浸染、晾干，直到布料呈深蓝带暗红色为止。为了使布坚挺耐用、颜色深重，还把已染好的布放入炖缩的牛皮溶液或猪血溶液里，进行蒸晒。

瑶族医学文化的特色主要表现在瑶药的识别和使用上。瑶医药来自民间、用于民间、扎根民间，用药简单，采集方便，瑶医使用药物品种繁多，土石草木、鸟兽虫鱼，无所不包。一般瑶医皆医药相兼，自采自用，不仅用药经验独出心裁，且对药物的应用方法、应用形式也别具一格。瑶医药将药物分为凉药、表药、暖药、打药四大类。对于用药，基本上都采用山区盛产的草药、动物药等瑶族药，其用药历史极其悠久，在实践中还根据药物的性味功能及所治疾病的特点总结有独具一格的“五虎”“九牛”“十八钻”“七十二风”等104种瑶医常用药。瑶族医学文化的特色还表现在各种疾病的独特诊疗方法上。

在诊病方法上，瑶医除了采用望、闻、问、触并以问诊为主的方法外，常用的还有面诊、目诊、耳诊、舌诊、掌诊、足诊、甲诊、腹诊、药物诊等。医生通过眼看、耳听、鼻嗅、口问、手摸等方法，搜集疾病表现的各种症状和体征，结合天时、地域及其他条件，进行综合分析，辨清冷、热二病，分别所属病征，为治疗原则和方法提供重要依据。药浴也是瑶族传统医药的一大特色。

瑶族丰富多彩的文学艺术，主要内容包括音乐舞蹈、神话、传说、故事、说词、民间长诗、民歌、传统农谚等，有的以口耳相传的形式传承，有的则有汉字传抄的文本形式，为中华民族文化百花园增添了绚丽的光彩。

鼓文化，是瑶族文化的重要代表，历史上有“瑶不离鼓”之说。瑶族的鼓文化从大类上可分为长鼓、铜鼓和陶鼓三类。瑶族以鼓为道具，演绎出不同的舞蹈。长鼓舞是瑶族传统的民间舞蹈，以使用长鼓作舞而得名。相传最早为祭盘王时所跳。盘王为瑶族崇奉的始祖。相传盘王一日携子上山打猎，时遇大山羊，捉之，不幸被羊踢倒，掀死于梓树下。王妃痛极，命众子四山搜索，杀了那头山羊；又令用一节梓树与山羊皮制成一面鼓。在为王追悼时，其子怒击长鼓，其女挥巾洒泪而舞，以示报仇申冤。此后即被沿袭下来。传说反映了瑶族先民的狩猎生活及崇神观念。以后随着生产力的提高，长鼓舞又加入了新的表现内容，并不限于祭祀场合表演。长鼓舞打法有文、武之分。文则动作柔和、灵巧，武则动作粗犷有力。二者均有固定的曲调及歌词与之相配，有统一的击鼓节奏。一般是且唱且舞，内容多表现建房、制鼓、开山、挖地、舂米等劳动生活。舞蹈的基本动作也是从这些劳动生活中提炼出来的。长鼓舞在瑶族舞蹈中占有极其重要的地位，它一般是在瑶族传统习俗“祭盘王”和逢年过节串村走寨闹圩场时表演，也在新屋落成及其他喜庆的日子里跳，以示祈祷和庆贺。

《盘王大歌》是瑶族民间著名的一部古典民歌集成。它汇集了瑶族不同时期的历史文化内容,堪称瑶族民间的百科全书。《盘王大歌》是一部瑶族民间的诗歌总集。主要流传在南岭山脉以江华为主的瑶族居住地区，是瑶族人民世世代代祭祀盘王的礼仪活动和在生产、生活中创作产生并不断发展丰富的古歌史曲，具有鲜明民族特色的民间文学。它始作于原始社会，雏形于晋代，形成于唐宋，成熟于明末清初。它以奇丽的想象和巧妙的艺术手法，叙述了人类、民族、天地万物的形成和发展，叙述了人类始祖创世的艰辛历程。同时，鲜明地塑造了伏羲、刘王、盘王、唐王、竹王、暖王、鲁班、刘三、李广等人的形象，深刻地讴歌了为民造福、敢于斗争的英雄人物和劳动人民，热情地歌颂了善与美，无情地抨击了鱼肉人民的统治者和盘剥人民的奸狡豪富之徒，对那些游手好闲、好逸恶劳者也进行了辛辣的讽刺和鞭挞。《密洛陀》是一部流传在瑶族“布努”族系的大型史诗。《密洛陀》是流传于广西都安、巴马等地瑶族聚居区的神话古歌，融神话、创世、英雄为一体，描述了女神密洛陀开天辟地、创造人类的业绩。

瑶族历史文献《评皇券牒》又有《盘王券牒》《盘古皇圣牒》《过山榜》《过山牒》《十二姓瑶人过山榜文书》《白箓敕帖》等二十余种名称，是记载瑶族起源、姓氏由来、瑶族迁徙生活的重要历史文献。相传是“评王”颁发给瑶民的，是保护瑶民权利的“护身符”。带着这个文献，可以取得当地官员的允许，自由地耕山种地，不服役，不赋税，故瑶民迁徙必定携有《评王券碟》，为“勉”族系的瑶族人民世世代代所传承珍藏，这类文献通常也被人们称为瑶族“过山文书”或“券牒文书”。

"千家峒"古文献在湘南、桂东北、桂北地区的瑶族民间，尤其是在平地瑶民间，珍藏着许多记录有瑶族历史上著名的祖居地"千家峒"的古文献抄本，抄本名不尽相同，主要有《千家峒源流记》《千家峒流水记》《千家峒永远流水部》《千家峒古本书》《千家峒木本水源》《计开千家峒》《世代流传祖居来历书》等，多为绵纸之墨抄本。"千家峒"古文献在瑶族民间世代相传，常用于瑶族民间祭祀祖先、进行宗教活动以及寻根问祖等，是瑶族民间古文献的重要珍品。瑶族历来有以歌代言的习俗,信歌是瑶族民间流传的一种特殊的民歌体书信形式，主要流传在"勉"族系瑶族当中。其形式多为七言体，间有三言或五言，篇幅长短不一，数十行至数百行不等。

瑶族有自己独具特色的工艺美术。例如瑶族的织锦、家织布，都是精美的艺术珍品。如瑶族吊脚楼为代表的瑶族古村落文化，结构精巧，使用方便，极富有瑶族特色和艺术特色。

源远流长的悠久历史、分布广远的迁徙环境以及长期频繁的文化交流，形成了瑶族自由的民族性灵、开放的瑶族文化系统和强烈的民族亲和力，历史积淀下丰富多彩的文化遗产。这些瑶族文化，有的以物质的形式保存下来，有的以非物质的形式传承至今，无论内容和形式，都显示出丰富多彩、特色鲜明的特征。

二、瑶族文化知识产权保护的重要意义

（一）瑶族文化知识产权保护是整个瑶族发展的有机组成部分

马克思主义认为，每一个民族作为一个社会存在，都是由一定的经济结构、政治结构和文化结构构成的。民族文化是由构成民族社会的不可缺少的一部分。一个民族的文化水平和文

化的特点，取决于一定自然地理环境中的生产力和生产关系发展的程度和性质，而民族文化的知识产权保护，给民族和民族社会的发展以重大的影响。这不仅是因为文化积淀对民族性格的改造有着深刻的影响作用，而且因为文化传统是民族发展中世代相传的部分，一个民族的发展，总是随着时代发展的要求，破除文化传统的痼疾及其封闭体系，继承、发扬其中的精华，实现传统形态向现代形态的转变。所以，民族的发展离不开民族文化的知识产权保护。

中华人民共和国成立前，只有一部分瑶族与汉族所处的社会发展阶段一致或接近，还有一少部分瑶族处在封建社会阶段，另外还有少数瑶族仍处于原始社会末期，尚未进入阶级社会。这种差异而造成发展的不平衡，不仅体现在某一个社会侧面上，而且在社会总体发展水平上也有体现出来。例如，在生产力和生产关系方面，刀耕火种的原始农业或粗放的传统农业仍然是主流，自然经济乃至原始经济仍然占有十分重要的地位。在生活方式和消费方式方面，十分简单而原始；在上层建筑方面，传统机制的惯性仍然在某些方面发生影响，甚至原始公社时代的传统和习俗体制对社会发展仍然起着某种制约作用；在意识形态方面，传统的心理、观念和价值标准影响深远，形成思想意识的封闭性、保守性。所有这些，都反映了瑶族文化发展的低层次，制约着瑶族地区的发展。

瑶族地区要改变落后面貌，赶上或接近先进地区的水平，实现共同发展繁荣，一个十分重要的问题，就是要发展瑶族文化，提高瑶族人民文化素质，保护瑶族文化的知识产权。

新中国成立 70 多年来，瑶族已经发生了巨大的变化，经过民主改革和社会主义改造，瑶族都已进入了社会主义社会。随着社会主义建设事业的发展，瑶族的社会经济文化已经有了很大的变化。与此同时，瑶族的整个精神风貌也发生了很大的变化，社会思想意识已经出现了一些质的升华。主要表现在：第一，瑶族革除了沿袭千百年的原始落后的社会生产方式和生活方式，打破了严重束缚瑶族社会发展的旧的社会组织和生产关系体系，形成了较为进步的新的生产关系结构。第二，瑶族摆脱了受剥削压迫的社会经济地位，原来根深蒂固于瑶族人民群众中的传统价值观念有了改变，这为逐步革除旧习俗树立新观念，奠定了良好的思想基础。第三，平等、团结、互助、和谐的社会主义新型民族关系已经基本形成和确立，瑶族与各民族之间历史上形成的隔阂已消除，中华民族的共同意识大大增强。第四，瑶族文化经济的进步和发展，推进了瑶族地区的现代化建设进程。

但总的来说，改变传统的心理、观念，提高瑶族文化素质，保护瑶族文化的知识产权，仍然是当前文化发展的一项迫切而艰巨的任务。

（二）瑶族文化知识产权保护是瑶族经济和政治发展的必要条件

文化是一定社会经济、政治的反映，同时对社会经济、政治的发展起着重要的制约作用。要发展瑶族经济和政治，必须保护瑶族文化的知识产权。

目前制约瑶族地区经济发展的因素很多，其中一个最重要的因素，就是瑶族文化素质的问题，也就是人的素质的问题。瑶族文化素质对瑶族地区经济发展的制约作用主要表现在两个方面：

第一，教育、科技、文化水平的落后状况，使瑶族地区的经济建设和经济发展缺乏必要的智力支持。目前，我国瑶族地区的教育、科技、文化水平仍处于一种比较落后的状态，这主要是历史造成的。中华人民共和国成立前，许多瑶族地区根本没有成体系的学校教育；为数不多的瑶族学校数量有限，层次较低，能够受教育的只是极少数人。新中国成立 70 多年来，瑶族地区的教育、科技、文化事业发生了很大的变化，瑶族人民的科学文化水平有了较大的提高。但是，历史造成的落后状况不可能在短时间内得到根本改变。教育、科技、文化水平较低，人才缺乏，是当前瑶族地区经济发展中的突出问题。

第二，瑶族传统文化中的某些心理状态、价值观念和思想方式与现代社会主义商品经济发展不协调，阻碍着瑶族经济的发展。瑶族传统文化是瑶族历史发展的产物，是在特殊的自然环境、社会条件和历史遭遇的基础上逐步形成的，因而各具特色，也各有自己的精华与糟粕。我们不能单纯地以自己民族的文化为尺度、为标准，去衡量、评判瑶族社会。鲜明的时代特征，同样是瑶族存在和发展的基础。在我国各族人民正在努力建设社会主义现代化的今天，在共同面临的发展商品经济的挑战面前，在改革开放的时代潮流面前，我们应该站在历史发展和时代的高度，对瑶族的传统文化进行反思，用是否有利于生产力的发展、是否有利社会主义市场经济的发展、是否适应社会主义现代化建设及其适应程度这个客观标准，来加以科学的分析，并予以正确对待。

不难发现，瑶族传统文化中有许多消极因素，阻碍着社会经济的发展，影响瑶族文化的知识产权保护。瑶族特别是一些原来处于生产力发展水平较低地区的瑶族社会，由于其社会发育程度低，所以来自传统文化的羁绊、因袭的历史包袱和精神负担更为沉重，因而对发展商品经济的制约和阻碍也就显得更为突出一些。例如，商品观念淡漠，耻于经商的传统思想影响较深，封闭性的地域观念、闭关自守的保守意识较浓；宗教信仰和风俗习惯中的许多禁忌还禁锢着人们的思想和行为；“公吃公喝”、不重视积累的原始共产主义传统风尚也还在瑶族中存在。这些传统观念和心理状态，与商品经济发展的要求是很不相适应的，它对瑶族地区经济发展的阻滞作用是不言而喻的。

发展瑶族文化，保护瑶族文化知识产权，也是瑶族地区民主政治建设的必要条件。新中国的成立，废除了剥削和压迫制度，瑶族在政治上处于完全平等地位。当家作主、管理国家、管理经济文化事业和社会事务，是各族人民共同的民主权利。瑶族地区的政治发展，就是要根据整个国家社会主义政治建设的目标和步骤，进一步贯彻和完善民族地区自治制度，充分实现管理国家、管理本民族事务的权利。这不仅需要瑶族地区经济的进一步发展，为民主的充分实现提供物质条件，而且需要瑶族地区文化的进一步发展，提高瑶族地区群众和干部的知识水平、管理能力和民主意识，为民主的充分实现提供精神条件。

（三）瑶族文化知识产权保护是一个民族与时俱进的先决条件

历史经验说明，经济、政治的改革必然随着文化的改革，而且往往要求文化先行。因此，文化的发展是改革开放的必然结果，而瑶族文化的知识产权保护则是瑶族与时俱进的先决条件。

第一，瑶族文化知识产权保护影响人们对与时俱进的理解和支持程度。人们对改革开放的理解和支持，是推动与时俱进的思想前提和内在动力。人们只有真正懂得了改革开放的必要性、重要性和迫切性，在思想上真正树立了自觉的改革开放意识，才可能激发起积极参与改革开放的热情和主动性。人民群众对改革开放的理解和支持程度，在很大程度上决定着改革开放事业的成败。而这种理解和支持程度，与瑶族文化的知识产权保护密切相关。因为就一般规律来说，文化层次越高，保守观念就越少，越易接受新事物和新观念，越能站在历史发展和时代要求的高度去认识改革开放问题，从而认同感就越强烈。反之，文化层次越低，越易为传统意识所左右，越多封闭性和保守性，从而必然妨碍着对与时俱进的自觉认识。

第二，瑶族文化知识产权保护在一定程度上影响对社会变革的适应能力和承受能力。冲破自然经济、半自然经济的封闭状态，大力发展社会主义市场经济，这是瑶族地区改革开放的首要任务。实行改革开放，发展市场经济，需要解放思想，更新观念，改变传统的心理、意识和价值标准，接受新的思维方式和价值观念。这种新旧观念的转换过程，实际上是一次深刻的思想变革。在这个过程中，有一个心理承受能力和适应过程的问题，一般地说，瑶族文化知识产权保护得越好，这种承受能力就比较强，适应过程就比较短；受传统意识影响较深而文化层次较低的人，就可能感到难以适应，产生失落感，出现某种困惑和迷惘。因此，瑶族文化知识产权保护是使瑶族地区适应改革开放要求的重要条件。同时，在改革开放的过程中，还会出现某些利益的调整、某些暂时的困难，所有这些，只有从长远利益与目前利益的关系，从整个改革开放的全局和发展方向上，才能作出正确的评估，从而认清瑶族发展的光辉前景，提高瑶族人民自信心，振奋瑶族人民精神。对这些问题的正确认识，与瑶族文化知识产权保护的关系十分密切。

第三，瑶族文化素质的高低，直接关系到瑶族地区社会主义建设的智力支持状况。瑶族地区，大部分有丰富的自然资源，有充裕的劳动力，有广阔的发展空间，又有一定的国家和地方扶持的开发资金。这是瑶族地区改革开放、发展经济的有利条件。但是，瑶族地区文化比较落后，缺人才、缺技术、信息不灵、自我开放能力较弱，这是改革开放、发展经济的不利条件。因此，要推进瑶族地区的改革开放，必须提高瑶族文化素质，重视知识产权保护，这是瑶族地区发展经济的关键。

三、瑶族文化知识产权保护的原则和对策

（一）瑶族文化知识产权保护的原则

1. 要坚持批判与继承的原则

发展瑶族文化，保护知识产权，应该重视瑶族历史文化遗产。这是因为，历史文化遗产是瑶族认识世界和改造世界的成果，它具有历史的连续性和承继性。恩格斯说："没有希腊文化和罗马帝国所奠定的基础，也就没有现代的欧洲。"列宁也曾经指出："无产阶级文化并不是从天上掉下来的，也不是那些自命为无产阶级文化专家的人杜撰出来的，如果认为是这样，那完全是胡说。无产阶级文化应当是人类在资本主义社会、地主社会和官僚社会压迫下创造出来的全部知识合乎规律的发展。"1938年，毛泽东在党的六届六中全会上谈到学习问题时，也指出要学习历史遗产。他说："今天的中国是历史的中国的一个发展；我们是马克思主义的历史主义者，我们不应当割断历史，从孔夫子到孙中山，我们应当给以总结，承继这一份珍贵的遗产。这对于指导当前的伟大的运动，是有重要的帮助的。"革命领袖的这些论述，阐明了珍惜民族文化的意义，使我国同历史虚无主义划清了界限。但是，这并不是说民族文化可以不分良莠，全盘接受，而是要批判地继承。所谓批判地继承，就

是取其精华，去其糟粕。这是马克思主义对历史文化遗产的一个原则。毛泽东说："清理古代文化的发展过程，剔除其封建性的糟粕，吸取其民主性的精华，是发展民族新文化提高民族自信心的必要条件；但是决不能无批判地兼收并蓄。"这就要求我们在继承瑶族传统文化、保护其知识产权的同时，采取科学的分析的态度，反对一概肯定或一概否定的观点，弄清什么是精华、什么是糟粕、继承发扬什么、革除什么。

2. 要协调好传统文化与现代化的关系

毛泽东说："向古人学习是为了现在的活人，向外国人学习是为了今天的中国人。"对待瑶族传统文化，要坚持"古为今用"的原则，批判继承历史传统而又充分体现时代精神。改革开放给我国社会主义事业带来了蓬勃生机和强大活力。随着社会主义市场经济的发展和社会主义民主政治的完善，人们的思想意识、精神状态发生着深刻的变化，同时也在这方面提出了新的更高的要求。能不能适应这种要求，形成有利于社会主义现代化建设和改革开放的舆论力量、价值观念、文化条件和社会环境，关系到瑶族地区经济和政治的发展，以至瑶族的振兴和发展，关系到整个国家的社会主义现代化建设事业。因此，协调好传统文化与现代化的关系，具有十分重要的意义。既要保持瑶族文化精华，弘扬优秀文化传统，又要适应形势要求，创造和发展体现时代精神的新文化，保护好知识产权。形而上学地、保守主义地去对待瑶族传统文化，是不利于瑶族的发展进步的。

3. 要认真学习和吸取其他民族的优秀文化和先进经验

马克思主义认为，每个民族都有它的长处，也都有它的短处。学习其他民族的长处，丰富和发展自己，这是瑶族发展的必经之路。在当代，各民族之间、各国之间的经济、文化交往日趋密切，不实行对外开放，拒绝接受别人的先进的东西，任何一个民族和国家要发展进步都是不可能的。闭关自守只能停滞落后，向其他民族学习，包括向外国学习和国内先进民族学习两个方面。毛泽东说："我们的方针是：一切民族、一切国家的长处都要学，政治、经济、科学、技术、文学、艺术的一切真正好的东西都要学。"《中共中央关于社会主义精神文明建设指导方针的决议》指出："必须下大决心用大力气，把当代世界各国包括资本主义发达国家的先进的科学技术，具有普遍适用性的经济行政管理经验和其他有益文化学到手，并在实践中加以检验和发展。不这样做就是愚昧，就不能实现现代化。"但是，在这种学习中，我们不能照搬照抄，更不能搞"全盘西化"，而是必须有分析有批判地学，不能盲目地学。我们要坚持摒弃维护剥削和压迫的资本主义思想体系以及资本主义的一切丑恶腐朽的东西。同时，这种学习，是为了"用来改进和发扬中国的东西，创造中国独特的新东西"。发展瑶族文化，还应该认真学习国内其他民族的先进文化。我国各民族人民，在历史上早就有互相学习的传统。在汉民族的文化中，吸收和融合了少数民族文化的一些有益成分；在少数民族的文化中，也吸收和融合了汉民族的有益成分。在社会主义现代化建设的今天，这种互相学习显得尤为重要。当然，这种学习也需要与本民族很好地结合起来。从实际出发，反对照搬照抄，注重知识产权保护，在这里也是必须坚持的一条原则。

4. 要把民族感情与科学态度正确地结合起来

作为一个瑶族人，对瑶族的文化天生就有着深厚而强烈的感情，这是自然的，也是必要的。因为这种感情对于维系瑶族的生存和发展有着极其重要的意义。但是不能用这种感情去淹没或代替科学的态度。用感情代替科学，结果会不利于瑶族的发展和进步。因此，要既热爱自己的瑶族文化，又以科学的态度去全面分析和正确认识瑶族文化的各个方面，敢于提出和变革瑶族文化中已经与现代化不相适应，不利于瑶族地区经济发展、民族交往和民族团结的那些部分。总之，既反对民族虚无主义，又反对保守主义。

（二）瑶族文化知识产权保护的对策

1. 深入开展知识产权宣传培训，强化全社会的知识产权保护意识

政府、媒体以及全社会务必要加大宣传力度，让全社会真正了解知识产权、重视知识产权、尊重知识产权。人们如果不了解它，就不会对它有一个正确的判断和应用。我们现在的社会媒体对有些课题、对于娱乐、对于公关性的活动反应都非常的强烈，但在知识产权方面就比较欠缺。举个简单的例子，如果把媒体关注娱乐圈新闻这种精力拿出一半来关注知识产权，相信也会对知识产权的环境建设有一个非常大的贡献。这毕竟有一个过程，但宏观上必须有媒体的广泛宣传，有政府的高度重视，让这些有关知识产权的基础知识渗透到社会各个层面，让每一个公民或者每一家企业都充分了解知识产权。知识产权宣传培训应多渠道、多途径、全方位地展开，应当结合普法工作，开展形式多样的知识产权宣传普及教育活动，推动知识产权文化建设。在各级党校、行政学院开设知识产权课程，使党政领导干部和公务员掌握必备的知识产权知识；采取速成培训和强化培训等形式多样的培训方式，抓好市场主体经管管理人员、专业技术人员的知识产权培训工作；推进高校开设知识产权专业建设，培养知识产权专业型人才。

2. 必须改革管理体制，强化政府知识产权保护管理职能

应当改革现行的管理体制，把知识产权保护工作贯穿于各级各项工作的全过程，包括从项目立项、项目实施过程跟踪一直到项目完成的知识产权保护申请等每一个环节，充分发挥知识产权保护的作用。使目前轻知识产权保护、重经济效益的现象得到根本性改变。

强化政府的知识产权保护管理职能，一是要有重点地开展知识产权保护战略研究，扶持一批符合产业政策、技术领先、市场前景好的知识产权保护项目，迅速实现产业化；积极支持知识产权保护项目，给予政策和资金扶持。二是有重点有步骤地推进企事业单位、科研院所的知识产权保护工作，把企事业单位、科研院所培养成知识产权的“明白人”，将知识产权工作纳入技术创新、产品开发、市场开拓以及经营管理的各个环节，将知识产权保护申请量、授权量和知识产权保护实施效益情况等作为考核企业技术进步、经营管理水平的重要依据。三是强化知识产权保护执法，维护公平有序的市场经济秩序。要运用各种手段，加大知识产权保护执法力度和处罚力度，严厉查处侵犯他人知识产权的行为，维护公平、有序的市场竞争秩序；对违反知识产权保护法规，构成刑事犯罪的要依法严加惩处；建立健全知识产权保护执法体系，要加快知识产权保护执法人员培训，壮大知识产权保护执法队伍，形成强有力的知识产权保护网络。四是建立与企业直接的沟通渠道和预警机制。当前，我国已经出现涉外知识产权特别是涉外知识产权保护纠纷和自我保护能力软弱等问题，为了提高知识产权保护和管理工作效率，迫切需要在知识产权保护管理部门与企业之间建立直接沟通渠道。

3. 打造公共服务平台，促进知识产权保护中介发展

政府搭建社会共享的公共服务平台。一是应加大对知识产权保护信息网络和公共数据库建设的力度，分层次建立知识产权保护信息检索和服务体系，为社会公众提供全面、准确、及时和免费的知识产权保护信息。二是要大力发展知识产权保护中介服务机构。加强对知识产权保护中介机构的管理和引导，规范知识产权保护中介机构的行为，加强知识产权保护中介人员的引进和培养，提高从业人员的业务素质和水平，扩展服务范围。三是建立知识产权保护成果孵化机制，通过设立知识产权保护转让机构和风险投资公司，对市场前景好而又缺乏资金开发的知识产权进行转让或提供风险资金帮助，保障其成功创业、快速发展。四是积极发挥行业网络的组织作用。通过建立行业网络和组织，使中介的市场范围进一步拓展，规范行业行为，创造公平竞争的环境。

4. 抓住机遇，及时完善知识产权保护法律制度

因为知识产权是一个法律概念，是法律对无形财富的一种确认，也是非常容易受到侵害的。它不像有形物品，谁占有谁就有使用权，而且不容易被他人干涉，也不需要大范围地传播。所以，我们要特别强调，从立法和司法、执法等法律环节确认，加强知识产权的综合保护。我国的知识产权保护制度应力求解决现有知识产权保护制度中存在的一些突出问题。一是改进知识产权保护方式，完善报告制度，拓宽保护范围，拓展社会监督渠道，以最大限度减少侵犯知识产权的情况出现。二是要确定各级政府的知识产权保护管理职能。将知识产权保护纳入国民经济发展规划，建立相应的知识产权保护管理部门，推进市场主体创建知识产权保护管理制度，鼓励知识产权保护转化实施，培养知识产权保护管理人才。三是强化知识产权保护行政

执法手段，在立法上赋予知识产权保护行政执法部门查封、扣押、没收、销毁侵权产品，以及对群体侵权、反复侵权等故意侵权行为主动查处的职权。四是增加知识产权保护犯罪的罪种，加强知识产权保护犯罪的刑法打击力度。从我国现实情况出发，借鉴国外的经验，可以增设冒充知识产权罪、假冒知识产权罪、仿造知识产权保护记录罪、泄露知识产权保护申请权罪、故意销售假冒知识产权产品罪、故意允诺销售知识产权产品罪、故意进口假冒知识产权产品罪等，对所有知识产权犯罪均应并处或单处罚金。随着我国知识产权总量的不断积累和全社会知识产权保护意识的不断增强，案件持续上升的态势在今后相当长一个时期内将不会改变。新类型案件和复杂疑难的案件层出不穷，新情况和新问题也越来越多。

四、结束语

作为瑶族人民智慧的结晶，瑶族文化的创造过程与灿烂的中华文明历史进程紧密联系在一起，体现着人类文明的发达程度。在中华文明进程中，瑶族文化是瑶族安身立命的精神家园，蕴含着瑶族特有的思维方式、价值体系、情感模式。通过行之有效的知识产权保护等法律法规体系，是延续其生命力和创造力的有效武器，才能为瑶族的精神家园建立起永久坚固的屏障。

参考文献

陈理主，2006. 中国少数瑶族文化遗产集粹 [M]. 昆明：云南教育出版社.

黑格尔，2013. 哲学史讲演录 [M]. 贺麟，王太庆，等译. 上海：上海人民出版社.

黄钰，1990. 评皇券牒集编[M]. 南宁：广西人民出版社.

列宁，2012. 列宁选集：第4卷[M]. 北京：人民出版社.

马克思，恩格斯，1990. 马克思恩格斯全集：第3卷[M]. 北京：人民出版社.

毛泽东，2012. 毛泽东选集：第二卷[M]. 北京：人民出版社.

肖浩辉，曹端期，1990. 马克思主义的民族理论与民族政策[M]. 长沙：湖南人民出版社.

许倬云，2006. 中国文化与世界文化[M]. 南宁：广西师范大学出版社.

赵震江，2004. 法律社会学[M]. 北京：北京大学出版社.

郑成思，2002. 知识产权法：第二版[M]. 北京：法律出版社.

朱景文，1994. 现代西方法社会学[M]. 北京：法律出版社.

朱雄全，1993. 盘古盘瓠新解[C]// 瑶学研究（第1辑），广西瑶学会. 南宁：广西民族出版社.

《诗经》情诗与瑶族情歌之比较

潘雁飞

通过将《诗经》情诗与瑶族情歌的异同进行比较，发现了民间活态化文本传承系统与纸本传承系统的不同文化元素叠加。在寻找出不同时代、不同民族具有人情、人性（特别是婚恋）的共通性同时，也看到民间传统与文人传统的雅饬现象一直存在，文学的雅俗双向运动也一直存在。因此要正确理解叠加了不同文化元素的文人纸本传承系统，更要加紧保护已失去了活态化文本传承土壤的民间活态化文本系统。

情诗在《诗经》中占了较大的比重，这与瑶族歌谣有相同之处。瑶族歌谣里，情歌也是比重最大的。当然，这只是最粗浅的表面现象。事实上，只要深入分析，便可发现，《诗经》情诗与瑶族情歌有很多的相同点，也有很多不同之处。

现在一般认为，《诗经》的诗歌大部分与各类仪式有关。但在笔者看来，这些诗歌的内容本来在汉民族中口耳相传，其原生态形式也应该是与古代民歌一样，也应该存在有相应的语言模式、语义模式、句法模式、韵律模式等口头诗学体系。只不过由于农耕文化的原因，使得其在尊祖敬宗、慎终追远的缅怀仪式、嫁娶仪式中，通过不断的口传形式而与仪式一道逐渐定型，最后由地位显赫高贵之人写定罢了。而一旦写定也就成了仪式中无法变易的诵辞。那么，初始原生态的大量诵辞或曰“活态化”歌谣便因此而逐渐为人所遗忘，“在由民间仪式向官方仪式演变的过程中，种种古老的特征逐渐被抛弃了”。而流传至今的活态化的瑶族情歌，则自由得多，它很难通过口传形式与婚恋仪式一道逐渐定型。因为这些诗歌都来自民间活态化的不断创作之中。情歌的演唱自由酣畅，内容可以随时任意发挥，显得活泼生动、野趣自然。不存在由民间仪式向官方仪式演变，种种古老的民歌特征一直保留承传。具体说来有如下异同。

一、相同点

1. 多短章单篇

东门之墠，茹藘在阪。其室则迩，其人甚远。

东门之栗，有践家室。岂不尔思？子不我即。（《郑风·东门之墠》）

译文：

东门附近有广场，茜草沿着山坡长。他家离我近咫尺，而人却像在远方。

东门附近种板栗，房屋栋栋排得齐。哪会对你不想念，不肯亲近只是你。

井水凉，井水凉，井水当得蜜蜂糖，妹妹当得胡酿酒，几时请哥尝一尝。（《井水凉（瑶族，江永）》）

两首诗都很短，但容量却很大。前者让我们想起顾城的诗歌《远和近》：你，一会儿看我，一会儿看云。我觉得，你看我时很远，你看云时很近。融思虑于无限，有一种悲天悯人的情怀。《井水凉》则调皮自然。

2. 具有系统性，涵盖婚恋的全过程

表现爱情、婚姻题材的诗是民歌中最精彩的部分，《诗经》主要出现在《国风》中。这些作品有的写恋人幽会的喜悦、男女不期而遇的欢乐，如《邶风·静女》《郑风·野有蔓草》；有的写相思的痛苦、失恋的愁怨，如《王风·采葛》《郑风·狡童》；也有的表现对爱情的坚贞，对家长的反抗，如《鄘风·柏舟》。体现婚礼的如《蒹葭》，反映婚后生活的有《郑风·鸡鸣》，反映被休的有《卫风·氓》和《邶风·谷风》。可以说后世情爱婚恋的所有主题在《诗经》中都有所体现。

瑶族情歌中的系列情歌，同样反映了爱情婚姻的各个侧面。从初识、诘问、赞慕、初恋、相思、热恋、相爱、结婚到送别、失恋等均有反映，此外还有《唱和山歌》、《十二月情歌》（有：相逢、交情、相恋、想妹等歌谣），以及嫁娶仪式歌《歌堂歌》《哭嫁歌》《孝哥》，其他如《耍耍歌》（《风流歌》）、《十二时辰想妹歌》和《九杯酒》歌等，且在各类歌谣中艺术水平最高。

3. 艺术手法上多用赋比兴

赋比兴是诗歌最基本的创作艺术手法。《诗经》赋比兴前人议论已多，不再赘述。而瑶族情歌赋比兴的生动活泼、灵动大胆、出于意表等，则有必要略作阐述。

瑶族情歌赋的特点是流水式吟唱，有接龙的味道。如《说情、求爱》谈到女子不能嫁的几种情况。先说不能嫁的对象，再说缘由，然后再说到另一类对象。呈现为反复的“A（对象）+B（缘由）”模式。

做女莫嫁富豪家，嫁给富豪受折磨。

穷女嫁给富豪子，多半要做小老婆。

……

做女莫嫁败家郎，嫁到他家就遭殃，

田土丢荒他不管，吃喝嫖赌样样来。

……

也有 A+B+C……，一赋到底模式。如

七岁园中寻猪菜，养大猪儿换米粮。

八岁跟人撬藠头，折朵榴花插妹头。

九岁摘桑养蚕虫，交母扯丝织帕头。

十岁……

至于比兴，瑶族情歌与《诗经》情歌在出于意表上有异曲同工之妙。而大胆灵动，瑶族情歌则明显更胜一筹。

《诗经》的《召南·摽有梅》：

摽有梅，其实七兮。求我庶士，迨其吉兮。摽有梅，其实三兮。求我庶士，迨其今兮。摽有梅，顷筐塈之。求我庶士，迨其谓之。

诗歌以梅子在树上的比例类比女子年龄的变化，自然贴切，也出人意表。而瑶歌中的“海宽装得千江水，天宽装得万重山；雷打一声千里响，妹妹一出万人看！”比中有兴、兴中有比的方式，在瑶歌中较为普遍，且大胆灵动。

4. 谐趣

谐趣是在《诗经》和瑶族情歌中均较为普遍，可以带来开心、会心的情感反应和和乐融融的情趣，造就诗歌雅俗共赏的意境。

《邶风·静女》“静女其姝，俟我于城隅。爱而不见，搔首踟蹰”展现的一位闲雅而又美丽的姑娘故意躲起来，与“恋慕至深、如痴如醉的有情人”逗趣的场面，让人忍俊不禁。“爱而不见，搔首踟蹰”虽描写的是人物外在的动作，却极具特征性，很好地刻画了人物内在的着急心理，而另一位没出场的“静女”也栩栩如生、跃然纸上。

如下面两首瑶歌：

其一：

月亮出来亮堂堂，
对直照进妹的房，
妹的房里样样有，
少个枕头少个郎。

其二：

小小情妹在中央，
摸下妹妹又何妨。
哥哥摸下不打紧，
水打浮萍无损伤。

两首诗均是男子对情妹的调侃与撩拨，前者偏重心理话语，后者偏重动作情境，都显示出谐趣横生的特点，是很容易让“情妹”又羞涩、又心慌、又向往的。

5. 使用上的相通

《诗经》的情诗有不少使用于婚礼及其他宴飨的礼乐场合。如《蒹葭》《关雎》等，如《关雎》就有人认为是婚礼的贺诗。瑶族情歌除了在歌圩上对唱，更多的是用于婚礼出嫁、哭嫁、坐歌堂等活动。比如坐歌堂，这是瑶族婚俗的一个程式。坐歌堂是在姑娘出嫁的前一天晚上，以新娘和伴嫁姑娘为一方，以新娘的嫂嫂、婶娘和已出嫁的姐妹为一方，互相对歌。对歌分说郎、道情、盘歌三部分。“说郎”由婶、嫂一方提问，新娘一方回答新郎的人品、外貌及恋爱经过。“道情”是对歌的中心。双方运用大量的比喻、双关等手法，回忆共同相处的美好岁月，表示依依惜别之情。全过程基本由情歌组成。

可见，瑶族情歌实际上也与礼乐结合了起来，与《诗经》本质上是相通的。《礼记·孔子闲居》记述孔子的话说："志之所至，诗亦至焉。诗之所至，礼亦至焉。礼之所至，乐亦至焉。"正好道出礼乐的实质与诗歌的用途。

二、不同之处

《诗经》毕竟是雅化了的经典，瑶族情歌则是民间青年男女口头的活态传唱。他们不同的特征也很明显。

1. 雅趣与野趣

《诗经》的情诗富于雅趣，瑶族情歌则充满了野趣。韩高年先生在《礼俗仪式与先秦诗歌演变》认为先秦诗歌源于仪式，"先秦诗歌在形态上具有'口传'的性质，在发展中形成圣、俗对立与圣俗互渗的格局"，"先秦诗歌经历了歌谣（巫祝之辞、徒歌）→仪式乐歌（仪式颂诗、仪式叙述）→仪式诵诗（雅诗）→诵诗（《九章》）的类型演变。"如下所示：

仪式：俗（武术仪式）→礼（三代祭祀）→俗（春秋战国之礼）。

诗歌：巫歌、歌谣→仪式乐歌→诵诗、歌谣→诵诗。

可见，《诗经》在流传中，实际上经历了一个雅化写定过程。这个雅化写定过程是与一定的内容规定和仪式相结合的。

如《秦风·蒹葭》本是一首相思情歌，表达一种企慕心境。但解诗者非得说是："刺襄公也，未能用周礼，将无以固其国焉。"（《毛诗序》）。《周南·关雎》本是一首恋歌，解诗者非要说："《关雎》，后妃之德也，风之始也，所以风天下而正夫妇也。故用之乡人焉，用之邦国焉。风，风也，教也，风以动之，教以化之。"（《毛诗序》）正因如此，《诗经》

情诗变身为讽刺诗，显得温柔敦厚起来。即便是吃不下饭的思念，也显得温文尔雅，如《郑风狡童》：

彼狡童兮，不与我言兮。维子之故，使我不能餐兮。彼狡童兮，不与我食兮。维子之故，使我不能息兮。

《周南·桃夭》则显得和谐明丽，因为解诗者说："后妃之所致也。不妒忌，则男女以正，婚姻以时，国无鳏民也。"

而瑶族情歌则大胆热烈，充满野趣，是活生生的自然生活和生命情感的呐喊。一个女子表达对男子的爱情说："生不丢来死不丢，要等蚂蚁生骨头，捏个泥牛路边站，泥牛吃草哥才丢。"

而另一位夜约情郎到家里的女子，在爱情的燃烧下，不知不觉约会到了天亮。前面出去怕碰见兄长（前门哥哥烧早香），后门出去怕碰见嫂子（后门嫂嫂喂猪羊）。在毫无办法之际，心生一计，放火烧屋救情郎："前面烧了九间铺，后面烧了九间房，大大小小来救火，快快送哥出后岗。"

2. 委婉含蓄与大胆热烈

《诗经》情歌委婉含蓄而收敛（潜藏的热烈），瑶族情歌大胆热烈而开放。

《国风·郑风·将仲子》是一位热恋中的少女赠给情人的情诗，由内心独白式的情语构成。但由于女主人公的抒情联系着自家住处的里园墙树展开，并用了向对方呼告、劝慰的口吻，使诗境带有了絮絮对语的独特韵致。

将仲子兮，无逾我里，无折我树杞。岂敢爱之？畏我父母。仲可怀也，父母之言亦可畏也。将仲子兮，无逾我墙，无折我树桑。岂敢爱之？畏我诸兄。仲可怀也，诸兄之言亦可畏也。将仲子兮，无逾我园，无折我树檀。岂敢爱之？畏人之多言。仲可怀也，人之多言亦可畏也。

姚际恒《诗经通论》说：“女子为此婉转之辞以谢男子，而以父母诸兄及人言可畏，大有廉耻，又岂得为淫者哉！”实际上女子对男子的爱也是很深的，是一种潜藏的热烈。但又不得已用这样的婉转之词。

瑶族情歌又是怎样的呢？试看下面二首短歌：

其一：

去年火烧八角树，今年走过不闻香；

哥哥出门不带米，常拿妹话当干粮。

其二

别人丈夫是枝花，我的丈夫泥巴巴。

泥巴巴来泥巴巴，我洗干净捧起他。

我们看到，无论男女都没有《诗经》女子的这种担心，他们放开自己的情感，直接发出爱的声音，大胆而炽热，坦白无遗。

3. 零散跳跃与系统成套

因删诗之故，《诗经》的情歌显得零散、跳跃，散布于十五国风中；瑶族情歌更系统，有成套情歌。

司马迁在《史记·孔子世家》说：“古者诗三千馀篇，及至孔子，去其重，取可施于礼义。”我们推想，本来先秦民歌中的情歌应该是很丰富、很系统的。但《诗经》有雅化的过程，有删诗的举动，重复的均予以去掉，不合孔子认为的礼仪的也已去掉。所以其情诗已显得零散。任一国风已找不出成套的情诗。我们需要综合十五国风才能看出情诗的整体风貌。

瑶族情歌则不然。其由于口耳活态传承吟唱，且结合一定的民间仪式。所以，与其他歌谣一样，分散看是单篇短章，集中看则是完整的、成套的，且有一定体系的。其《歌堂歌》《哭嫁歌》《嫁女歌》《十二月情歌》《十二时辰想妹歌》，其系列情歌更是包括了“初识、诘问、赞慕、初恋、相思、热恋、相爱、结婚、送别、失恋”的全过程，都自成体系。

三、启发

通过将《诗经》情诗与瑶族情歌比较，至少可以给我们两方面的启发。

一是人性与人情的共通性。无论往古，还是现代，无论汉民族，还是瑶族及其他少数民族，在男女情感间，始终存在最朴实、最真切、最深沉的人情人性。所谓喜、怒、哀、惧、爱、憎、思、悲、恐、惊、恨、怜皆生于人之情性，是人之所生而有，是尧舜禹桀纣之所同。人的属性在生理性、精神性（心理性）、物理性、感受性、行为性、社会性、人为性（文化性）方面都会因一定的风云际会、因缘际会发生人同此心、心同此理的情缘、情愫、情境、情感。

二是民间传统与文人传统的雅饬现象一直存在，文学的雅俗双向运动也一直存在。就民间传统而言，如瑶族，在瑶文化环境下，民间歌谣系统始终保持着其口耳相传的活态化文本传承系统，一代代创作，一代代传承，一代代传承，一代代创作。这个活态化文本系统，其音乐、其民歌内容、其民歌形式呈现的是民间不断吟唱的活态文本状态。就文人雅饬和雅俗运动而言，如《诗经》，因为解诗者的介入，使得民间传统的文本写定，民间口头传统得以消失。解诗者代代强化或者异化，汉儒解经、唐人注疏、宋人新变、清人复古新变并存，导致《诗经》走上了一条纸本文本传承的道路，从而使《诗经》不断雅化经典化，直到二十世纪恢复其民歌的本来面目。但这已不是当初生鲜活泼的民歌了，因为它已叠加了太多的文化元素。

而瑶族等少数民族的活态化文本传承系统，在现代社会到来之际，特别是大数据时代来临之际，也失去了活态化文本传承系统的文化生态环境（山歌失去民间土壤代之而起的是城市民谣，城市民谣失去土壤之后，代之而起的是网络段子，但这却已经不是民间传承系统了，这已是一种市场炒作、包装、营销、推广），一切民间的活态化文本传承系统均面临衰竭枯萎的境地，作为一种文化遗产，是需要我们借助大数据、人工智能对其进行原汁原味的生态保护的。

参考文献

葛兰言，2005. 古代中国的节庆与歌谣 [M]. 赵丙祥，张宏明，译 . 南宁：广西师范大学出版社 :145.

韩高年，2006. 礼俗仪式与先秦诗歌演变 [M]. 北京：中华书局 .

零陵地区民间文学集成编委会 . 1989. 中国歌谣集成湖南卷：零陵地区分卷 [M].

彭式昆，2009. 江华民族民间歌谣集 [M]. 北京：大众文艺出版社 .

浅谈叶蔚林创作对瑶族文学的贡献

——兼议地域文化对文学创作的影响

陈茂智

笔者一直思考这样一个问题，地域的偏远闭塞对于当下的经济文化发展可能是一件坏事，而放眼长远，当时代发展到一定程度，这个封闭的区域潜在的价值将会凸显，成为珍稀的开发宝地，尤其适合生态文化旅游开发。在经济学上，这就是所谓的“慎发展”区域，国家在发展规划布局上将其列为限制和禁止开发的地区，即国家重点生态功能区。而对于文学创作而言，这样的地域无疑是作家们苦苦寻找的“文学处女地”，谁最先闯入，谁就是这个“富矿”的开拓者。

二十世纪六十年代，这样的领地让众多被时代的浪潮裹挟而来的写作者无意间闯入，使他们得以全身心体验到这个地方的封闭、原始和贫穷，在饱受磨难的同时，也最终成就了他们。我想，流落于湘南江华瑶山的叶蔚林也正是如此。苦难是一种财富，对于作家而言，苦难的体验更是他们创作所必需的灵肉交融的生命体验。因祸得福，在这被人称为“南蛮之地”的偏远瑶山，叶蔚林与这方土地和这方土地上的人民同呼吸、共命运，休戚与共，吸取了宝贵的创作营养，积累了丰富的创作素材，写出了《蓝蓝的木兰溪》《在没有航标的河流上》《菇母山风情》《白狐》《苍鹭》《酒殇》《五个女子和一根绳子》等一系列脍炙人口的中短篇小说佳作。

纵观叶蔚林的小说创作，我们发现了一个富有意味的现象，那就是在他作品的叙述中，一旦触及山野田园，常常妙笔生花、神采四溢、情意盎然。瑶族的民间传说和风土人情，江华瑶山的山水草木、飞禽走兽，不仅成为他文学创作整体艺术建构不可分割的有机内容，而且成就了他作品中独特的审美个性。江华瑶山的地域生态环境，已然成为他文学艺术生命结构的有机组成。他不是在进行描绘与叙述，而是在进行着一种艺术生命情感的融合。在其文学生命创造与发展过程中，江华瑶山的地域生态环境早已融于其中。由此看出，地域环境和地域文化对作家创作的作用之大和影响之深。

叶蔚林得益于此，在新时期文学创作的群峰中占据了一隅之地，拥有了自己应有的位置。而他这些具有鲜明地域特色、浓郁瑶族风情的文学名篇，也给这方土地增添了夺目的光彩，通过其文字、影视作品的传播，美丽、神奇的湘南大瑶山，勤劳、善良的瑶族山民，多姿多彩的瑶族民俗风情……得以在更广大的领域传扬。他像一个文化的播火者，使这方蒙昧土地绽放出绚烂的文学之花，让更多的追随者舞动笔墨，在文艺百花园中频添了瑶族文学的芬芳……叶蔚林创作的成就与地位，再一次印证了地域文化对作家创作的积极影响，由此观之，叶蔚林对于瑶族文学的贡献理应得到重视。从这个意义上，笔者认为，叶蔚林的创作对瑶族文学的贡献主要体现在下述几方面。

一、开创了乡土文学新路，让自然之美、艺术之美在社会生活中得以升华

乡土文学之所以能够成为一个有特色的文学类型，一个根本的地方就在于其美学个性。周作人最早倡导乡土文学美学上的“土气息、泥滋味”，鲁迅则强调“乡愁”和“异域情调”，茅盾对乡土文学作出的经典概念定位，也是将“特殊的风土人情”放在重要位置。叶蔚林也许是其中的集大成者，他的作品既有“土气息、泥滋味”和“特殊的风土人情”，更有时代命运所赋予的悲壮、哀婉和忧愁；他的作品，是一幅用乡土色彩描绘的田园山水画，更是一首具有悲悯情怀的政治抒情诗。

在叶蔚林的作品中，“土气息、泥滋味”随处可见，浓郁的乡土气息可以说是叶蔚林小说作品的底色。先读一读《在没有航标的河流上》的两段文字吧：

“太阳当顶，水面上金光乱跳，撩得人眼睛发花，昏昏欲睡。一时找不到话说，盘老五又捅他的烟袋。木排流过的地方和将要流向的地方，完全一样：山峡、岩石、树木、河湾、筒车；一只鹰依然在头上盘旋。后来，木排出了一个山峡，沿着低低的右岸流淌；右岸展开一片开阔的田野。正是双抢时节，靠岸边的一线稻田里，有许多男女社员在割稻子；看得见禾镰闪亮，听得见禾桶砰砰响。没有一丝风，溽暑在残酷地烤炙着他们。他们的背部被汗水浸透，他们时不时站起来透一口气，仰头望天，企求一片遮阴的云彩。这种炙热仿佛也传染到木排上来了。盘老五脱去汗衫，接着又毫无顾忌地脱掉短裤，于是便赤条条地立在排边，面对河岸。”

小说中，石牯因为感情的创伤，心情郁闷，独自一人离排上岸。盘老五不计较石牯顶撞自己的不快，带众人上岸寻找石牯：“我们在排边撩起河水洗洗脸，跳到岸上。河岸是一抹斜

坡，开头一段被大树遮掩着，那雾仿佛是铁灰色的。我们摸索着向上走，脚下时时踢绊着深深的狼筋草；草上的水珠立即就将我们的裤脚打湿了。来到河岸边，雾稀薄一些，颜色也淡一些，但是五步开外依然朦胧一片。我们踏着荒草向右边走了十几步，碰到一个黑乎乎的东西，用手摸摸，是打谷机。”

在这两段描写潇水河岸景色的文字中，我们不难看出特定地域环境在作品中的分量。《在没有航标的河流上》是叶蔚林中篇小说的代表作，作品的特色非常明显，就是对乡村自然山水作细致描摹，表现人性人情中的善和美，融入作者忧郁或者感伤的复杂感情，通过富有诗意的艺术表达，将自然美、人情美、艺术美和抒情美很好地融合在一起，加深了作品的艺术感染力。叶蔚林的小说对于淳朴的风俗同样表现出了掩饰不住的欣赏与热爱。他在《菇母山风情》中写道：“木兰溪不但友爱客人，他们自己也互相友爱，互相关怀，互相帮助……木兰溪没有懒汉，没有小偷，没有贪婪的人……懒、偷、欺骗被视为最丢人最下贱的事……”这些风俗表现了湘南瑶山人民的互助互爱、积极向上的精神。这些风物风俗的描写让叶蔚林的小说更具乡土气息,而且真正呈现出了人民的感情和大自然的美好。叶蔚林长于对地域风景和地域民情风俗的描绘，更善于将乡土风俗描写与时代政治风云相结合，使所创作的作品在呈现出浓厚的地域文化特色的同时，透露出严峻的社会政治内容，从而使作品具有强烈的时代性。

叶蔚林作为广东籍的一位作家，“文化大革命”期间长期下放江华林区劳作，在这十几年的劳作过程中，他与山民们摸爬滚打积累了大量的生活素材。出于他对这方土地上人民的热爱与怀恋，他笔下描绘的瑶山风情是那么色彩斑斓，带着朴素的边地风格，带着“楚极边蛮之地”独有的色彩、气息和声响，他的根深深扎在江华瑶山，潇水的洒脱、木兰溪的静美、菇母山的奇丽、黑谷山林的雪野白狐……这一切都是那么自然流畅！叶蔚林秉承了乡土文学重写实、重叙述的传统，以其清新自然的优美笔调，将乡村的自然风景和人文风情描绘得绚烂多姿。在他的作品里，瑶族的古老歌谣、民间故事，山民的生活习俗、奇闻逸事甚至乡间俚语，都活脱脱呈现在他笔下。他的作品新奇之处就在于把人物的命运置身于纯美的山野田园，于淡淡的忧伤中感受生活的广博和生命的坚韧，在表现奇美的自然风光和人情风俗的同时，也把湘南大瑶山的地域文化展现得淋漓尽致。

美学特质是乡土文学独立存在的基础，也是它能够赢得独特文学史地位和受到大众特别喜爱的重要原因。乡土的美，其实质是自然的美、风俗的美、人性的美，这些都是超时空、超地域性的，它是人类审美不可缺少的部分。文艺理论界越来越担心，随着工业文明、城市文明的扩张，随着生活方式的改变，乡土文学和乡土文学的美会不会从我们的视野和感知中消亡？在此意义上说，叶蔚林给瑶山边地留下的这段记忆，将成为一种永恒。

二、丰富了瑶族人物画廊，使瑶民族的个性、人格得以彰显，生存状态得到关注与关怀

叶蔚林的小说给人印象深刻，许多作品堪称经典，这得益于他作品中所呈现的浓郁的乡土气息，以及他笔下独具个性的形形色色的人物。叶蔚林以他数量繁多的中短篇小说作品，在新时期文学画卷中留下了许多鲜活的瑶族人物群像，填补了瑶族文学的空白，也丰富了瑶族文学人物画廊。

“夏天是热切的季节，饱满蓬勃的季节，龙须草在沼泽里

疯长的季节。壁虎叫出第一声音符，小梅边霍然醒来，没有伸腰呵欠的过程，双眼一睁开就像水洗过的玻璃珠子那样明亮。壁虎的叫声就是小梅的晨乐、晨钟和晨号。”（叶蔚林《割草的小梅》）

“父亲名叫钟河山，是萌渚岭北麓颇出名的猎户。他性格孤僻，刚强自尊，面容冷峻，像河里的一块石头。他轻易不说话，说出去的话就是打出去的子弹，永远不回头。”（叶蔚林《白狐》）

“半夜里，黎朗醒来了；他躺着，听见火塘那边传来菌儿轻轻的鼾声。他爬起穿，到火塘边倒水喝。菌儿就睡在那儿，身下铺一块破篾垫，身上盖一件棕毛蓑衣。打从他来后，她就将床铺让给了他，自己胡乱度夜，可是她睡得那么香甜；微红的炭火，映照着她的脸庞，两道齐平的眉毛和细长的眼睛，伸入鬓边，描画出她那粗犷的、率直的、水晶般透明的性情。她那干燥的双唇时不时嚅动，是品味生活的种种苦辣酸甜，抑或又在做着关于白狐的梦？”（叶蔚林《白狐》）

“从见面开始，盘二阿公就给我留下深刻印象。老人白发白须，须长及胸，面容多皱却端正，眼睛细长，目光坚强而平静，透出阅尽沧桑、超然物外的风采。”（叶蔚林《感恩之地》）

这类文字在叶蔚林的作品中俯首可拾，他是驾驭语言的高手，又是传神人物肖像与情感的“画家”，他熟谙湘南地域文化风俗，善于抓住湘南边地人民生活的特点，运用各种艺术手段塑造出了一大批鲜活的人物形象，写出了他们不同的性格、不同的命运、不同的本质。他善用白描，简笔勾勒作品中的人物，给人一种“多一笔多余，少一笔不足”的味道。他从悲剧色彩和有某种缺憾的人物身上挖掘出令人惊奇的闪光点，使人物形象丰满而真实。例如形容《桃花井轶事》中满嘴荤话的“一边倒”

大龙——“这个瘸子鬼太流气，满口污言损语，实在败坏了桃花井的风气。而后，“我”发现“这个瘸子并不是一味地嬉笑怒骂，不修边幅”，而是一个“嘴歪心正”的人。从战场归来的大龙因为伤残而退掉和淑芬的亲事，还拿出自己全部的复员费送给淑芬做嫁妆，从中看出他的确是一位心地善良、敢于承担责任的男子汉。又如《菇母山风情》中的李大树，这个从山寨里出去当兵却因为吸烟烧了伟人头像被押回原籍受管制改造的“现行反革命分子”，在电站任劳任怨，受到群众的称赞；当他被领导安排到深山挑松脂时，人人都欺负他而让他变得颓废，头脑也开始变得麻木迟钝，可是他强忍这种欺负但并没有丢掉良心，没有丢掉作为一个男子汉应尽的责任，最终在扑灭山林大火的过程中，“宽大的胸膛紧紧贴在地面上了……”。作者以平实的故事完成了对人物的塑造,一个瑶族男子汉果敢、坚韧和无畏的形象凛然展现在我们面前。《在没有航标的河流上》中的典型人物，是以盘老五为代表的几个普通放排工，故事集中描写了他们在二十世纪七十年代初一次放排中的经历。一条没有航标的河流、一张漂流在这条河流上的木排，以及这张木排上几个普通劳动者的遭遇，是那段灾难岁月里人们命运的真实写照。

在叶蔚林的笔下，他又以饱满的感情和细腻的笔触塑造了一群可亲可敬的女子形象。《白狐》中为实现父亲一生打“对眼穿”猎取白狐的愿望而独自留守在深山老林中的钟菌，为了生存,她在荒无人烟的深山绝谷“放火烧荒”“满山寻找蕨根”“和野兽搏斗”，可以说饱经磨砺，表现出了瑶家女子刚强、坚毅、执著的个性。《五个女子和一根绳子》描写了五个天真无邪的少女，他们为了追求理想中的“花园”，选择了集体上吊自杀，谱写了一曲摆脱现实命运、追求自由幸福的悲壮之歌。在这些形形色色的美好的女子形象中，她们性格各异，或活泼，或爽快，或孤僻，或沉稳，她们的美也许是粗线条的，但情感的细腻、生动却让人难以忘怀，从中我们领略到了瑶家女子的多情与浪漫，感受到了瑶族妇女自尊、自爱、自强的传统美德，她们鲜活的形象闪耀着人道主义光辉和浪漫主义的色彩！

三、树立了瑶族文学标杆，让瑶族文学创作从蒙昧、荒芜走向自觉与自信

纵观叶蔚林的人生与文学创作，可以说是深受湘南瑶山文化艺术营养的滋润，他的生命情感与文学建构，无不浸染着瑶族的文化精神，他的作品无论在写景叙事还是人物塑造上，都凸显出鲜明的湘南地域文化色彩。更为重要的是，这使得叶蔚林的文学建构具有一种地域性审美艺术精神和个性风格，他以自己艰辛的创作实践和丰硕的创作成果，支撑起了瑶族文学的大厦，为瑶族文学树立起了一个全新的标杆，也为未来的瑶族文学和瑶族作家找到了创作的自觉与自信。

由于历史的原因，苦难的瑶族一直过着“吃尽一山又一山”的“游耕”生活，瑶族“游耕文化”作为一种弱势文化一直停留在歌谣说唱的“口头文学”状态，还远未形成和达到真正意义上的文学层次。可以这样说，在叶蔚林之前湘南一带还没有出现在文学史上有一定地位的瑶族文学和瑶族作家，真正意义上的瑶族文学尚处于蒙昧、荒芜时代，是叶蔚林在这块土地上以拓荒者和引路人的姿态，催生了瑶族文学的崛起和繁荣。由此，叶蔚林对瑶族文学的贡献具有里程碑意义。

叶蔚林所得益的这块土地对于他来说具有“根”的意义，没有江华瑶山，也许难以成就他的文学贡献。正如他自己说的，是江华瑶山的山山水水给了他创作的灵气，是生活在这块土地

上的人民给了他创作的源泉。他与瑶山的情感水乳交融，他的创作之根深扎这方土地，使得他的文学血脉得以焕发出生命的神韵与张力。在叶蔚林身上，再次证明了“一方水土养一方人”的论断，这也给生活在这块土地上的文学作者提供了可资借鉴的创作路径和经验，特别给了本土作者创作的自觉与自信。在一次与叶蔚林老师的谈话中，他一再提到每一个作家都要有自己的“根”，没有了“根”，作家与其作品就像一片飘零的落叶。他无限深情地说，江华是一块文学的沃土，是一块滋养文学，能出作家、出作品的好地方。

可以告慰叶蔚林老师的是，在这块文学荒芜的大地上，已经成长起一支数量蔚为壮观的瑶族文学创作队伍，无论是小说、散文、诗歌，还是报告文学、文学评论，都已涌现出了自己的代表作家和代表作品。他们生于斯、长于斯，有了得天独厚的文学土壤，他们就像大瑶山的树一样蓬勃地生长。但我们同样看到这个队伍自身的缺陷，正如这个大山民族先天的弱势一样，还需要走出一段漫长而曲折的山路，走向蓝天白云下的山峰，拥有更为广阔的视野和胸怀。

叶蔚林尽管是“半路出家”走进江华，但他的“瑶山情结”根深蒂固，至死不渝。他早已把这块土地当作了自己创作的“根”，当作了自己的第二故乡，当成了自己生生世世的“感恩之地”。叶蔚林在他去世前一年再次回到江华，最后一次去了他下放的码市镇大柳村，看望他熟悉的山山水水，看望那些他一直萦绕在怀的父老乡亲，我想也许这就是冥冥之中，他对感恩之地的最后告别吧。在这里，我想借用他小说《感恩之地》中的一段话作为本文的结语，以此纪念这位对中国文学和瑶族文学作出重大贡献的伟大作家：

两年前，我赤条条来到小娓寨，没有一样身外之物。我赖以生存的一切都是小娓寨慷慨赐予。我将锅碗瓢盆洗刷干净，将刀斧锄镰整理好，按原来登记的借主一一对号，准备归还。然而，我知道，有许多无形的东西是无法归还的。它们已经融入我的血液，与我的脉搏一起跳动。它们必定会对我生命的进程产生作用。那么，我就永远把它们珍惜、珍藏。

写作就是还乡，是回家的旅程。对于生在瑶山的我们，对自己的故土家园更有好好珍惜的理由。

乡村振兴视野下码市发展“红色旅游”的思考

邓富春

码市镇（简称“码市”），作为中国共产党创建时期最早党员、著名早期工人运动领袖李启汉、民族英雄“中兴名将”王德榜、瑶族领袖赵金龙的故里，以及李明瑞、邓小平、张云逸率领红七军过境之地，有着丰富的红色资源，被誉为“红色码市”。在乡村振兴和全域旅游的大背景下，“红色码市”如何赋能乡村旅游发展，做好深度融合文章，是一个值得思考和探讨的课题。

一、红色与码市

红色是中国共产党、中华人民共和国最鲜亮的底色。在我们党团结和带领中国人民进行百年奋斗的伟大历史征程中，红色血脉代代相传。每一个历史事件、每一位革命英雄、每一种革命精神、每一件革命文物，都代表着我们党走过的光辉历程、取得的重大成就，展现出我们党的梦想和追求、情怀和担当、牺牲和奉献，汇聚成我们党的红色血脉。红色血脉是中国共产党政治本色的集中体现，是新时代中国共产党人的精神力量源泉。

2021年9月13日，中共中央总书记、国家主席、中央军委主席习近平在陕西省榆林市米脂县杨家沟革命旧址考察时指出。“红色资源是我们党艰辛而辉煌奋斗历程的见证，是最宝贵的精神财富，一定要用心用情用力保护好、管理好、运用好”。

码市地处湖南省永州市江华瑶族自治县东南部，毗邻“两广”，可谓“一脚踏三省”“一河通四海”之地。码市是江华经济重镇，是湖南对接珠江三角洲、粤港澳大湾区及东盟的“桥头堡”。

码市不仅有中国共产党创建时期最早党员、著名早期工人运动领袖、曾任中国劳动组合书记部干事、中华全国总工会执行委员兼组织部长、省港罢工委员会委员兼干事局长李启汉的故居和红七军转战码市遗址等红色资源，还有黄竹寨、黄石寨、大塘寨古井，以及所城的古井群、古墓葬、古建筑、古树等，有独特而浓厚的历史文化氛围。

码市的每一处革命遗迹、每一个红色景点，都传承着红色基因，记录着可歌可泣的历史篇章，承载着坚如磐石的信仰信念，彰显着历久弥新的初心使命。

二、存在的问题

如何把红色文化资源带入到码市社会发展和经济活动之中，对于打造“红色码市”这样一种特色文化产业，这样一张特色名片，服务于乡村振兴、全域旅游，是非常有价值、有意义的探索和实践。

1. 人才培养是一个值得注意的问题

在红色旅游资源富集的乡村最欠缺的莫过于高层次人才。因此，利用本地高等院校师生丰富的知识储备，使之介入到乡村红色文化产业系统中去，围绕乡村旅游需求大力培养红色策划师、红色讲解员、红色作家等。乡村有手艺技能的人才，如手工编织、刺绣等行业技术人员不少，但是能创新、设计的人才十分缺乏。要想获得持续发展的红色产业系统，需要有高端设计人才把码市红色旅游资源的各个链条整合完善起来，形成市场所需要的红色景点景区、红色文创产品。

2. 旅游产业存在一个零散化、碎片化的问题

目前来看，码市镇红色旅游文化资源及基地呈分散、零星分布状态，没有整合成规模化、集群式、链条式的发展格局，既没有宣传效应，打不出名气，也不易形成声势，打造品牌。没有与乡村其他产业进行融合发展，如农业休闲旅游、林业生态旅游、当地旅游企业、本地土特产加工企业等，缺乏同生共融、合作互助的生产模式。没有把农户组织起来，利用现代产业运营、现代企业管理理念进行产品设计、研发、包装、营销等，不能提高红色旅游产业发展经营效益。

3. 产业服务机制期待加强

目前，大学生村官、第一书记这些措施都非常好，在乡村治理这个层面发挥了很大的作用，但在乡村红色旅游产业发展方面也急需专门人才，需要有旅游产业管理创新能力的人才加入，从服务机制上改变观念，理顺思路，提升红色旅游产业经营理念，提升整体旅游发展水平，助力乡村振兴。不少农户在乡村红色旅游产业发展过程中，仍然满足于打工状态，没有成为红色旅游产业的发展主体，没有成为最大的受益者、普惠者。这是一个亟须破解的机制难题，也是乡村红色旅游产业当中一个发展的瓶颈和壁垒，是红色旅游产业需要解决的内生动力问题。

4. 需要充分调动和发挥农民的主体作用

红色文化也好，乡村振兴也好，乡村旅游发展也好，说到底是为农民服务的。农民群众不是旁观者，是受益者，更是重要的参与者、建设者、监督者。农民是乡村生产生活的主体，搞红色文化与乡村旅游发展的关键是要把农民组织动员起来，建立自下而上、村民自治、农民参与的实施机制。如何健全党组织领导下的村民自治机制，如何充分发挥村民委员会、村务监督委员会、农村集体经济组织作用，怎样引导农民全程参与红色文化和乡村旅游建设，怎么问需于民、问计于民，怎么完善农民参与机制，把农民满意作为衡量标准，是一个在实践工作中必须值得注意和引起重视的问题。

三、建议与对策

1. 创新旅游工作思维，加强现代科学保护

红色资源是不可再生、不可替代的珍贵资源，保护是首要任务。在码市全面深入开展红色资源专项调查，建立红色资源数据库，积极推动红色资源全面保护、整体保护。根据红色资源的不同特点，统筹好抢救性保护和预防性保护、本体保护和周边保护、单点保护和集群保护，确保红色资源的历史真实性、风貌完整性和文化延续性。

要组织相关人员考察学习延安、井冈山等地开展爱国主义教育和革命传统教育的好经验、好做法，基本形成以李启汉故居、李启汉小学、王德榜故居等旧址、展馆为主要阵地，以党政领导、党员干部、工会会员、青少年学生为重点，以弘扬爱国主义和革命英雄主义精神为核心，以参观、祭扫、宣誓、讲故事、重走红军路等各种纪念活动为载体，形成具有少数民族地区、革命老区特色的爱国主义教育新阵地。目前，码市镇有

省级文物保护单位 1 处（李启汉故居），省级爱国主义教育基地 1 个（启汉小学），县级文物保护单位多处。

要注重保护好涉及红色资源的一草一木、一砖一瓦、一丝一线，宁滥勿缺，重点保护好民居、城墙、防空洞、炮台、哨所、界碑等红色遗迹，实施“一村一爱国主义教育基地”工程，深挖爱国爱军爱民故事中的红色遗物遗址，不遗余力地丰富码市红色文化内涵。加大创新力度，探索乡村多种保护形式，充分发挥“互联网 +”作用，运用新媒体技术，建立“红色数字博物馆”，努力缩短与人民群众的距离，吸引更多人来码市接受爱国主义教育和革命传统教育。在保护工作中积极争取上级支持，筹建码市工会干部学院（学校），创建全省乃至全国优秀研学示范基地，满足广大干部群众对红色文化、乡村旅游的新期待、新要求。

2. 深挖红色资源禀赋，开展红色旅游研究

加强红色文化的传承和挖掘，要在全国范围内广泛搜集整理涉及码市镇的红色文物、红色故事，深入开展红色文化收藏活动，积极走访革命前辈及其亲属，走访相关革命纪念地、革命根据地、革命博物馆、革命红色遗址等，从中获得内容丰富、有声有色的鲜活素材，增强红色文化的可读性、吸引力和传播力。统筹码市镇内外研究力量，强化红色文化研究规划，积极开展革命史料的抢救、征集和研究工作，深入挖掘红色资源背后的思想内涵。

为适应新时代形势发展要求，码市镇红色旅游资源应以李启汉故居为核心，建设“红七军在码市”纪念馆，码市革命烈士纪念碑，李明瑞、邓小平、张云逸等红七军领导集体铜像，开辟“重走红军路”路线，规划开发红七军纪念园景区；修缮李启汉故居、启汉小学及码市老街、所城村老建筑，将李启汉故居、启汉小学、所城村遗址规划开发成为李启汉纪念园景区;修缮恢复王德榜故居建筑群,新建王德榜纪念馆;发掘明清挑盐大道旧遗址等毗邻景点,打造“中兴名将”纪念园景区;将赵金龙起义遗址与大龙山景区等结合起来,开发“金龙出洞”景区,将爱国主义教育、革命传统教育、生态环境保护教育等结合,形成全方位、多角度的红色旅游线路体系。

码市镇在原有本地革命史料基础上,组织人员分赴上海、广东、香港等地收集整理李启汉同志生前文物、图片、照片、遗物、史料等,编辑出版《李启汉》革命历史书籍、图片集、拍摄电视专题片等,开设“李启汉与省港大罢工”“李启汉在上海”等主题展览。派人深入广西百色及江西等红七军途经地,挖掘整理红七军史料,广泛搜集有关文物、史料、图片,编印出版《红七军概况》《红七军史集》《红七军图集》等革命历史书籍,拍摄《邓小平与红七军》等视频专题片,开辟常设《红七军》《邓小平与红七军》等主题展览及影视资料,全面、真实地反映邓小平等老一辈无产阶级革命家领导和组织发动百色起义,创建红七军的光辉历程和丰功伟绩,以及途经码市留下的红色革命故事。

开展“乡村红色会客厅”场馆建设,把乡村旅游和红色文化有机地结合起来。将乡村红色文化、耕读文化、乡土民情、乡村记忆,循环农业、创意农业、体验农业、田园综合体等新业态模式与以乡村为主题的乡土博物馆,融为一体。这样既可以满足红色旅游的消费需求,又能激活人们的乡愁情感和乡土文化记忆。

3. 面向乡村振兴实际,培养红色旅游队伍

要让“红色码市”活起来,必须坚持政治性、思想性、艺术性相统一,把好导向、聚焦主题。针对乡村旅游特点,用红色史实说话，不断创新方式，生动传播红色文化，助力红色旅游。要深入乡村挖掘红色资源、革命文物背后的感人故事，将红色故事转化为乡村生活化视角和网络化表达，吸引乡村更多人成为红色故事的讲解员、红色精神的传播者。

首先，培养红色教育教师队伍。码市镇将红色教育和爱国主义教育纳入乡村学校教学内容，增设红色教育主题班会、国旗下讲话等形式多样的爱国主义教育课程，每年举办红色教师培训班，推动红色革命文化教育普及，强化师生爱国主义教育，为乡村红色旅游打下坚实基础。

其次，培育乡村高素质红色讲解队伍。码市镇要在乡村红色文化传承使者——讲解员身上下功夫，组建一支政治强、业务精、素质过硬的讲解员队伍。通过组织业务培训、参加比赛、自学提升等方式，锤炼讲解员语言表达能力和反应能力，提高其综合素质，做到自信讲解，较好地呈现历史事实。通过镇村两级书记抓党员党史教育，抽调业务骨干组建乡村讲师团、百姓宣讲团、农民讲师小分队等多支“红色送学队”，发挥“小快准”“精准实”优势，采取“红色故事会”“瑶都红·微宣讲”等方式，深入街头寨尾、田间地头开展宣讲。

再次，打造“红领巾讲解员”品牌。码市镇可以向全镇学校招募优秀少先队员、优秀团员、青年志愿者，经过专业培训，建档立卡存档，定期上岗实践，组建“红领巾讲解员”“瑶都红·志愿者讲解员”队伍。让“红领巾讲解员”“瑶都红·志愿者讲解员”成为红色薪火传承、爱国主义教育传播的重要力量，成为未成年人思想道德建设工作的品牌。

最后，注重利用现代手段开发红色文化资源。要通过科学合理的规划，运用精湛时尚的艺术手段和科技方法展现历史场景，开设互动体验、情景教学、网络动漫等功能于一体的教育基地、党史课堂、乡村体验式的旅游项目，通过民间文学、传统工艺、美术等，融入戏剧、曲艺、民歌等民间表演艺术，开发红色文创产品，增强吸引力和宣传教育效果，形成具有影响力的“红色码市”文创品牌，提高乡村旅游的市场竞争力。

4. 发挥红色基地作用，强化辐射带动功能

一个纪念场所就是一部红色史书，一处旧址就是一个红色故事，一位见证人就是一本红色历史教材，让红色文化洋溢在码市镇的每个角落。在全镇范围内开展形式多样的红色文化教育活动。如开展党史、党课和革命传统教育进课堂、进机关、进企业、进家庭活动，组织参观李启汉故居、红七军遗址等红色旧址，举办全镇红色诗词、红色家书、红色文化收藏和红色文化书画作品展览，创作红色情景剧、红色歌曲、红色舞蹈等文艺作品，举行“红色文化大家谈”论坛活动，鼓励革命先辈或家人、同事撰写回忆革命先辈光荣历史和不朽功勋的纪念文章等，不断丰富“红色码市”文化内容，大力弘扬“红色码市”文化精神，积极传播“红色码市”文化理念，使“红色码市”在人民大众心中深深扎根。要大力表彰和宣传在“红色码市”方面做出突出贡献的先进人物，鼓励和带动更多的人加入到这个行列中来，发展和壮大红色文化队伍。将红色文化融入到乡规民约、家风家训、家谱宗祠之中，赋予其时代精神，充分发挥其在凝聚人心、教化民众、淳风化俗中的积极作用。

围绕码市镇在革命、建设、改革各个历史时期的重大事件、重大节点，研究确定一批重要标识地，讲好党的故事、革命的故事、建设的故事、英雄的故事，彰显时代特色，使之成为教育人、激励人、塑造人的大学校。要设计符合青少年认知特点的红色教育活动，建设富有特色的革命传统教育、爱国主义教育、青少年思想道德教育基地，引导他们从小在心里树立红色理想。如结合李启汉诞辰纪念日、省港大罢工纪念日、国庆日、建党日等重大节日节庆，每年举办简朴隆重的纪念活动，通过瞻仰祭奠革命烈士、观看革命历史影片、邀请军烈属后代讲述红色故事、重温入党入团誓词等形式，宣扬革命先烈不怕牺牲、浴血奋战的光辉业绩，激励广大干部群众学生发扬“红色码市”精神和红七军精神，传承红色基因。

抓好“共建”“联姻”，不断扩大“红色码市”的辐射范围。要积极组织广东、广西、湖南等省内外专家学者开展红色文化研讨、座谈和交流活动，分课题、分项目进行研讨座谈，举办专家学者专题讲座。通过学习红色精神、投身红色实践、开展红色活动、研讨红色文化，不断升华思想认识和心得体会，共享红色文化成果，从而达到相互学习交流、促进共同进步、发展乡村旅游的目的。抓好与广东、广西、湖南等地的大中专学校、研究机构、革命纪念馆、历史博物馆等内外单位结成共建单位，成为各机关单位、企业、学校、驻军部队等开展爱国主义教育的重要基地、研究基地。策划推出“红色码市”革命遗址探寻研学之旅等红色教育活动，吸引省内外机关单位、学校、企业等单位前来开展爱国主义教育活动，把码市建设成为红色教育的热土。

充分发挥“红色码市”的旅游带动作用。码市是一座有着近1000年历史的边关商贸文化名城，要充分利用“红色码市”等优势，根据自身特色深挖“红色富矿”，把准乡村发展之脉，开动“红色引擎”，坚持文旅融合，将红色资源、人文资源和生态资源相结合，做足“红与古”“红与绿”“红与边”“红与瑶”“红与民俗节庆”的结合文章，以红色旅游带动绿色生态旅游、瑶族风情旅游、探秘人文旅游，有机结合，实现全域联动发展。同时，辐射带动基础设施、城镇化、第三产业、招商引资、金融、信息、商贸、农村经济、加工业等方面的发展，打造三省区边界知名的红色基地。要充分发挥现代信息技术的传播优势，运用微信、微博、抖音等新媒体平台，注重提升“红色+品牌”合力，将红色主题融入旅游餐饮、购物、娱乐等服务要素中，打造“红色人家”“红军食堂”等红色服务品牌，开发制作玩偶、冰箱贴、笔、钥匙扣等一系列红色主题文创产品，创意打造“七军哥、瑶家妹”等IP形象，全面提升红色旅游接待服务品质，增强乡村经济发展的活力和竞争力，带动群众增收致富。

四、结束语

丰富的红色文化、秀美的自然景观、浓郁的瑶乡风情、多彩的民俗节庆以及独特的区位优势，赋予码市镇以巨大的发展潜力。

心中有信仰，脚下有力量。我们有理由相信，在不久的将来，“红色码市”在传承红色基因中，汲取奋进力量，以“红”带“绿”，走红色经典与绿色循环之路，红色文化与乡村振兴深度融合，形成以红色旅游发展为龙头，红色研学、红色培训、休闲康养等多元业态齐头并进，构筑以“红色之旅、生态休闲、民俗风情”为主要内容的发展格局，打造出独具魅力的红色城镇与青山绿水相伴的诱人景观，这里一定会成为一片红色旅游、宜居宜业、令人神往的发展热土。

参考文献

郭凯倩，2022. 广西龙州：红色基因助力老区旧貌换新颜[N]. 中国文化报，2022-05-16(3).

侯雪静，吉哲鹏，于文静，2005. 建设宜居宜业美丽乡村：

权威解读《乡村建设行动实施方案》[EB/OL].(2022-05-24). https://baijiahao.baidu.com/s?id=1733631453927052343&wfr=spider&for=pc.

湖南省江华瑶族自治县志编纂委员会,2005. 江华瑶族自治县志（1990—2003年）[M]. 北京：民族出版社.

廖胜平,2018. 红色资源在党性教育中的独特价值和作用[J]. 当代广西,350(14):20-21.

刘伟,向志强,何伟,2019. 跨越时空的精神力量：写在百色起义90周年之际[EB/OL].(2019-12-11).https://baijiahao.baidu.com/s?id=1652515720498349375&wfr=spider&for=pc.

浅读瑶族史诗《盘王大歌》

杨显茂

瑶族是中华民族大家庭中的一员，历史悠久，文化独特，且丰富多彩。在漫长的社会历史进程中，瑶族不仅为开辟祖国疆域、捍卫祖国领土完整、维护国家统一，促进社会进步作出了重要贡献，而且用自己的聪明和智慧，创造了光辉灿烂的民族文化，《盘王大歌》就是其中一枝瑰丽的花朵。

《盘王大歌》是一部珍贵的富有人民性和艺术性的民间文学作品，对于我们研究瑶族社会历史和优秀文化的发展，具有极为重要的学术价值。本文拟从五个方面进行初步探索。

瑶族《盘王大歌》《盘王书》《评皇券牒》是瑶族民间三大文献资料的典范。而《盘王大歌》更是一部珍贵的富有高度人民性和艺术性的民间文学作品，广泛流传我国和国外瑶族民间。《盘王大歌》内容包罗万象，叙述了人类、民族、天地万物的形成和发展。它是集音乐、舞蹈、歌谣于一体的大型瑶族文化的历史史诗，是人类一笔宝贵的精神文化遗产。《盘王大歌》多为古诗体，且多体并用；句长短不一，形式多样；它歌不离情，歌情并茂；它歌有歌名，曲有曲牌；它千腔百调，异彩纷呈。它采用独特的比兴手法塑造艺术形象；它用世代锤炼的民族语言描述历史与人物；它用传统的民族唱腔进行歌唱。因此，《盘王大歌》被誉为：一座瑶族民间歌谣的深宫大院、一部瑶族社会全景的“百科全书”、一个遍布全球的瑶族“格萨尔王”。

一、《盘王大歌》来源与版本

瑶族祭祀盘王，是祖先崇拜的原始宗教信仰形式，这种祭祀活动存在于瑶族民间。迄今瑶族地区仍然保留着这一悠久传统习俗，每年农历十月十六日，瑶族都要以祭祀盘王的仪式庆祝丰收，俗称还“盘王愿”或“跳盘王”。这种祭祀盘王、庆祝丰收的活动，从古到今，形成了瑶族统一的最大节日——盘王节。

瑶族“还盘王愿”都要演唱《盘王大歌》。《盘王大歌》又称《盘王歌》《还愿歌》《盘皇歌》《盘王细歌》《大歌书》等。《盘王歌》一般由二十四路、三十六段主歌和副歌、杂歌、杂曲组成，囊括社会、经济和文化等方面的内容，是一部具有浓厚文学色彩的民间歌谣。《盘王大歌》是瑶族民间歌谣之集大成，是民间歌谣精选的总汇。它不仅对瑶族社会发展具有十分重要的参考价值，而且还是研究瑶族文学的珍贵文献资料。

瑶族民间流传的《盘王大歌》唱本，内容比较统一，所搜集到的民间藏本，经过比较，内容大同小异，词曲名称也相一致。在历史的长河中，由于瑶族迁徙频繁，居住地域广阔，同时受到其他民族文化和语言等因素影响，《盘王大歌》的唱腔变化较大，在唱词中出现了一些增改现象，但这个别变异，并未损害《盘王大歌》原貌。

目前，通过在瑶族各地区流传的《盘王大歌》手抄本的收集和整理，出版成书的主要有由湖南少数民族古籍办公室主编、郑德宏整理译释的《盘王大歌》、由盘才万主编的《盘王歌》、由张声震主编的《还盘王愿》（广西少数民族古籍整理出版规划办公室）、由李筱文著《盘王歌》。除此之外，清朝光绪年间的手抄本和流传在海外瑶族中残缺的手抄本也在不断整理和出版中。其中：美国《盘王大歌》在整理和收集的过程中，大概也可分为两个种类。一种为美国国会图书馆馆藏的手抄本文献，一种是美国瑶族民间流传的《盘王大歌》中的一部分。

瑶族在历史上，长期被压迫，社会地位低下，文化十分落后，加上没有自己的文字。因而，《盘王大歌》的歌词，只能用汉文抄写流传。所见的藏本，由于年代久远，辗转誊抄时，错漏难免；一些汉字记瑶音、瑶意之处，错漏也属常见，这就给我们深入研究《盘王大歌》增加了一些困难。

二、《盘王大歌》产生的年代

《盘王大歌》产生何时？目前学术界基本有三种不同意见。一说，《盘王大歌》雏形始于晋代，形成于唐宋之间；二说，《盘王大歌》部分形成于南宋景定年间，部分为明末清初的产物。三说，它始作于古代，形成于晋代，完善于唐宋，成熟于明末清初等。笔者认为：瑶族《盘王大歌》，是唐代中期瑶族进入封建社会时期的产物。

唐灭隋后，鉴于前车之鉴的教训，唐代在政治、经济等方面作了重大改革。从唐太宗贞观年间到唐玄宗开元时期的近百年时间，励精图治，使得唐朝的社会经济发展达到空前未有的极盛时期。唐朝对包括瑶族在内的民族地区，一方面沿承羁縻政策统治，另一方面则实行“轻徭薄赋”的措施治理边疆少数民族。如贞观年间颁发瑶族先民的《评皇券牒》，“敕令王瑶子孙耕山不上粮，耕种山田不上税”和“不许科派夫役，予以蠲免粮租”。因唐朝推行开明的民族政策，使瑶族先民由过去游耕不定的迁徙生活，逐步进入了较稳定的农耕时期，社会、经济有了较快的发展。随着瑶族社会、经济的发展，瑶族文学不仅奠定了基础，也为《盘王大歌》的产生创造了条件。

唐代诗歌空前繁荣，也是我国古代诗歌创作极盛时期。唐诗的繁荣是跟经济发展和文化繁荣密不可分的。进入唐代中期的开元年间，突破了初唐歌行的形式，七言歌行的形式有了很大的发展。瑶族的民间歌谣，也受到盛唐诗风七言歌行的影响。瑶族《盘王大歌》大部分运用七言句式，与唐代乐府歌词常用的七言歌行形式相同，可见在这一时期产生《盘王大歌》的可能性是存在的。

唐代诗人刘禹锡、柳宗元、韩愈，曾被分别贬至朗州、连州、柳州、潮州这些瑶族聚居和散居地区。如刘禹锡被放逐朗、连等州，长达二十三年之久。在此期间，每逢当地少数民族歌舞集会或祭祀神祇，他都参与其间。瑶族民间生活给了他很大的启发，《武陵观火诗》《插田歌》《莫傜歌》《蛮子歌》《畲田行》《踏歌词》等诗歌都反映了瑶族先民的生活。史籍记载：“禹锡在朗州十年，唯以文章吟咏，陶冶情性。蛮俗好巫，每淫祠鼓舞心歌歌俚辞。禹锡或从事于其间，乃依骚人之作，为新辞以教巫祝。故武陵谷洞间夷歌，牵多禹锡之辞也。”刘禹锡对口头文学的民间歌谣尤为兴趣，他不但学会了唱民歌，而且在民歌的启发下，他有意识地模仿民间的曲子词，写出了《竹枝词》《杨柳枝词》等诗歌，为民间喜闻乐咏，对完成瑶族《盘王大歌》的创作可能起到了很大的推动作用。

唐太宗实行开明的民族政策，民物蕃息，四夷降附，促进了民族地区的社会发展。因此被边境民族尊为“天至尊”“天可汗”，成为四夷民族的尊主。瑶族称他是“贤明君主”“唐王圣帝”。瑶族先民对唐王颁发《过山榜》封官赐地的“政德”纪念，与瑶族《盘王大歌》的产生可能也有很大关系。

瑶族《盘王大歌》讲究押韵，无韵不成歌。《盘王大歌》的词句基本上采用七言句式，除了与唐代诗歌格式相同外，在韵律特点上也有很多相同之处。如刘禹锡的《竹枝词》与瑶族《盘王大歌》里的《日过岗》的韵律相仿。

从《盘王大歌》的诗韵风格说明，其在中唐就已形成，而且在后来的创作中又不断得到发展。特别是《盘王大歌》的“七任曲”插词，如荷花杯、鹧鸪游（天）、飞（望）江南等曲词，与唐宋时期常见词作风体似乎相同或接近，说它是中唐时期产物，也是有其道理的。

作为瑶族古典歌谣集成的《盘王大歌》，是集体智慧的结晶。当然收集民歌、整理成《盘王大歌》，离不开具有文化知识的人，而且将零星歌谣故事编汇成集，也离不开个人的执笔和唐代文人的指点，这种情况符合情理，并且也有可能。

瑶族《盘王大歌》产生于唐代中兴的开元时期，是瑶族进入封建社会时期的标志，也是瑶族经济文化发展繁荣的象征。这部瑶族民间文献，产生于唐代封建王朝统治时代，说明了这一时期瑶族社会的发展已经进入了前所未有的黄金时期。

三、《盘王大歌》艺术特征

瑶族史诗《盘王大歌》在长期的流传中，形成了自己的艺术特征。不但有歌，而且有曲；歌有歌名，曲有曲牌；千腔百调，异彩纷呈；音调节奏不同，演唱感情不一；歌唱变化多端，非常富有感染力。

（一）千腔百调

《盘王大歌》汇集了瑶歌中的千腔百调。主要的有“长仙牌”“短仙牌”“讲歌”“啦哩”“射留射”“叠歌”“呐哗”等。“仙牌”调子高亢明亮，唱时先唱衬词，用以引出正文，同时也有呼喊之意，以引起听众的注意。如“仙牌哂——起声唱，一对杨鸟齐声唱，杨鸟唱歌在树尖，小娘唱歌在溪边。”“叠歌”是由“讲歌”发展成的一种曲调，其第一句唱出歌头，第二、三句可随意在原句中嵌进若干唱词，不要押韵，只要意思连贯，一口气唱完即可，具有相当大的灵活性。如“天上星，无云无雨亮晶晶，白日藏在青天里，夜晚出来看是情”，可唱成“天上星，无云无雾无雨无雪无遮无挡亮晶晶，白日缩身闭眼遮影藏到天边蓝天底，夜里出来看旧情”。各种曲调的音调、节奏、感情不一，适应各种歌词，使整个歌唱变化多端，富有感染力。

（二）歌不离情

《盘王大歌》，虽然是祭祀歌，但在七十多首歌词中，几乎都包含着言情谈爱的内容。如《天上星》中唱：“天上星，天云无雨白清清，白日便入青云里，夜里出来等旧情”。虽是唱夜幕来临和歌堂开始，但通过拟人、比喻等文学手法，表现了男女青年夜里出来幽会的爱情，使人联想丰富，回味无穷。

瑶族是一个历史悠久的民族，婚姻形态开始由族外婚逐步发展成为族内婚。“尚剩伏羲两兄妹，天下无人自合婚。”“十二兄妹齐长大，合为六对结成婚。”后又由族内婚发展为嫁娶婚、自由婚。因此，《盘王大歌》中，无论是颂史、唱人、唱事，都穿插了爱情歌曲，从而使《盘王大歌》更加充满了欢乐的气氛。这大概也是《盘王大歌》易被人接受和永久不衰的原因之一，这是《盘王大歌》的一大特点。

（三）形式多样

《盘王大歌》艺术手法多种多样，有抒情、叙事、拟人、对偶、重叠、赋、比、兴等。其中颇具特色的是对偶、拟人和赋比兴手法在其中的运用得较多。

《盘王大歌》中的对偶不讲究平仄、对仗、工整，只要意思对上就行。如《造天地歌》："高王造天置天地，平王造地置州通。"《源流歌》："劈山造田开沟渠，塞河引水润禾田。"

《盘王大歌》中大量使用拟人的手法，使歌谣更加生动、形象具体。如《盘王献计》："水底鲤鱼好欢喜，指望春雷响隆隆。"《何物歌》："饭碗天天爱洗脸，饭碗天天爱洗身，筷子洗澡篓中站，饭碗洗澡楼上眠。""剪刀尖尖肚子大，长鼓长长有细腰，长鼓腰小两头大，剪刀肚大两头小。"非常形象地描绘出生活用品的特点,从而极大地增添了歌谣的趣味性。

《盘王大歌》平铺直叙也较多。如《源流歌》："寅卯两年天大旱，四海龙潭无水声；深山竹木枯焦尽，千精百怪显妖形；芭蕉树茎吹出火，水底青苔自冒烟；四面八方无生路，黄龙滚滚腾上天。"描写了由于寅卯两年天气干旱而引发的景观物象，淋漓尽致地细腻谱写，强烈地渲染了这种恶劣环境。

《盘王大歌》打比方也比较典型。把某事物比作另一事物，把抽象的事物变得具体，把深奥的道理变得浅显。如《深山竹木歌》："珍珠糯米凡人宝，牯牛鹿马圣人财。"《相逢贤曲》："王巢奇女多好看，手拿银珠颈挂链，柳眉银眼细弯弯，好比日头初上山。"生动、形象的比方，鲜明地突出了事物的特征，勾起了人们的联想和想象。

《盘王大歌》托物起兴，这种委婉、含蓄的艺术手法，也表现在爱情方面的歌谣。如：《四庙王——四季鲜花歌》："请圣围愿青山出，百花娇艳绿叶陪，万道山溪终相汇，哥妹风流同路归。"《日出早》："日头升上松树尾，松柏日影暗灰灰，日上松柏头顶上，小郎无伴独自归"。以情寓于想象中，激发了人们的想象，增强了意蕴，产生了形象鲜明、诗意盎然的艺术效果。

（四）歌曲并存

《盘王大歌》，有十二段、十八段、二十四段、三十二段和三十六段五种版本。十二、十八段用三任曲唱，二十四、三十二、三十六段用七任曲唱。三十六段《盘王大歌》用七任曲分成七个大段落。第一大段落从"起声唱"到"月亮亮"共十五段，清楚地反映了"盘王歌堂"从开始一直唱到深夜这一过程的传统不变顺序，其歌主要是"请歌"。第二大段落从《天大旱》到《葫芦晓》共六段，反映了瑶族先民对旱灾、地震、日月食、洪灾等自然灾害的认识以及人类起源的传说。第三大段落包括《造天地》和《连州歌》两段，叙述了平王、高王造火、造日月星辰、造山造水造河流、造林木以及盘王种麻、造高机教儿孙织布、教儿孙犁耙田等内容，反映了瑶族先民对物质起源的原始哲学思想以及教授后代以生产技术。第四大段落只有《游乐歌》一段，反映了瑶族宗教信仰融合的情况和梁祝的故事。第五大段落从《桃源洞》到《邓古歌》共五段，主要反映瑶族对原住地的回忆与留恋和建学堂兴教办学的内容。第六大段落包含《何物歌》《彭祖歌》《放猎狗》等段，反映了瑶放先民狩猎生活和长鼓来历的故事。第七大段落只有《家先歌》一段，主要是祭祀本家族的祖先。

最后还有一段亚六曲和刹尾曲。其曲牌有七支，谓之"七任曲”，即梅花曲、南花子、飞江南、相逢贤曲、万段曲、亚六曲、荷叶杯。曲是瑶歌歌谣中艺术水准较高的一种形式，有固定的句式，也讲究用韵。演唱时，有的是清唱，有的伴以乐器，有的以诵为主，有的又唱又诵，生动活泼，颇有吸引力。

《盘王大歌》保存了瑶族七支古老的曲牌，即“七任曲”。这七支曲牌是瑶族重要的文化遗产，与《盘王大歌》一起存在的长鼓及其歌舞，都是构成瑶族灿烂文化艺术不可缺少的部分。

四、《盘王大歌》主要内容

瑶族《盘王大歌》的内容包罗万象，天地和人类的起源、瑶族历史和人物历史、男女之情等都是歌唱的对象，是瑶族人民生产、生活、斗争、想象、追求的集中反映，是瑶族讲“根底”（传统）的重要内容，它是一部瑶族史诗。它以奇特的想象和巧妙的艺术手法，叙述了人类、民族、天地万物的形成和发展，以及人类始祖创世的艰辛。

（一）开天辟地、人类起源

《盘王大歌》涉及开天辟地、人类起源的歌有《造天地》《远古天地人间》《洪水淹天》《雷落地》《葫芦晓》《禾王送禾到人间》等。如瑶族对人类开天辟地传说有《造天地》：

平王造得地，高王造得天，竹王造得火，铜王造得钱。……

高王在天置天地，平王在地置青山，置得青山无万阔，又置江河无万湾。……

又如瑶族对人类起源传说有《葫芦晓》：

一双燕子白皑皑，口含种子落下来，口含种子落下地，拿到园中土里栽。……

洪水尽，天下万物又重生，葫芦幸留人类种，伏羲兄妹好合亲。……

成婚了，七朝花孕上妹身，生下血团不成人，枝上开花果不成。……

会分最会分，妹叫哥哥门外分，一百二十为百姓，二百四十是瑶人。……

会分最会分，小妹伶俐用刀分，天下从此有人种，伏羲兄妹是人根。

（二）留念向往桃花源

历史上，瑶族经常迁徙异地，食尽一山又一山，长期过着贫困的游耕生活，历史上的瑶族先民曾在桃园洞饮居，非常留念桃园生活，在《盘王大歌》中，有寻访桃园、回忆桃园生活的描述。

一心爱入桃源洞，不知桃源向那边，十字路头跷脚坐，见人路过问桃源。

一心爱入桃源洞，不知桃源向那边，郎今借问桃源洞，仙人手指白云边。

一心爱入桃源洞，不知桃源向那边，人担葫芦共斗米，去到桃源重有边。

……

还有描绘美好桃源洞的《桃源洞歌》：

吃桃要进桃源洞，要吃香茶进山村，要吃鲤鱼三江口，悠悠琵琶进桃源。……

桃源大桥四月架，架起大桥万丈高，玉女桥头把酒饮，仙人桥上吃仙桃。……

上述歌词，反映了瑶族先民曾经居住平原地区的美好生活，由于官府的压榨，他们被迫离开美丽富饶的桃源洞。

（三）认识和传授自然知识

《盘王大歌》中对于日月星辰所产生的自然景观作了描述。有《日出早》《日正中》《日斜斜》《夜黄昏》《夜深深》《大小星》《月亮亮》等；反映各种光怪陆离的自然变幻记录有《天大旱》《雷落地》《见大怪》《天地动》等；也有传授自然知识的《何物歌》。

如《日出早》的描绘：日头东升松柏林，穿出松林浮树顶，升上树梢腾天起，高大松柏引日行。

如《月亮亮》的描绘：月亮光光照九州，月照山村妹门楼，千村万村不去照，单照孤独花一蔸。

如反映大雷雨的《雷落地》记述：寅卯二年雷落地，景泰二年雷落头，天下三朝暗渐雾，雾暗三朝雷上江。……

如反映日食、月食的《天地暗》记述：天地乌，便是日头相打无，日月相打争天国，夫妻相打为争夫，天地乌，便是蛤蟆吞日头，蛤蟆吞日争天国，官人礼拜入心愁。

又如知识传授的《何物歌》写道：何物出来三尺二，何物三寸转弯弯，何物出来金鸡卵，何物背上鲤鱼斑，杆称出来三尺二，称钩三寸转弯弯，称陀出来金鸡卵，秤杆背上鲤鱼斑。……

（四）反映瑶族社会经济

瑶族《盘王大歌》的大量篇幅，唱述农业、林业、副业、狩猎等多种社会经济内容。唱述农业生产内容的有《歌春》，唱述林业生产内容的有《飞江南曲》，唱述副业生产内容的有《歌苎》《歌茶》《歌果》《歌酒》，唱述狩猎内容的有《放猎狗》。这些唱词内容，记录了瑶族先民的生产实况，反映了瑶族社会经济的特点。

（五）反映劳动生产生活

瑶族先民在长期的生产生活中，积累了丰富的经验，摸索其规律，并记录传承下来。如利用一年四季气候变化等自然科学知识作为瑶民指导生产依据的有《四庙王——四季鲜花歌》：

“正月桃花发，二月李花开，三月斗木花现蕾，四月金斗遍地开，五月南球枝头放，六月芙蓉满树红，七月莲花破水出，八月禾花穗上香，九月葛藤花连串，十月鸡冠花顶红，十一月腊梅花谢落，十二月山茶展秀容。”还有表现农耕生活的《种竹木》、描写手工劳动的《鲁班造寺》等。

（六）提倡重视兴教办学

长期以来，由于瑶族文化落后，《盘王大歌》的《闾山歌》，记录瑶族先民在艰苦的环境下，修造学堂，兴教办学，发展教育，体现了瑶族人民不甘落后、力争上进的民族精神。《闾山歌》唱道：

闾山学堂鲁班造，高艺巧匠来绘描，莫怪歌词唱出来，红漆梁柱千万条。……

闾山学堂鲁班造，还有匠人精巧心，三百学生同窗读，教得个个都聪明。

（七）祭祀礼仪崇奉神祇

《盘王大歌》是瑶族“还盘王愿”时的唱词，因此关于“还盘王愿”的礼仪占了较大的篇幅。

如《拜圣歌》：“拜神圣，大小神圣要拜齐，主人恭敬拜三拜，妹怕神多拜不齐。”

又如《游愿歌》：“当初供茶挑水烧，师公许愿在高台，当初还愿一张纸，如今还愿万张多。当初许愿供清茶，如今还愿烧纸钱，不烧纸钱不算还，又怕别人来说闲。”

瑶族信奉的神祇甚多，如盘古大王、盘王、雷王、雨王、竹王、唐王、刘王、暖王、鲁班、李广、灶王以及翁爷家先等等。这些神祇既有瑶族本民族的，也有汉、瑶等民族所共有的。它们有力地表明，瑶、汉等民族在漫长的历史发展中，原是同源共祖的，又是和睦相处、相互交流的。但《盘王大歌》主要是对始祖神盘瓠的崇拜：

如《盘王出世》：“盘王出世到人间，盘王祖地福江村，出世就在江村庙，手反金牌月样圆。”

《盘王出游歌》：“盘王开天又立地，置了青山又造田。”

《翁爷去九泉》：“翁爷王主盘太宁，失足落崖树上悬，九八高龄崖下断，王主命终去九泉。噩耗传来天地惊，传告天下十二姓，天下子孙披麻孝，翁爷深恩刻在心。”

（八）男女爱情婚姻

《盘王大歌》基本上都穿插了男女爱情，可以说是歌不离情、情不离歌的境地，这是《盘王大歌》的独特之处。

如《日斜斜》：“日西斜，情妹挑水到筒车，哥妹共饮筒车水，裙脚不齐撑伞遮。”“日落江，蜜蜂过岭口含糖，蜜糖酿在蜂窝里，我俩唱歌结成双。”

如《盘王出世》：“撑伞撑侧旁，哥妹同行好遮凉，撑伞要撑光油伞，哥妹谈情伞下藏。”

如《梁山伯》：“织机织布布长长，山伯做衣订良缘，山伯做衣为佳偶，不嫁梁山嫁何人。”

瑶族历来提倡恋爱自由，从歌词中可以证实这一点，同时也反映了瑶族豪爽、直率的性格以及对纯真爱情的追求。

《盘王大歌》不仅穿插了男女爱情，而且还对出现的各种婚姻发展形态作了记载。

反映血缘群婚阶段的《葫芦晓》：“洪水尽，荫杀天下万由人，葫芦留有人间种，伏羲兄妹好合亲。”

反映族内婚的《造天地》：“置得天定地也定，万般置完莫翻心，瑶人是讨瑶人女，不许良民讨结亲。”

还有反映个体婚的《游乐歌》等。这些唱词，说明了瑶族在历史社会发展中，男女爱情、婚姻家庭生活与其他民族一样，经历了不同的历史发展阶段。

五、《盘王大歌》的研究价值

瑶族人民在历史的长河中，依靠自己的智慧和力量，创造了大量的民间文学，是中华民族文化宝库的珍贵遗产，作为瑶族优秀文化的《盘王大歌》，不仅有它的历史价值、科学价值，还有它的文学价值、艺术价值，所以对它进行深入研究，具有十分重要的意义。

1.《盘王大歌》是研究瑶族古代社会发展史的重要资料

瑶族《盘王大歌》里面的《盘王出世》《天大旱》《天地动》《造天地》《雷落地》《见大怪》《天地暗》《葫芦晓》《桃源洞》等，反映了万物起源、瑶族社会发展和迁徙历史，对我们研究瑶族历史和社会发展，具有十分重要的参考价值。

2.《盘王大歌》是研究瑶族生产生活的重要资料

《盘王大歌》包含丰富的社会生产生活知识，既有反映游猎生活的《放猎狗》，又有反映按季节变化规律指导生产的《四庙王——四季鲜花歌》；既有传授工艺的《鲁班造寺》，又有反映民间刺绣的《歌苎》。此外，还有《歌春》《歌花》《歌酒》等许多歌谣，内容都涉及瑶族生产生活的许多方面，这些都是瑶族人民长期与大自然斗争的结晶，对我们研究瑶族生产生活有重要价值。

3.《盘王大歌》是研究瑶族文学的重要资料

《盘王大歌》内容十分丰富，讲究韵律，借物为喻，歌、曲并存等艺术手法对后来瑶族民歌的创作产生了很大影响，对于我们深入研究瑶族民间歌谣的艺术特色和演变历史都具有很大的参考价值。

4.《盘王大歌》是研究瑶族与各民族文化交流的重要资料

《盘王大歌》，从它产生的时代看，正是民族文化交往繁荣的时期。《盘王大歌》中伏羲兄妹造人神话、手艺高超鲁班师傅的传说、脍炙人口的梁山伯与祝英台的爱情故事，都反映了瑶族对外民族文化的吸收,又创造性地保存了本民族的特色，对研究瑶族与其他民族的关系史也是不可缺少的重要资料。

5.《盘王大歌》是研究瑶族宗教意识的重要资料

瑶族《盘王大歌》包含了不少宗教信仰的东西，对我们正确认识瑶族宗教本性，研究瑶族民间的宗教思想和宗教文化，具有一定的研究价值。

6.《盘王大歌》是研究瑶族哲学思想的重要资料

《盘王大歌》蕴藏着极为丰富的哲学思想，对我们研究瑶族先民的哲学理论、思想以及世界观的形成，也有十分重要的价值。

瑶族史诗《盘王大歌》的产生，距今已有一千二百多年的历史，它虽然是旧时代的产物，其间掺杂不少封建糟粕，但作为中国民族民间的一部大型文学作品，它的影响是深远的。迄今，瑶族史诗《盘王大歌》仍以其丰富的社会内容流传民间，成为民间脍炙人口的文学作品，并起到积极的推动作用，为全国瑶族地区的社会、经济发展作出了不可磨灭的贡献，这是有目共睹的。

参考文献

湖南少数民族古籍办公室，1987. 盘王大歌 [M]. 郑德宏，译．长沙：岳麓书社．

黄海，邢淑芳，2006. 盘王大歌：瑶族图腾信仰与祭祀经典研究 [M]. 贵阳：贵州人民出版社．

黄钰，1986. 瑶族研究论文集 [M]. 南宁：广西民族研究所．

李筱文，2006. 盘王歌 [M]. 广州：广东人民出版社．

刘保元，1983. 瑶族古典歌谣集成《盘王歌》管探 [J]. 中央民族学院学报 (3):89-93.

刘小春，1993. 瑶族“还盘王愿”与《盘王大歌》浅探 [J]. 民族艺术 (3):131-139.

盘才万，房先清，李默，等．1990. 盘王歌 [M]. 广州：广东人民出版社．

张声震，2002. 还盘王愿 [M]. 南宁：广西少数民族古籍整理出版规划办公室．

留住承载瑶族厚重历史文化的瑶医药这个根

李如海

瑶民族是一个历史悠久、文化灿烂的古老民族。史载，瑶族的人文始祖系我国三皇五帝时期“九黎”部落首领蚩尤，瑶族是蚩尤部落“九黎”后裔“三苗”中的一个支系，历史上有“荆蛮”“湘州蛮”“莫徭”“蛮徭”“猺蛮”等称谓。

瑶族是一个世所罕见的山地迁徙民族，在数千年艰苦卓绝的颠沛流离、辗转迁徙抗争中，在刀耕火种的恶劣山地生存与生活环境中，勤劳勇敢、坚韧不拔且聪明智慧的瑶族人民创造了多姿多彩、特色独具的瑶文化，同时也在长期摸索、实践中不断创造、总结、积累和发展了神奇独特的瑶医药知识、技术和经验，并由此形成具有鲜明瑶族特色、山地特色、宗教特色的独立医药体系。

瑶医药形成的历史悠远古老，其起源据史载可追溯至远古的三皇五帝时代。史载，蚩尤是中国远古时期中华民族人文始祖之一伏羲氏的后代，是炎帝的族人。根据《帝王世纪·伏羲氏》所载，伏羲氏早在5000多年前即已对医理医术和疾病诊治进行了较系统的创造与总结。而炎帝神农氏则更是我国古代农耕文化与医药文化的伟大先行者。除了来自伏羲氏与神农氏医药之术的传承之外，史传蚩尤青年时代学医修法，成了晓阴明阳、呼神唤鬼、起死回生、能治百病的神医，部落的子民们皆受其益并由此繁衍壮大。此外，史载蚩尤十分勇猛顽强，战绩卓著，被称誉为“战神”。在冷兵器时代的大规模战争中，完备而卓越的医药体系是极为重要的支撑与保障。由此可见瑶医药在中华民族的历史发展进程中曾经发挥了多么重要的作用。鉴于蚩尤系瑶民族的人文始祖，而蚩尤又与伏羲氏、神农氏有着亲密的血缘、族群关系，据此推断，瑶医药不仅早已在“三皇五帝”时期形成，而且应该发展到比较成熟和完善的阶段了。

瑶医药是祖国传统医药体系中的重要组成部分，是我国民族医药百花园中的一枝奇葩。像所有民族一样，瑶民族形成初期的人类远古时期源于对大自然现象与力量的畏惧和各类神祇的崇拜，诞生和形成了本民族的原始宗教，从而逐渐产生、形成影响深远的崇奉巫术、巫法的巫傩文化。此外，基于长期遭受统治阶级与强势民族的歧视、迫害，处于社会最底层的瑶胞们，逐渐认同、接受、信仰了部分道教流派的教义、教理与教规。瑶族原始宗教最大限度地维系了族群的认同、凝聚、团结及其文化的传承，而信奉“土生土长”的道教则使瑶族人民在长期被歧视、被迫害的生存与生活环境中获得最大的精神慰藉与解脱。因此，在陡峭险峻、杳无人迹的莽莽群山中频繁迁徙、流离颠沛的瑶民族崇奉巫法、巫术，遵从道教理义、仪规相沿成习、蔚然成风。在此特殊的历史、文化背景之中，瑶族医药被刻下了亦巫亦道、亦医亦“法”的深刻烙印，因而形成了“巫－道－医－药”互相融合、互相结合的独特形态。

瑶医认为世界上的万事万物皆可致病、万事万物皆能治病，这些“万事万物”有的是有形的，有的是无形的。因此，对于疾病发生、发展与变化的预测判断，对于疾病的诊断、治疗，都立足于对“万事万物”的深入认识、缜密分析和正确利用。瑶医对于疾病的命名，对于药物的命名及药剂的制备，对于治疗疾病的手段、方法以及所使用的器具与药物和其他特定物质等，都鲜明而深刻地体现了尊崇大自然的原生态特色。瑶医将疾病分为 47 症、147 疾（亦有 96 症、188 疾等的说法），认为“症”与“症”、“疾”与“疾”以及“症”与“疾”之间互相影响、互相作用、互为因果。因此，在诊断、治疗疾病的过程中高度重视对人与大自然的关系、人与周围环境的关系、人与致病因素的关系以及“症”与“疾”之间的关系作出全面的综合分析、判断并予以正确的处置、调整。

瑶医药来源于瑶民族聚居地丰富多彩的大自然，来源于瑶胞们的生产、生活实践，因此，瑶医疾病（“症”“疾”）名称的命名、瑶药的命名、诊断与治疗手段的称谓等皆带有鲜明、强烈的大自然色彩。例如风、毒、虫、痧、麻、痘、蛾、龟、蛇、春、秋、日、月等的疾病名称，五虎、九牛、十八钻、七十二风、赶药、扯药、箍药、打药、凉药、暖药等的瑶药名称等。

瑶医以脉、筋、心、神的变化作为诊断和治疗疾病的理论指导，尤其重视“脉”“筋”在疾病诊治过程中的作用，认为“百病归脉”“脉管百病”“见筋见病”，重视“治病在脉”“治病治筋”。

“比类”理论被广泛应用于疾病命名、药物命名和疾病的诊断与治疗，这是瑶医药的又一大特色。例如将起源于妇女“坐月子”（分娩后的产褥期）期间的过早、不洁性生活导致的产褥感染等系列疾病称之为“月痨病”等；将药性、药力劲猛的药称为“五虎药”（“猛老虎”“下山虎”等）、“打药”等；将局限、驱赶、拔出“毒气”的方法称为“箍毒”“赶毒”“扯毒”等；还有将具有辅助、协同、增效作用的食物配合药物同用的治疗方法称为“见酒打”“见晕补”等。

强身健体、养生保健、预防疾病的观念在瑶医药中占有十分重要的位置，并以不同形式、不同内涵渗透于日常生产、生活和诸多的民族习俗之中。“母壮儿健”“田肥苗壮”“小洞不补，烂成大洞要布一尺五”“强体一寸，防病一尺”“身健体强，病少一半”……的健身防病理念在瑶区妇孺皆知、老幼践行。

瑶医认为，大自然中无论是有形的或是无形的“世上万事万物”，皆是导致、引发疾病的原因，同时也可利用它们来诊断、治疗疾病。例如自然界的“毒气”（如“虫毒”“树毒”等）侵入人体可引起“长毒疮”“生漆疮”等，瑶医则用这些经过适当处理之后的“有毒之物”涂抹于施治者手上去治疗患者的“毒疮”“漆疮”等“毒气”之病，称之为“药手治”。

瑶医治疗疾病的方法、手段很多是独有而且堪称奇特的，仅仅根据初步发掘的不完全统计即有40余种。如：内服治疗、药食治疗、药酒治疗、外洗治疗、包（敷）药治疗、贴药治疗、擦（搽）药治疗、喷药治疗、发疱治疗、放血治疗、蒸汽熏治、药烟熏治、烧火（火功）治疗、针刺治疗、开破治疗、刺刷治疗、尿液治、药手治疗、打火罐（打气痧筒）、挟痧、刮痧、放（推、拍、滚）痧、松筋、烫治、滚（推）蛋、割治、虫治、脉筋治（亦称寸口治）、洗虫治、罩顶治、治筋（经）（又称“短筋”）、枕治、寄治、施法治病［包括法水止痛、隔山止血、蒸衣治病、喊（招）魂、照魂、收魂、收刹、收惊（精）、解闭……］。

源于本民族图腾崇拜、宗教信仰和长时期大规模山地辗转迁徙及以狩猎、山耕为主要生产、生活方式等特殊的历史文化背景，瑶医诊断、治疗疾病的形式和手段，既有物质的，也有非物质的，根据不同的具体情况，有时单独应用，有时联合应用。瑶民族聚居区至今仍延续、习用的“医、法兼施”“药、法同治”即是瑶医药“巫道医药相结合”独特医药形态的真实反映。瑶医药“巫道医药相结合”形态的长期传承、延续，瑶胞诊治疾病“医、法兼施”“药、法同治”独特习俗的实际存在，是瑶民族特殊的历史发展进程、特殊的宗教文化背景所造成，应被视为是一种特殊的民族文化现象，也是中华民族大家庭多元文化的具体反映。

瑶医药建立于“天、地、神、人四元而一”的理念基础之上，追求人与大自然万事万物的“和谐”“致中”“共存”；诊断、治疗疾病并不拘泥于某个固定的模式和方法，而是根据具体情况随机应变、区别对待，认为疾病的诊断和治疗绝不能“就病论病”，而应当要同时考虑和重视病者所处环境、心理（精神）的变化；强调并重视自然环境与社会环境以及心、神（精神、心理）因素在诊断治疗疾病过程中的作用，充分体现了“生理、病理、环境、心理（精神）相统一”唯物思想的新现代医学整体观。

瑶医药具有显著的“原生态”特征，不仅它的理论基础源自大自然，而且它用于诊断、治疗的所有物质全都来自原始的大自然，充分体现和最大限度地满足了人们“返朴归真”“回归自然”的渴求与愿望。其中的“施法治病”虽来自虚幻的巫、道文化，但其为“赎罪”所倡导的“修阴功、积阴德”行为，却充分体现和彰显了“相容相济”“互相扶持”“和谐共存”和“知恩图报”“敬祖怀先”“积德行善”“治病助人”等的瑶民族特质和传统道德情操，与博大精深的瑶文化一脉相承并延伸和发展，故仍具有积极的现实意义。

原始奇特、悠远古老的原生态瑶医药是祖国民族医药百花园中一枝娇艳绽放的奇葩，涉及和包含了瑶民族的历史文化、图腾崇拜、宗教信仰、生产生活、祭祀规仪、节庆习俗、游戏健身、养生保健、疗疾康复、卫生防疫等诸多领域。瑶医药的理论所奉行的是尊崇天地、和谐为贵、道法自然、禳灾造福等核心价值观。瑶医药的医疗实践所体现出来的朴素唯物思想和传统道德情操，以及由此所产生形成的众多规约习俗等，无一不折射、反映出以“博爱”“仁心仁术”“普济众生”为核心的中华传统医药文化的思想光芒。原始古朴、奇丽多姿的瑶族医药文化，是瑶族传统文化传承 DNA 中的重要基因。

瑶族是一个国际性少数民族，瑶胞们带着自己的独特文化和神奇医药漂洋过海，向所在国的人民展示和传播了丰富多彩的瑶医药文化。因此，瑶医药不仅是中华民族的，也是属于地球村国际大家庭的。神秘奇特的瑶医药伴随着漂洋过海的瑶民族早已迈出了偏僻、边远且封闭的大瑶山而走向全国、走向世界，瑶医药独具的特色和优势，对疑难杂症和一些慢性与难治性顽症的卓越疗效让世人刮目相看并为之惊叹。

瑶医药一直紧紧地伴随着瑶民族的整个发展进程，历史悠久。瑶医药与瑶民族的图腾崇拜、宗教信仰、族源认同、祖先敬奉、祭祀活动、生产劳作、日常生活、节庆习俗、婚丧仪规、居住着装、养生保健、强体康复、游戏健身、疗疾康复、卫生防疫，乃至屡被强制封杀而失传的瑶族文字……都有着千丝万缕或直接或间接的紧密联系。在瑶民族文化组成的诸多元素中，瑶医药是最全面、最直接体现和反映瑶文化本质与内核的重要元素。试想，在数千年流离颠沛、辗转迁徙的漫长历史中，在险峻陡峭、与兽为伴的高山密林中，生存、生活于刀耕火种、艰苦卓绝环境中的山地狩猎民族，如果没有卓越有效的瑶医药的强力支撑，还会有今天屹立于世界民族之林的瑶民族么？数千年来，瑶医药历经久远历史的洗礼与考验，为瑶族和兄弟民族的健康、繁衍、发展，为瑶族与兄弟民族之间的和谐、融合及其共同进步、繁荣，发挥了无以替代的重要作用，因此扮演着承载瑶族厚重历史文化的重要角色。

出于长期、持续地对瑶民族的偏见、歧视甚至仇视，出于“正统”观念的甚嚣尘上，封建统治阶级对瑶医药一直没有停止过残酷的打压、剿杀；由于诸多复杂原因，新中国成立后，尤其是“文革”后，瑶医药长期处于被污名化、妖魔化、边缘化（不少地方甚至被封杀）的境地。因此，瑶医药后继无人、后继无术，传承中断、濒临灭绝的现象并非耸人听闻。

瑶医药是瑶民族数千年摸索、总结、积累、完善用以疗疾祛疫、保健康复的宝贵知识，是先辈们给我们留下的一份珍贵遗产和无价财富，在现代科学技术高度发达的当代，瑶医药以其神奇独特的方药、快速而卓著的疗效，对现代医学束手无策的疑难杂症、难治性顽疾，以及山区多发、高发性疾病的诊治仍然发挥着难以替代的独特作用。有鉴于此，我们应深刻领会民族自信、文化自信的重要意义并予切实践行，在“弘扬优秀传统文化，实现中华民族伟大复兴”战略征程中，积极做好瑶医药的发掘、抢救、整理、保护、传承及开发利用工作，努力创造一切有利条件，留住承载瑶族厚重历史文化的瑶医药这个根。

江华是中国瑶族的中转站、大本营和发祥地

张华兵

湖南省江华瑶族自治县地处南岭民族走廊中段，是中国瑶族历史的中转站、地理的大本营和文化的发祥地。江华立足这一优势，打造“神州瑶都”品牌，可成为新时期中国瑶族文化传承发展的一个标杆。

瑶族是一个有着悠久历史和独特文化的民族，主要聚居在以南岭山地为中心的南方山区。湖南省江华瑶族自治县位于湘、粤、桂三省区结合部，地处南岭腹地，全县总面积3248平方公里，总人口52万，其中瑶族人口34万，被称为千里大瑶山，是南岭地区瑶族主要聚居区。

一、历史上，江华是中国瑶族的中转站

瑶族是世界上迁徙最多的民族之一，江华是瑶族向南迁徙的主要通道。著名社会学家费孝通先生提出的“中华民族多元一体格局”理论体系中，把中华民族聚居地区划分为“六大板块”和“三大走廊”，板块之间以走廊相连接。江华地处三大民族走廊之一的南岭走廊中部，是中国南方民族的主要迁徙路线和

聚居区域。2013 年被列为第七批全国重点文物保护单位的“湘桂古道（潇贺古道）永州段”，就是南岭走廊的重要线路。纳入湘桂古道永州段保护范围的现存文物点共 30 处，其中 14 处在江华境内，说明江华在历史上的重要地位。瑶族从江淮地区南迁必须要走南岭民族走廊之一——潇贺古道，有的则停留在潇贺古道沿线。汉代以来，境内有称为盘瓠之后的零陵蛮和莫瑶等瑶族先民生息繁衍；唐末，瑶族在湖南作为一个独立的民族出现，并且逐渐向南部集中；宋朝，以江华为中心的湖南南部以及两广北部成为瑶族居住的中心，形成今天“南岭无山不有瑶”的格局，而处于南岭中心的江华，则是瑶族向南迁徙的主要通道；明清时，南岭周边民族关系紧张，瑶族进一步向江华聚集，同时广西、广东部分瑶族迁往云南、贵州和东南亚，成为世界性民族。究其木本水源，可知江华是瑶族历史上重要的中转站。广西瑶学学会名誉会长、广西民族大学张有隽教授访问泰国瑶胞时，多次听到泰国瑶人说他们的世系，很多人说他们是宋代后从湖南江华来的。在广西、广东很多地方瑶族的家谱中，也记载了他们是宋元明时期从湖南的江华迁过去的。这说明了在潇贺古道主要途径地江华，不仅现在有大量的瑶族居住，历史上更是有大量的瑶族居住，证实了南岭民族走廊的存在之久远，江华在南岭走廊中的位置之重要。

二、地理上，江华是中国瑶族的大本营

瑶族自古是一个山居民族，历史上辗转迁徙，始终依山而居。湘粤桂交界处的南岭山区为中国瑶族世居地，又称五岭，自西向东由越城岭、都庞岭、萌渚岭、骑田岭、大庾岭五大山系组成，江华就在最中间的萌渚岭山区。南岭腹地的地理位置，使江华成为瑶族聚居的地理中心。江华瑶族自治县现有瑶族人

口 34 万，是湖南省唯一的瑶族自治县、全国 13 个瑶族自治县中瑶族人口最多的县，占中国瑶族人口的 13%。环江华周边 100 公里内，有恭城、富川、连山、连南、乳源 5 个瑶族自治县及江永县（瑶族人口过半县），以及永州境内 20 个瑶族乡，共聚居瑶族人口 107 万人，占中国瑶族人口的 38%，是世界上瑶族人口最密集的区域。1988 年，全国人大常委会副委员长、著名社会学家费孝通考察江华瑶族社会，为江华瑶族自治县题词："盘王始祖随身带，木本水源不可忘"。2002 年，全国政协副主席毛致用到江华考察，亲笔题写"神州瑶都"，"神州瑶都"由此声名远播，成为江华的代名词。

三、文化上，江华是中国瑶族的发祥地

江华瑶族千年传承发展至今，已形成瑶族文化积淀深厚的"富矿区"。一是历史文化遗存丰富完整。南岭走廊的民间交流融合，使江华瑶族文化具有独特的地域性和鲜明的民族性；相对封闭的自然和社会环境，又使其历史文化遗存得到较好的保留。全县瑶族文化种类繁多，包括语言文字、音乐舞蹈、节日庆典、宗教信仰、传统医药、传统技艺、民俗礼仪等。至今在民间活态传承的，有反映瑶族源流、称为"瑶族圣经"的传世文书《评皇券牒》，有堪称瑶族《荷马史诗》的《盘王大歌》，有非物质文化遗产瑶族长鼓舞，有神秘古老、巫道合一的祭祀盘王仪式"奏镗""还盘王愿""度戒"，有融民族礼仪与传统教育于一体的婚嫁习俗坐歌堂，有惊心动魄的奇术秘技"上刀山""下火海""捞油锅"，有以歌传情的二月初一赶鸟节、《蝴蝶歌》，有深藏民族文化密码的瑶族织锦……这些优秀的传统瑶族文化形式和内容，有些在其他瑶族地区已经罕见或残缺不全，但在江华都能够较完整系统地原生态呈现，具有很高

的研究价值。二是民族文化传承发展与时俱进。通过近年来大力弘扬瑶文化，江华目前已建有天下瑶族第一殿盘王殿、世界最大的瑶族图腾坊、世界最大的瑶族铜铸长鼓，拥有湖南省唯一的瑶族小学、县级民族歌舞团和民族艺术学校，瑶族长鼓舞、《盘王大歌》被列为国家级非物质文化遗产保护名录，还有以瑶文化为主体的省级非物质文化遗产保护名录项目 5 个，市级非物质文化遗产保护名录项目 16 个，县级非物质文化遗产保护名录项目 77 个，市级以上非遗传承人 25 名。相继成立了江华瑶学会、湖南瑶族文化研究中心，组织了神州瑶都（中国·江华）建设理论研讨会、全国瑶族地区精准扶贫理论研讨会，举办 6 次民族民间文化旅游节活动，瑶族文化传承、研究、开发氛围浓郁。历年来，被评为“湖南省保护非物质文化遗产十强县”“全省十三个春节文化特色地区”，贝江乡被评为“中国民间文化艺术之乡”，田沟村、井头湾村获评“中国少数民族特色村寨”，庙子源村获“湖南省最美少数民族特色村镇”称号，一年一度的“神州瑶都”（中国·江华）瑶族盘王节已成为湖南省四大民族节庆品牌之一，“神州瑶都”知名度和美誉度进一步提升。

近年来，江华瑶族自治县充分发挥在瑶族历史、地理、文化上的优势，立足打造“神州瑶都”品牌，大力实施“文化强县”战略，切实加强对瑶族文化的保护、传承和开发，把挖掘、保护、传承瑶族文化提升到增强发展软实力、培育发展后劲的战略高度，提出了把江华建成中国瑶族文化的研究中心、传承中心、开发中心、展示中心的目标。相信在不久的将来，江华作为瑶族的发祥地，一定能够成为新时期中国瑶族文化传承发展的一个标杆。

创新驱动　加快民族区域经济发展

——对江永县借力“互联网 +”发展民族区域经济的探讨

蒋建辉

如何加快民族区域经济发展，促进资源、产品优势转化为商品优势，让人民群众增收、脱贫致富，共享改革开放成果，是各级领导优先考虑和解决的头等大事。新形势下，借力“互联网 + 电子商务”等先进手段，不断创新驱动，是加快民族区域经济发展的重大举措。江永县委政府通过近几年的不断探索，取得了一些有益的经验。

一、政府主导　打造立体网

江永县地处湘西南边陲，全县总面积 1540 平方千米，是一个少数民族人口过半的“老、少、边、贫”山区农业县。2015 年以来，江永县委、县政府以实施全国电子商务进农村综合示范县项目为契机，坚持高位推动布好局、政策撬动使实劲，立足优越特色资源，克服资金紧张、人才缺乏等不利因素，借力“互联网 + 电子商务”等先进手段，把电商进村与精准扶贫、美丽乡村、乡村旅游有机融合，积极实施“电商 + 精准扶贫”工程，大力营造电商扶贫氛围，大力培育电商扶贫主体，大力改善电商扶贫发展环境，为供给侧改革、攻坚脱贫、民族区域经济发展开辟了新途径。

目前，全县发展电商企业 120 家，开办网店 2600 个，创建乡村电商服务站 141 个，从业人员近万名。去年电商销售总额突破 15 亿元，2017 年预计实现销售总额 20 亿元，带动 5000 户以上贫困户人均增收 1000 元以上。

（1）建设功能完善的电商一条街。2015 年以来，县政府投入 1000 多万元，着力打造了集店面销售、培训学习、创业孵化、成果展示电子商务于一体的辐射湘南桂北一条街。街长 300 多米，配套设施完善，绿树成荫，环境优美，入驻企业 100 多家。

（2）成立电商协会，为电商创业提供交流平台。吸收包括贫困户在内的加工企业、电商公司、电商从业者、农产品专业合作社、生产大户等 1000 余名成员加入电商协会，建立了专门微信、QQ 等培训学习交流群，通过微信公众号推送专家文章、政策资讯、供求信息，不定期组织线上线下扶贫专题论坛，为电商队伍提供学习、交流、创业的平台。许多贫困户通过该平台，学会电商从业技能，完成了农民变网商的质变，破解了“丰年困局”，实现了增产增收的目标。

（3）引进大公司、大平台，为本地电商发展提供技术支撑。该县引进湖南本地电商企业湘村购、国内著名电商巨头阿里巴巴、京东集团、邮乐购等电商平台落户江永，与搜农坊等知名网络公司开展农产品、乡村旅游等网络营销、品牌培育等方面的增值服务。与中国工商银行、江永农商行、江永邮政银行联合打造无抵押创业贴息贷款，解决电商企业、个人创业融资难问题。与湖南卫视合作，在“双十一”举办了“我是县长我代言”推广营销活动。贫困户何镇文主动入驻阿里巴巴等平台，仅夏橙、香柚网上销售就达 400 余吨，他所在的古宅新村，常年为其打包装的贫困群众达到 20 余人。

二、公司参与　培育主力军

1. 壮大产业园，提供稳定优质的产品

要使电商产品做到优质优价、优品走线上，倒逼生产者精耕细作、经营者精挑细选，保证产品质量的一致性、稳定性。湖南季丰农业有限公司利用互联网拓展产品的销售渠道，深入乡村流转农村土地 1500 余亩，打造从苗木繁育到多业态营销一体化的柑橘生态产业链，常年吸纳贫困人口就业 70 多人，带动周边 5000 多人口种植优质柑橘 3000 余亩。江永特色农副产品有限公司瞄准瑶乡这片生态蓝海，以香柚、脐橙、腊肉、生态稻米、瑶族风情旅游为切入点，“千家峒”休闲食品做得风生水起，年实现网上销售额 2500 万元。义华花生电商公司、硒品香生态农业有限公司是集生产、加工、销售于一体的企业。它们为扩大生产，以松柏瑶族乡为基础，发展优质小籽花生基地 3000 亩，巩固生产货源。

2. 创新创办创客大学

2016 年 5 月 18 日，江永县与新华网正式签署战略合作协议，以县职业中专为基地，合作开办新华网江永创客大学，报名入学学员达 1100 多人，其中贫困户学员 383 人。江永创客大学成为全国 43 所创客大学中唯一一所县级创客大学。在 2016 年全国创客大学夏令营活动中，40% 的学员取得了订单，销售业绩 40 多万元，获得 2016 全国创客大学夏令营创意大赛团体第三名。通过双创项目，江永香柚作为“一县一品”推向全国，实现销售 10 万单。

3. 大力发展电商队伍

通过教育培训、资源投入、市场对接、政策支持、提供服

务等形式，组织帮助加工企业、电商公司、电商从业者、农产品专业合作社、生产大户、贫困户等成员成为有电商技能、会营销的电商创业者、网络营销商，发展、壮大电商队伍。返乡大学生周志华，十多年来在沿海城市做销售，收入不高。2015年初，江永县大力发展电子商务，他抓住发展机遇，辞职回乡，创办江永县四香园生态农业有限公司，注册“勾蓝瑶寨”品牌，营销香柚、香芋、脐橙、腊肉、生态稻米、瑶族风情旅游产品，2016 年实现网上销售 800 万元。

4. 构建方便、快捷的物流体系

在构建县、乡、村三级物流体系上，支持和鼓励现有的邮政物流体系延伸到村的同时，由湖湘商贸公司牵头，联合 7 家县城一线品牌代理批发商，组建了江永县湘村快线物流股份有限公司；通过阿里巴巴村淘项目，引进菜鸟物流加盟，打通了“工业品下乡、农产品进城”双向通道，解决县到村、村出县物流的“断崖”问题。该县通过工业发展基金配套 295 万元，支持湖湘商贸公司在县工业园筹建一个面积达 50 亩的湖湘商贸电商产业园，建设江永县智能物流、冷链仓储、配送中心。2017 年江永县邮政分公司投资 1000 多万元，在电商一条街建成了面积达 3000 多平方米、前店后库功能完善的电商仓配中心。物流仓储的改善为贫困区群众“工业品下乡、农产品进城”提供了便利。

目前，江永县已建成县、乡、村三级现代物流体系，拥有 1 个中国社会扶贫网县级管理中心、9 个乡镇服务站、141 个村级服务点，乡镇快递覆盖率达 100%，村级电商服务站快递投送覆盖率 100%，二段物流全部实现 2 天内送达。

三、社会联动　催生大效益

1. 加强教育培训，不断提高创业技能

首先，以贫困户为中心，培育电商扶贫明白人。扶贫先扶志，人是生产力中最活跃的因素。为此，该县把电商知识技能培训作为要事来抓，采用“请进来，走出去”的方式，加快培育农村电商扶贫骨干人才。累计投入电商培训费 300 余万元，贫困户参加培训 6000 人次。2017 年，为方便贫困户注册使用社会扶贫网，县财政为 13685 户贫困户家庭每户补贴 300 元，提供一台装有“中国社会扶贫网”App 的手机，由结对帮扶人员一对一讲解使用方法、实时完成注册。

其次，普及性培训日常化，壮大电商集体力量。贫困户参加培训包吃包住，采取理论学习与实战培训相结合的方法，还免费提供电脑网络、专人跟进等服务。2016 年电商培训 28 期，每期都有贫困户参加培训。通过培训后，网店创办率达到 73%，贫困人口电商创业人员增加到 2812 人。千家峒瑶族乡贫困村刘家庄，以张艳玲、卢昌琴为代表的 15 名返乡农民工，集体报名参加电商培训后，利用国家实施“互联网 +”行动计划战略机遇，创立县级农村电子商务服务中心，开办网店 30 余家。他们挖掘、开发瑶族特色产品，形成了山茶油、山野菜、山竹笋等系列天然生态、绿色无公害电商产品，带动本村、辐射周边近 100 户农户特色产品的开发和生产。

最后，精英型培训经常化，培养电商核心团队。2016 年春节期间，县政府发出召集令，遴选、组织电商从业者 64 人到浙江义乌进行升级培训，耗资 40 余万元，其中贫困户电商创业精英 19 人。

2. 强化“四员”队伍建设，为电商发展呐喊助力

在领导的关心下，江永县建立了以县义工协会为核心，吸引县内外爱心人士组成一支超过1000人的电商志愿者队伍，展示人类爱心，传递正能量。

成功组建了以“杂交水稻之父”、中国工程院院士袁隆平领衔的来自教育、医疗、农业等各行各业的200多名志愿专家队伍，着力于发挥专家的专业特长，扶贫扶智，增强智力支撑。

建立一支由奥运举重冠军（江永人）王明娟，江永县扶贫形象大使、中国著名湘菜大师许菊云，永州市扶贫形象大使汪涵等各界名人组成的扶贫形象大使队伍，让江永频频“触电”、上网，宣传推介江永，展现新形象，增强知名度。

由“两代表一委员”、纪检退休老同志组成了一支27人的监督队伍，配合有关部门发挥监督作用，有效提升电商发展、扶贫事业公信力。“四员”队伍的建立和作用的发挥，成倍放大了媒体宣传的效果，催生了潜在的巨大社会能量，助推了工作的顺利开展。

3. 善于优化企业服务，做大电商产业链

首先，以产品为基础，优化电商扶贫产业链。互联网是一种技术工具，不能代替技术研发、生产制造，更不可能取代传统行业和实体经济。他们以“五香特产”“三千文化”为产业基础，做大做强实体经济，做实电商扶贫产业链。兰溪瑶族乡勾蓝瑶村利用国家3A级风景区资源，创新机制，成立公司，让村民变“股民”，借力“互联网+”等营销手段，让“青山”变“金山”，2016年村民人均增收3350元，村集体实现增收35万元，134户584名贫困人口实现脱贫。

一是做优产品，让消费者舒心。江永县自然条件得天独厚，人文底蕴深厚，特香资源富集。“三千文化”“五香特产”

久负盛名。江永香柚、香芋、香姜均获得“绿色食品”、“国家农产品地理标志”和“国家地理标志证明商标”认证。2015年江永跻身为“国家级出口食品农产品质量安全示范区”。依托这些资源优势，精心做优产品，真正让消费者舒心。

二是打造品牌，吸引消费者“上心”。积极打造农产品电商品牌，让江永农产品通过互联网声名远播。全县对特色农产品实施“统一品牌、统一品质、统一包装”和“引导市场、引导价格、引导电商”的“三统一、三引导”模式，建立地理标志及地理标志证明商标，培育保护体系，解决了农产品同质性及价格恶性竞争的问题。

三是可溯源，让消费者放心。为实现江永名优特产的“来源可追溯、去向可查证、责任可追究、质量有保障”，江永县里投入600多万建立可视化溯源系统，用户可免费运用系统数据及图像。同时引进杭州甲骨文满天星防伪溯源系统，让特色产品都有了“身份”。“旭日升”“瑶妹子”家庭农场利用溯源系统的优势，创造了江永香柚的网上最高销售单价和较好口碑。

其次，以服务为手段，撬动电商扶贫大资源。作为地处偏远的省级贫困县，该县坚持“好钢用在刀刃上”的原则，充分发挥政策、资金“四两拨千斤”的杠杆作用，撬动、整合各类资金、资源融入电商扶贫大潮，为贫困户实现“自我造血”提供支撑，促进贫困户增收节支。

一是改善从业环境，激发创业热情。实施“开店有奖”政策。为调动电商群体创办网店、电商公司的积极性，该县出台并兑现了开设网店奖励1000元、开设电商公司奖励2000元的优惠政策，促进电商主体的发展。2016年工商局注册创办的电商公司120家，各类网店、微店2500个，电商销售总额14.3亿元，其中农产品销售近4亿元。

二是优化创业环境，为企业分忧。对引进的电商企业湘村购和电商巨头阿里巴巴、京东集团在开展农产品、乡村旅游等网络营销、品牌培育等方面的增值服务中，加强沟通交流，以诚相待，尽力排忧解难，促进共同发展。电商经营环境的改善，使得江永几大农产品价格得以提升。香柚、香芋、夏橙、生姜等销售均价每公斤提高1~2元，直接增加收入1.6亿元，农村人口通过溢价增收近600元。

三是对乡村电商服务站点运营关心支持。鼓励各平台公司融合建设村级站点。村级站点开业，政府帮助宣传并为之站台背书；通过发放代金券等形式提高村民农户“触网率”；每月开展业绩评比，对为村民代购节支、代售增收名列前茅者予以奖励。源口瑶族乡清溪村贫困户“村淘”合伙人蒋莺莺利用便捷的物流，为群众一年代购优质高效的化肥农药80余万元，销售农产品近100万元。

四是鼓励销售江永特色产品。对引进的电商公司，优惠政策规定，线上销售江永贫困地区农特产品、旅游产品，按销售业绩给予2%的奖励（单家企业最高奖励不超过10万元），开展促销宣传活动的按业绩给予2000~20000元的宣传费用补贴。在政策感召下，网商公司纷纷投身电商扶贫主战场，并取得了较好销售业绩。

3年来，江永县被列为全国电子商务进农村综合示范县，永明电子商务服务中心被评为省电商重点项目，全省产业扶贫现场会、全省旅游扶贫推进会先后在江永举行。2017年9月18日，全国“互联网+”社会扶贫工作现场推进会在江永举行。

虽然江永在借力“互联网+”助推民族区域经济发展方面

的探索取得了一些成效，但也存在诸多困难和问题，如工作经费不足、技术人员缺乏、网络运营需后续跟进、多个网络平台需进一步整合等，需要上级部门协调解决，有序推进。

社会发展迅猛，技术日新月异。面对物联网、云计算、大数据等技术的迅速发展和运用，广大干部群众要以湖南人“敢为人先”的拼搏精神，努力团结奋斗，不断书写“互联网+”的时代新篇章！

社会变迁视角下的民俗文化传承初探

——以江华瑶山民俗对歌会为例

刘婧

对歌，是苗族、土家族、布依族等众多少数民族十分喜爱的一种文化娱乐活动，瑶族也不例外。能歌善舞的瑶族人有着自己独特的民族文化，是中国文化宝库中一朵鲜艳的奇葩。我国湘南地区的永州市江华瑶族自治县，是瑶族人口聚居最多的一个县，有“神州瑶都”之称。对歌会通常作为人们在田间地头劳作或者庆祝传统节日的一种娱乐活动而存在。每年的二月初一（赶鸟节）、六月六（尝新节）、十月十六（耍歌堂节，又称盘王节）等民族传统节日，都会有对歌会的民俗活动。在每年农闲之日或者传统节庆活动期间，来自瑶山（大路铺一带）各个村寨的人们身着节日的盛装相约在山林河边对歌，称作“赶歌会”，他们用歌声抒发心声，形成瑶歌对唱、赛歌的宏大场面。

对歌不但唱情，还比智慧，是在一定曲调基础上的即兴发挥。在漫山的“歌海”里，人们谈情说爱、互诉衷肠，或者表达丰收的喜悦、对先祖的感恩之情，抑或是传播知识，甚至风趣调侃，用歌声表达他们对人生、爱情、家庭、社会、文化等方方面面的看法和追求，无不展示着瑶族民俗文化的独特魅力。民族歌曲是了解少数民族灿烂文化的窗口。瑶歌包括了生产活动、礼仪知识、对歌斗智等内容。热闹非凡的瑶乡歌会不仅有传播知识、庆祝丰收的多重文化意义，也是青年男女表情达意和人们走亲访友的重大民间盛会。

一、对民俗文化的认识和社会变迁理论的引入

民俗是文化的一面镜子，著名的人类学家弗朗兹·博厄斯指出“一个民族的民俗就是这个民族的自传体民族志”。因此，民俗文化的传承，具有增强民族认同，强化民族精神，塑造民族品格的意义。“民俗在社会中一旦形成，就成了一个自控又自动的独立系统，并以相对的稳定性，陈陈相因，延续承袭。只要适合这一民俗事象的主客观条件不消失，传承的步伐就不会中止。”民俗的这种超时空传承特性决定了歌会民俗传播的广泛性和持久性。然而由于民俗的传承是一个综合的系统，除自身的发展外，还不同程度地受到政治、经济、文化、心态等多方面的影响，因此歌会民俗在其传承过程中也不可避免地会受到其他因素的干扰和冲击。

社会变迁一词源于西方发展社会学和现代化理论，在现代已成为社会学的一个重要的研究领域。社会变迁是指“社会现象的变迁”。社会变迁既包括经济、政治等社会整体结构的变化，也包括社会组织、风俗、心理等局部性的变迁。社会学家认为，20 世纪以来的社会变迁就其范围来说，是世界性的，就其深度来说，是社会结构层次的，它给全世界带来的冲击、变动、影响及其结果都是前所未有的，它是有着巨大动力作用的历史事变，将传统社会与现代社会在性质上区分开来。学界把这一巨变过程概括为现代化过程。传统社

会与现代社会存在着政治、经济、社会、文化、心理上的巨大差别和性质上的分野。现代化过程是传统社会向现代社会迈进的一系列社会变革。

社会变迁往往与生活方式的发展变化联系在一起，决定和制约着生活方式的变化。对歌会作为人们日常行为活动之一，在现代化过程中，对歌会的变化是民俗文化变迁的一个重要组成部分，影响着社会文化变迁的进程。本文从现代化过程中人们的日常行为活动——对歌会的变化出发，探究民俗文化的传承。

二、对歌会原貌及现状

回顾 20 世纪 90 年代以前的情况，那时歌会没有时间地点的限制，不像现在这样固定为节日庆祝的那几天或者是赶集的那一天。在日常生活中，瑶族人民常常以歌代替言语，瑶族民歌是人们寻找欢乐或解除忧愁的一种心声。为此，瑶胞自幼就开始学唱歌。瑶家每年除夕之夜，长辈就教晚辈唱歌。男的学唱红白喜事的“贺歌”、待人接物的“礼节歌”、生产劳动的“气节歌”“知识歌”等。女的学唱“绣花歌”“生孩子歌”等。这些歌都有一定的格调，让孩子自幼就学会，出到社会上好应酬。平时，老人们在茶余饭后喜唱叙事长歌，往往一个故事唱一个晚上，就像山溪流水，娓娓动听。瑶民上山劳动，在田间地头即兴而唱，以歌对答，或放喉斗歌，你唱我和，情趣盎然，使辛勤劳作的疲惫得到安放，而后兴尽而归。瑶歌是瑶族人民生活中一种重要的文艺活动形式，是他们沟通心灵、交流经验的主要方式。因此，不论是在生产劳动，还是在民俗生活中的恋爱、婚姻、走村串寨、探亲访友等方面，到处都有瑶歌。江华瑶族人民在生产生活中常常借歌抒情，以歌言志，无论是祭祀、迁徙、记事还是恋爱、婚丧、喜庆、迎宾、送客，上至天文地理，下至凡人琐事，远自盘古开天，近至眉毛眼前，都可用歌谣的形式来表达。因此，瑶歌歌会随时、随处可见，是一种富有多重文化内涵的民俗文化现象。

从 20 世纪 90 年代至今，越来越多的当地居民在改革开放的大潮中接触外来文化，外来文化焕发出的生机和活力给瑶乡人们的精神文化生活增添了色彩。瑶族民歌产生于人民的生产生活中，是人们表达思想感情的一种艺术形式。现代化的社会化大生产冲击着传统的生产和生活方式。因此，歌会文化也在一定程度上受到了冲击。

一是歌会受众审美需求的变化。港台、日韩和欧美流行文化的传入，使作为一种过去的、单一线条的传统瑶族民歌，已经无法满足现代青年人的审美要求。

二是歌会参与的主体发生了变化。过去的对歌会上，男女老少，热闹非凡。在现存的对歌会中，中老年人居多，他们从附近的村寨赶来，有的走路，有的乘车。热闹的对歌会上，年轻人极少（这与农村大量青壮年进城务工有一定关系），少有的几个也只是围观看热闹，他们虽然有着瑶族人的民族身份，但是不会说几句瑶话，更不用说能听懂瑶歌中的歌词大意了。此外，随着文化旅游和全域旅游开发的继续推进，政府对歌会的举办十分重视。近年来，当地政府都要投入大量人力和财力组织歌会，一方面通过丰富多彩的文艺演出和瑶歌对唱活动保护、传承瑶族文化和丰富农村文化生活；另一方面在于“文化搭台，经济唱戏”，即考虑旅游发展对当地经济社会发展的带动作用，歌会的举办自然地偏重于对旅游目的地或民俗文化事项的宣传所带来的效益。因此，在对歌会的表述过程中也或多或少地存在一些由于政府目的和兴趣转移而造成的随意性。当然，组织歌会的部门也越来越意识到加强民间参与的重要性，并力图逐年增强民间参与的力度。

三是歌会的时间和空间发生了变化。过去人们在田间地头、山林小溪边即兴而唱。现在人们在固定的时间（当地赶集的日期、节日庆典期间）赶往集市附近的山林。对歌会活动中，也有一些民间歌手会用手机或者平板摄像和录音对歌会现场进行记录，他们说遇到天气不好不方便出门的时候，在家里使用手机在微信群里对歌。有研究表明，信息时代的到来，便于人们沟通的通信工具的发明在一定程度上实际疏远了人际关系，但在这里，却是一个例外。

三、民俗文化传承的几点思考

文化变迁是社会变迁的一个子系统，任何文化都是变迁的。与世界上所有文化一样，瑶族山歌会同样也不可避免地经历着时缓时急的变迁。由于现代意识、国家力量的制度化介入，歌会中一些文化因素被保留下来，有的渐渐衰退消失，有的重建再创，有的则在原来的基础上被注入了新的内容，甚至有的因素被加以重组和置换。这一系列的变化是文化发展的结果，也可以说是当今所有民族文化都正在经历的必然变迁。鉴于以上考虑，本文对瑶山歌会的传承做以下几点思考。

1. 传统与现代结合，创新瑶族民歌

一个民族的文化是由各种文化要素组成的相对稳固的自足系统，它本身有其运作的内部规律，就是传承机制，它既有使文化纵向传递的动因，又有横向吐故纳新的适应外部环境变化的创新调适机制。

科学、合理地运用多媒体技术发展与创新瑶族民歌，不仅

是保护国家的非物质文化遗产，更重要的是用音乐为将来谱写今天的历史，以及为后人传唱当今的风貌。随着社会的进步，瑶族人民的生活习惯也发生了极大的变化，瑶族民歌生存的根本，再也不是生活、生产与土地，而是慢慢地走向了现代化。创新瑶族民歌，满足不同年龄层次受众的审美需求。从传统到现代这个发展过程中，瑶族民歌要与社会发展接轨，要与时俱进，同时也要加入传统音乐的元素，两者结合才能创造出独具匠心、具有中国特色的瑶族民歌作品。在 2009 年上海东方卫视推出的综艺节目《民歌大会》上，各种形式的中国民歌都是由年轻一代的音乐家编曲演唱，在保留了中国民歌独特旋律和民族生活内容的同时，运用大量现代的音乐表现手法去重新为民歌编曲，用时代的音乐语言去歌唱时代。另外，昆曲青春版《牡丹亭》的再创作，堪称传统艺术在当代继续生存和发展的典范，让戏曲重新成为学术研究的主要对象，成功地使昆曲回到主流媒体的视野中。因此，传统民俗文化也不例外，它们在当代社会中仍然有强大的生命力，仍然可以唤起青年人的热情，人类优秀的文化自有其存在的价值。

2. 增强文化自信，培养瑶歌传承人

在对歌会文化进行传承和保护的同时，歌手传承是一个重要的直观问题。在歌会的保护与开发过程中，最大的困扰在于会说瑶语、会唱瑶歌的人越来越少，这也直接影响了对歌会文化的表述。在歌会的组织实施过程中，虽一直在讨论增强民间参与性，但由于瑶歌歌手的缺乏，民间自发来组织歌会的参与者中大部分是年纪比较大的中老年人，青壮年人能够参与到其中的几乎很少。

瑶族有自己的语言，无本民族文字，一般通用汉文。瑶族歌曲通过口口相传得以传承。口传文化的保护是一个长期且较复杂的过程，需要投入较多的时间和资金。瑶歌传承人的培养是不容忽视的一个问题，这牵涉到传承该文化因素的关键，即消除对瑶歌传承的淡漠意识。瑶族民歌的继承需要一代一代的人们去努力。但是，在现代化的冲击下，五花八门的娱乐方式层出不穷，当前有极大创作量的流行歌曲冲击着青少年市场，瑶族民歌很难渗透进他们的欣赏领域。文化消费进入快餐时代，人们追求新奇、刺激，人们越来越不自觉地远离传统，仅靠现有的瑶歌传习班是远远不够的。因此，学校的课堂教育应该承担传统文化的传播，进一步推进民俗文化进校园，在开设汉语课的同时，学习瑶语，唱瑶歌，培育人们的文化自信和自觉意识，认识自己的文化并积极投入其中。

3. 积极、广泛地运用多媒体技术传播歌会文化

运用现代传媒手段，让中国传统艺术在今天的时代，得到更多关注，焕发勃勃生机。用计算机来对瑶族歌会图像、声音等信息进行处理，再通过投影仪或大屏幕来展示音乐画面和各种声响，以及通过网络将最新的瑶族音乐直播实况放映在大屏幕上，以便更多人了解和欣赏。

参考文献

阿兰•邓迪斯，2005. 民俗解析 [M]. 户晓辉，编译 . 桂林：广西师范大学出版社 .

陈勤建，2007. 中国民俗学 [M]，上海：华东师范大学出版社 .

赵旭超，2016. 粤北瑶族耍歌堂歌的艺术特征 [J]. 齐齐哈尔大学学报（哲学社会科学版）(7)：142-144.

瑶族地区乡村建设中文化保护与传承的思考

唐勇庆

本文试从乡村建设大背景下瑶族地区如何做好瑶族传统村落文化的保护和传承，因地制宜地进行策略探析，来挖掘瑶族文化的发展前景和潜在市场价值，从而达到有力保护和有效传承瑶族传统村落的目的。让千百年来凝聚在瑶族文化中的历史印记和文明光芒照进现实，讲述好瑶族故事，展示好瑶族文化，扎扎实实地推进瑶族地区的乡村振兴战略。

瑶族，作为中华民族的一员，在漫长的历史长河中，创造了悠久灿烂、多姿多彩的瑶族文化。这些文化是瑶族人民生产生活实践的真实反映，是瑶族人民勤劳智慧的血汗结晶，是瑶族人民生产生活多样性的集中体现。但是，随着经济全球化的速度加快和现代文明的蓬勃推进，瑶族文化遭受到前所未有的严峻挑战和严重冲击。一些优秀的瑶族文化正面临冲击、濒危失传，甚至消亡的尴尬境地。

当前，在政绩焦虑、利益冲突和形式主义的驱使下，一些地方政府存在“复制等于保护、重建等于开发”的认识误区，一些地方对瑶族文化缺乏科学认识，造成对乡村瑶族文化遗产保护不力，重开发轻保护、重开发轻管理等现象不同程度存在。一些地方盲目追求经济效益，对乡村瑶族文化进行片面地、过度地开发利用，大量机械复制传统手工艺、无序开发旅游资源等，乡村瑶族历史文化人工化、同质化痕迹明显，逐利化运作、超负荷利用倾向严重。

因此，我们应以高度的文化自觉和文化自信，保护瑶族文化，弘扬瑶族文化，传承瑶族文化，展示瑶族文化，促进瑶族文化的创新和发展，对提高瑶族地区的经济社会发展水平都会产生深远影响和重大意义。

本文试从在瑶族地区村镇建设中瑶族文化的展示着手，来挖掘瑶族文化的潜在市场价值，从而达到有力保护和有效传承瑶族文化的目的。让凝结在瑶族文化中的历史记忆和文明光芒照进现实，讲好瑶族故事，展示好瑶族文化，扎扎实实推进瑶乡旅游事业的建设和发展。

“望得见山、看得见水、记得住乡愁”。一个村寨，一个乡镇，就是一个个鲜活的个体。人的生产生活，给予了村寨、乡镇以生生不息的生命。道路、房屋、田野，是村寨、乡镇的骨骼架构，而文化，则是它们的面子，它们的血液，它们的灵魂。在瑶族聚居区推进美丽瑶乡建设、实施乡村振兴战略中，结合发展旅游产业的需要，村寨、乡镇都一定与瑶族文化密切相关，离开了瑶族文化，就缺少了生命力，就缺少了核心竞争力。毋庸赘言，下面，笔者以素有“神州瑶都”之美誉的湖南省江华瑶族自治县为例，具体阐述在村镇建设中怎样以瑶族文化展示为抓手，推进瑶乡旅游事业的建设和发展。

一、充分挖掘提炼，定位要精准

“乡村改造，文化先行”。文化是核心吸引点所在，也是永久魅力所在。因此，在村寨、乡镇建设中瑶族文化主题定位是第一步，也是至关重要的一步。

特色的瑶族文化要想在村寨、乡镇的房屋结构、建筑风貌、民俗风情、生活习惯、传统工艺、商业业态等方面充分体现出来，必须通过“吃住行游购娱”展示出来，那么，对本地特色瑶族文化资源的充分挖掘提炼就显得尤为重要。要通过实地调研、走访座谈、开会讨论、组织培训、瑶族专家田野调查等方式与当地政府、瑶族专家、村民共同商议建设发展蓝图，充分表达意愿和建设需要，全程参与，并纳入村规民约。要根据村寨、乡镇的地域风情、历史背景和文化主题，寻找文化支撑，确定主题方向，寻找差异化优势和独特性内涵。不要“一刀切”“齐步走”的“千村寨（乡镇）一面”，不搞追求形式上“高大上”“崇洋媚外”，坚持“一村一品”“一镇一特”，展示出的主题和内容要突出本地本村特色，独具魅力，让人过目不忘，让人流连忘返。

如江华的瑶族按照语言、服饰、居住地和风俗习惯的不同，通俗地大致划分为岭东的过山瑶（或高山瑶），岭西（除河路口、上游外）的平地瑶（或梧州瑶），河路口、上游区域的八度瑶。在规划设计之初，就要考虑论证村寨、乡镇所处的地域，考虑相对应瑶族的不同特点，运用相对应瑶族的特色元素为主题，恰如其分地用在建筑房屋的整体布局谋篇上，在建筑房屋的细节处理上。如岭东的湘江乡桐冲口瑶寨建设以过山瑶的瑶族特色来规划设计，岭西的大石桥乡井头湾村注重用梧州瑶（平地瑶）的特色建筑语言来打造，岭西的河路口镇的牛路村以八度瑶风格的房屋来构建整体风貌。

二、领会建筑内涵，布局要精心

建筑的布局，是决定一个村镇形制的重要因素。房屋建筑是一个村镇的骨架。瑶族建筑主要以过山瑶特色的吊脚楼为代表，它是瑶族民间文化非常重要的文化遗产，积淀了丰厚的瑶族文化。瑶族吊脚楼本属于干栏式建筑，但又有所不同。干栏式建筑应该全部都是悬空的，瑶族吊脚楼为半干栏式建筑。

瑶族是一个比较典型的山地丘陵民族。其生活的地区很少有可供成片建造房屋的平地。于是，他们便选择坡度较为平缓的山坡，一半平整土地，另一半依据山势用长短不一的杉木柱头支撑，架木铺板，与挖平的屋场地合为一个平坦的整体，再在此整体上建造吊脚楼。瑶家吊脚楼“巧于因借，精在体宜”，瑶族人民根据实用性和环境特性，选择砍柴挑水方便、风光优美的地势，采用在就近山上砍伐杉木撑起为基脚，建起被称为“千脚落地”的木楼。整座木楼以杉木为柱、为梁、为壁、为门窗、为地板，以杉皮为盖顶，不油不漆，无矫无饰，一切顺其本色，自然天成，朴实无华。

平地瑶村落聚居，族群集中，房屋建筑吸收汉民族的建筑艺术，结构坚固，朝实用性方向发展，普遍采用砖、瓦、木头、石头等原料，建造砖瓦房。房屋结构一般以 3 间平列式为主，俗称“三间堂”，中间为堂屋，宽敞明亮，用来接待客人，平时吃饭，喜事摆酒。两边为厢房，用作卧室、厨房。楼上主要用来堆放存粮、农具、储柴等。猪牛栏、厕所，则建在屋后。大的村寨还有门楼、炮楼、围墙等，用来防卫盗匪贼寇。门楼、道路用青石俱多。

平地瑶房屋建筑在汉文化风水观的影响下，体现“天人合一”的居住生态观念，比较注意房屋的装潢。如在房屋脊梁上雕刻龙头凤尾，在门槛外侧左刻凤、右刻龙的图案，左右均刻雄狮戏珠的图案，表达“龙凤呈祥”的美好向往和寓意。建房择地，要依山傍水、背山面水，有良田菜园美景。

八度瑶与平地瑶的房屋建筑相比，因为都建在平地丘陵地区，有类似的地方。如都是用砖、瓦、木头为主材，基本是“三间堂”，坚固实用，大体一致。但是也有区别，如八度瑶用红砖的多，平地瑶用青砖；八度瑶的房屋普遍比平地瑶的低矮些，窄小些，基本没雕龙画凤的装潢，简洁、大方、实用。

结合瑶族不同的文化主题、历史源流和地域特征，来打造村镇的内在布局和结构。以位于平地瑶的大石桥乡井头湾村为例，在规划设计时，要考虑用古巷道或街道、古商铺、古大宅院、古宗族祠堂、古书院或旧私塾、古祠庙、古戏楼、古井、古渠、古青石台阶等，来构成古村最核心的要素。青石板溜光的路面、临水而建的蜿蜒的潇贺古道、古香古色的各类公共建筑与住宅、紧凑有序又疏密结合的布局构成一座别具特色的岭南古村。而深藏瑶山的桐冲口村，则以过山瑶最具特色的吊脚楼为核心向外延伸进行房屋建筑布局，形成以“楼”为中心，“楼、山、水”为主题的山居画面，突出吊脚楼的原木围栏、原木梁柱、本色杉木皮，营造“生态、自然、绿色、休闲、养生”理念。

三、突出特色要素，风貌要精美

村镇的风貌是村镇的外观，是村镇文化要素的重要体现、集中展示，是一个村、一个乡镇的“脸面”“盖碗菜”。

首先，要有良好的精神风貌。村镇要弘扬和展示瑶族文化中蕴含的大量规范的瑶民生产生活方式、思维价值取向的朴实世界观、人生观、价值观，以及勤劳勇敢、与人为善、尊老爱幼、明礼诚信、天人合一等美好向上的传统道德资源和民风民俗，充分表达出瑶族自我与内心的和谐、自我与他人的和谐、人与社会的和谐、人与自然的和谐，以及族群与族群、地区与地区的“和谐大家庭”。

其次，要有美好的文化风貌。根据村镇瑶族文化主题的不同，村镇的文化风貌也具有不同的特点。结合平地瑶地域文化，井头湾村着力打造的仿古型旅游小村，从汉唐的潇贺古道到明清的建筑风貌，从山清水秀到耕读传家，形成具有明显地域特色的建筑风貌和民族风情。而桐冲口村结合过山瑶文化打造休闲度假小村，以瑶山风情为特色，使小村表现出典型的文化印记。

再次，要有完好的生活风貌。每一个村镇都是一个人活动的区域。瑶族民间的日常生产生活，承载着丰富的文化和历史符号，是过去岁月沉淀下来的历史财富，蓄积了不同历史时期的瑶族精神，保留了最浓缩的瑶族特色，是瑶族历史的活态传承。通过在村镇恢复完好的瑶族生活场景，让人进入到村镇，扑面而来的，是浓厚的人间烟火味，感受到的是朴实的瑶族气质，触摸到的是瑶族生命的底色，领会到的是真实的瑶族吸引力。可以在村镇设计小型的瑶族历史文化博物馆或瑶家生活场景展示馆，或瑶族农耕文化体验馆，或特色宗祠、特色族祠，或本地特色的庙寺等。着力解决垃圾乱堆乱放、污水横流、建房无序、空心村等实际问题，以人居环境整治为重点，提出生活垃圾治理、卫生厕所建设、生活污水治理、村内道路建设和公共设施建设等方案，来促进村容村貌、镇容镇貌的提升和长效管控。

四、科学合理设计，业态要精致

业态关乎村镇的经济效益，经济效益关乎村镇运作的成功与否。每个村镇本身就是一个复杂的小商业综合体，都应具备最基础的接待服务和旅游休闲功能。在规划设计布局时，就要对一个村寨、一个乡镇的商业业态进行科学合理的设计安排。商业业态类型通常有餐饮、住宿、娱乐、文化休闲、纪念品和特产销售等。

业态是瑶族文化在村镇的重要展示和表现方式。不同地域和文化下的餐饮、住宿和特产都有不同的特色，业态设计要体现村镇独有的文化特色和内涵。业态设计必须结合村镇的功能定位、文化定位和市场定位来展开，科学分析确定餐饮、住宿、购物、休闲、体验等各种业态在村镇中占的比例。如位于岭西交通方便、场地范围广的大石桥乡井头湾村，可以定位为观光和文化休闲为核心功能的瑶寨，来相应地扩大游览、休闲、购物、纪念品、文化体验等业态所占的比例。如位于岭东瑶山深处的湘江乡、水口镇及桐冲口、香草园等村镇，可以定位为以接待功能为主的旅游休闲度假式村镇，根据游客接待量来加大测算餐饮、住宿等业态的配给量。同时，根据市场细分确定餐饮、住宿业态的内部配置，如住宿业态中的客栈、民宿、商务酒店、星级酒店、休闲度假酒店如何配置就需要通过对市场进行深入研究后来确定。只有具有村镇文化特色，符合功能定位、市场消费规律的业态设计，才能给村镇带来源源不断的人流、浓厚的商业氛围、注入蓬勃发展的活力。

下面，以文化观光休闲型的井头湾村为例，来具体说明如何具备观光、休闲、住宿、购物、娱乐、生活六大功能的业态。

（一）观光功能是旅游文化村镇产品设计的基本依据

该村观光线路布局宜安排在沿村中小溪溯流而上、交通便利、位置明显、景观资源丰富、自然环境良好、文化遗存相对完好的区域。步行在古朴的青石游道观光，适时有台阶拾级而上，小憩在位于高处的亭台楼阁，便于歇息时眺望远方山水田园，俯瞰全村建筑风貌，瑶山美景尽收眼底。这样利用村里和大自然的原有风貌、良好的生态环境、浓郁的瑶族风情、近乎原始的农业生产经营活动，满足人们返璞归真、回归自然的愿望。

（二）满足休闲功能必须要有休闲产品

在村中设置打造瑶家美食一条巷，展示瑶族的特色休闲食品，如江华米粉肉、“十八酿”、瓜箪酒、腊肉、竹筒饭、油茶、腐乳、泡菜腌菜、粑粑、果子、原生态蜂蜜等，宣传自然、生态、绿色、无污染理念。鼓励村里的瑶胞开辟果园、菜园、花园、茶园等，让游客现场体验摘果、扒菜、赏花、采茶等农事休闲活动。在固定区域提供运动健身、登山越野、修身养性的休闲场所及相关服务，来突显乡间的宁静淡泊生活，如老宅下棋、河边垂钓、溪岸品茗等活动。或参与瑶族民间体育休闲活动，如打瑶族木棒球、踢毽子、打陀螺、打长鼓、抛绣包等，生动活泼，多姿多彩。

（三）娱乐功能必须是核心设计

瑶族是歌舞的民族。以长鼓舞为代表的瑶族舞蹈和以盘王大歌为代表的瑶歌，展现了瑶族歌舞绚丽多姿、丰富多彩的“乐神娱人”形式。设立“瑶学堂”。在老宅子里面选一座房屋，按旧私塾、旧学堂的布局，设立“瑶学堂”，聘请村里德高望重的族长、族老兼职老师、师傅。让游客来这里学说梧州话方言和简单实用的日常用语，听瑶族口耳相传的口头文学，如瑶族源流的神话传说故事，瑶族特色的童话、寓言、谚语、歇后语，以及瑶家茶余饭后娱乐的各种笑话等。还可以学习瑶族文字，学写自己的名字及祝福语。开辟露天“瑶族风情舞台”或室内“瑶族歌舞剧场”。挖掘整理和再现梧州瑶地区“歌圩”“坐歌堂”“还盘王愿”“度戒”等风俗、礼仪、节庆盛况，表现具有一定神秘色彩的图腾崇拜、祖先崇拜、自然崇拜。表演和展示梧州瑶特色的长鼓舞、梧州瑶歌、耍人龙等。让游客近距离观赏，适时亲身体验，积极参与互动。打造“瑶族工艺馆”。梧州瑶胞手工艺技能历史悠久，在服饰、生产生活用具，以及装饰用品方面，样式多样别致，图案花纹美观精致，造型艺术新颖大方。如瑶族的挑花、刺绣、织锦、印染等传统民间工艺，技术精湛，制作出特色的腰带、绣花鞋、八宝被、头巾、便服、围裙、小孩帽子、挎包等瑶族特色服饰。在馆内现场可以再现织、染、晒、裁、缝、绣“一条龙”的“家织布”工艺流程，展示品种多样的各类成品，供游客观赏、购买。扶持“非遗传承坊”。瑶族列入国家级、省区级的非物质文化遗产名录的瑶绣、瑶服、瑶歌、瑶舞、奏镗、度戒等，在“非遗传承坊”里，通过实物、图片、音视频及现场演示、展示和制作等手段和途径，让每一位来到村里的游客，变成一个临时非遗传承人，学习瑶族非遗的基本知识，了解瑶族非遗的历史源流，理解非遗传承人的艰辛历程，感受瑶族文化的博大精深。开设“瑶医体验所（室）”。瑶族世代居住在相对偏远的山区，在认识自然、适应自然、改造自然的过程中，利用瑶山土生土长、随手可得的植物、动物、矿物质等，创造了独特的瑶族医药，积累了丰富的防病治病实践经验和案例，形成了特色浓厚、独具一格的瑶族医学体系。在“瑶医体验所（室）”里，游客可以看到采用瑶山丰富的动植物资源制成的瑶药，可以内服、外敷、外擦、药浴、药挂、药佩、药熨、药灸、药垫等，还可以体验针灸、磁灸、骨灸、蛋灸、火灸、艾叶灸、打火罐、按摩、刮痧、挟捏痧、杉刺、阴阳火攻、熏洗、神火滚按、割治、针刺、陶针、植物刺等方法治疗疾病。瑶族传统医药的一大特色是瑶家的药浴，在让游客体验泡脚、泡澡解除旅途疲劳的同时，推销瑶族医药的特效良方。

（四）民宿和客栈是满足住宿功能的绝佳选择

尊重村里的瑶族文化传统，选取有特色的房屋按照“修旧如旧”和“景在屋中、屋在景中”的原则，因地制宜，顺势而为，自然而然，进行住宿类型和住宿方式的设计。在原有房屋外观、结构、建筑、风貌等基础上进行修缮和改造，“原住民+艺术村”，保留原有建筑及院落围合的外观肌理和空间，将本土人文精神、自然景观、古朴建筑和现代生活相融合。

（五）满足商业功能要进行商业业态的总体设计

以整个村寨景观为脉络，遵循“以人为本”的原则，充分尊重当地瑶胞的生产生活方式以及游客的购物习惯，采用点、线、面成景的方式，参照不同位置、不同功能分割空间，营造一个舒适、令人愉悦的具有浓厚氛围的文化休闲、轻松购物娱乐的整体环境。关键是解决好商业的繁华气氛与古村宁静的文化气质相冲突问题、车行交通与步行交通空间的连接问题、商业的喧闹繁杂与单调枯燥问题、商业对瑶族历史人文记忆冲击问题，将商业不露痕迹、不矫揉造作地融合进古村的整个意境和氛围之中，寻找适宜的尺度。同时，要以景观意境为根本，通过空间变化重组，运用铺地、雕塑、喷泉、植物等元素，来解决商业的标识问题。

（六）满足多方面的生活需要

主题要义应该是“住瑶家屋、吃瑶家饭、干瑶家活、与瑶家乐、留瑶家情”，让人回归自然、身心放松、愉悦精神。环境是自然干净整洁的，瑶民是热情淳朴文明的，文化是浓郁特色休闲的，生活是方便舒适实惠的。

五、良性协调互动，产业要精华

村镇的旅游开发，实际上就是以旅游和文化产业为主导产业的村镇建设。因此，在村镇旅游规划设计和建设中，既要尊重旅游规律，也要遵循城镇规划规范，还要注重瑶族文化展示和体现，以村镇的旅游发展来引导城镇化进程，弘扬瑶族文化，实现产业发展与村镇建设、与文化旅游的系统整合。村镇既是文化旅游区，又是瑶民居住生活区，瑶族文化与特色旅游互补发展，形成文化旅游休闲与生产生活双重互利共生的“文、景、村镇合一”系统。

产业是村镇发展最有力的支撑。村镇建设是一个以文化产业和旅游产业为主导的集休闲农业、娱乐、商业，甚至房地产等多个产业于一体的复合型闭合系统。在瑶族地区村镇的建设中，需要以瑶族文化旅游为主导进行泛旅游产业的整合，形成瑶族文化风情旅游主导下的瑶寨休闲农业、本地特色农产品加工销售产业、特色瑶族创意商品、特色瑶族商业等精华、“拳头”产业的协调发展，以多产业、多层次、多维度的全域良性互动来推动村镇旅游的可持续发展。

厚重的文化是旅游发展的灵魂，缺少历史文化积淀的旅游是难以可持续发展的。江华是瑶族文化弘扬和传承的标杆，要充分发挥瑶族文化特色，增强文化自信，发挥瑶族文化的导向功能，推进瑶族文化建设与经济建设、社会建设、生态文明建设协调发展，建设一个瑶族特色鲜明、文化系统完整、文化标志绚丽、旅游产业成熟、生态环境优美、经济发展繁荣、民族团结和睦的现代化文化产业基地、文化旅游示范区。在村寨、乡镇的规划建设中最大限度地融入瑶族文化元素，让一街一巷、一砖一瓦、一草一木都散发出浓郁的瑶族文化气息，让凝固的历史“活化”、无声的文化“说话”，打造出一批集休闲观光、娱乐体验、饮食、购物消费等功能于一体、各具特色、有机串联的瑶族风情村镇带，向生态宜居、休闲养生、文化绚丽的区域性国际旅游目的地目标努力奋斗。

道教文化对清溪瑶建筑的影响

曾凡忠

道教在传入瑶族社会后，不仅自身发生了变异，而且与瑶族传统的原始宗教逐渐融为一体，进而对瑶族社会产生了深远的影响，渗透到瑶族社会文化生活的各个层面，也不可避免地渗透到清溪瑶建筑文化中，为村落与建筑营造提供了丰富的元素。

道教初创于巴蜀之后，迅速向江南地区传播，历经汉魏两晋南北朝，在南方少数民族地区不断传播和发展。尤其是明朝中叶以后，道教在汉族地区逐渐衰落，在周边少数民族中却得到长足发展。在瑶、壮、苗、仡佬、土家、毛南、白、彝等族的宗教信仰体系中，至今仍保留浓厚的道教色彩。其中瑶族的传统宗教与道教融合后，体现出巫道结合的明显特征，使民族宗教明显道教化，进而对其传统文化的各个方面产生了极为深远的影响。

宋元以来，道教、佛教相继传入瑶族地区，清代，道教在瑶族地区广泛传播。道教在传入瑶族社会后，不仅自身发生了变异，而且与瑶族传统的原始宗教逐渐融为一体，瑶族原始宗教在与道教相融的过程中已成为道教的一个重要的有机组成部分，这种在瑶族社会中新形成的道教的衍生物——瑶族道教，进而对瑶族社会产生了深远的影响。经过一千多年的渗透，已成为瑶族传统文化的核心，并渗透到瑶族社会文化生活的各个层面。

清朝蓬勃发展的道教文化，也不可避免地渗透到清溪瑶建筑文化的方方面面，为村落与建筑营造提供了丰富的元素。笔者通过清溪瑶建筑群的考察与分析，解读道教文化对清溪瑶建筑营造的影响。

一、建筑格局体现“天人合一”美学思想

《道德经》中说：“人法地，地法天，天法道，道法自然。”道家哲学家认为：“道”的本性就是自然，世间万物的变化都要遵守一定的自然规律，凡是符合自然发展规律的事物就是美的，是和谐的。可以说，“道法自然”既是老子提出的哲学原则，也是贯穿道家文化的美学原则。

在道家信仰中，天是自然，而人是自然的一部分。老子认为，道是宇宙的本源，也是万物生存的根本，指明了天人本是一体的。此后，庄子在承继老子“道法自然”思想的基础上，提出“大美无言”的主张。他认为，自然的美在于其本身从来没有意识去刻意追求什么，但是却在无意之间造就了一切，这就是自然无为的最好体现，是“万物与我为一”。这些思想一直影响着中国建筑艺术的发展。

清溪瑶建筑群通过跟自然的借用，使建筑与自然和谐统一，借自然之景与自然融为一体，是“天人合一”思想的最好体现。从宏观上看，清溪瑶建筑群依山傍水，具有良好的自然景观和村落布局，它充分借助了传统风水理论，借用自然景观来装饰建筑，富有地方特色和建筑艺术特色。清溪村村口及村

左右环山，村后古木苍天，建筑与自然环境相互融合，不仅没有破坏自然环境，还与周围的环境和谐相生，这都是“道法自然”的具体呈现。“择良地而居，择吉处而安”，充分表达了清溪瑶先民在建设家园时的智慧。据了解，他们选址和建房时会专门邀请风水先生前来相地，过去须择吉日动土，大门坐向须按阴阳五行定，如主人为金命者，则门朝北，木命者门朝南，水命者门朝西或南，火命者门朝东或南，土命者门朝西或南。瑶族盖新房有原始协作的习惯，有盖新房者，邀约全村人参加，有的负责割草，有的负责运料，帮忙者不计酬劳，主人以便饭招待，体现了村人淳朴、善良的民风。

村落依山傍水而建，顺应山水地貌，而其中又将大量的优质土地资源留给了农业生产。走进古村落，布局紧凑，只见街巷狭窄，有的地方常仅能过一人，也是为了将土地资源充分利用。特别是建筑群左边是一条小河，右边一条小溪沿着整个建筑群外围的墙角流过，山环水抱，体现了人与自然的和谐之美，故名“清溪”村。

对于村落后山丰茂的植被，清溪瑶村民也常保持着敬畏之心，尽心竭力加以保护，甚至动用家法乡约。沿后山小道逆水而上，只见古木苍天，溪流淙淙，一片鸟语花香，步行近500米，一座水库横亘于面前，在苍翠的绿树映照下，水面碧绿，是少有的青山绿水。

清溪瑶处于偏远山区，其建筑大都因地制宜，就地取材。其建筑格局主要是砖瓦式的结构，下为砖，上为瓦，并有飞檐。瑶族天井（门楼结构式）的民居一般是坐北朝南，符合中国传统的建筑风水学。房屋的瓦脊和飞檐都绘有花纹图案，如果大门或正门前另有人家，还得砌一堵照壁，并画上龙凤诗文以示吉祥。天井面积约二丈五尺见方，青石条镶边、卵石铺面，有的镶嵌成阴阳、八卦、金钱等图案。天井的水沟大都有出水口，俗称“阳沟”，主要用来消泄阴水及淘米、洗菜、洗巢等污水。天井两边的房子叫厢房，分上下两间，下面的用房住人，楼上一间用来堆放东西。如果儿子大了，父母为其完婚后分家，就居住在东西两边的厢房里，形成家族。所以，一套宽敞的天井门楼式结构民居，往往三世或四世同堂，老少和睦，男女安康，十分有人情味。天井门楼式结构的房屋大都左右开通门，通左右厢房成回席，达正厅；中间隔一座屏风，避免“一眼看穿”；屏风后为天井。厨房建于东边，厨五行属火，东边属木，木火相生有益全家健康。

二、建筑装饰体现“返璞归真”美学思想

老子的《道德经》中“常德乃足，复归于朴”“朴素而天下莫能与之争美”等都是道教返璞归真思想的来源。在道家文化中，“朴”多用来代指事物的最初原始状态，是最接近“道”的本质存在。道教哲学家多将“朴”作为衡量美的最高标准，崇尚自然、质朴、简单、不事雕饰的自然之美，排斥堂皇富丽的装饰之美。清溪瑶建筑在其色彩、结构以及装饰等方面也体现了这种美学思想。首先是色彩上给人感觉尤其明显，大部分建筑都采用了灰色与红色相结合的形式，青砖或红砖加白石灰勾缝，给人的整体感觉素朴而又宁静。

除牌楼以外，所有建筑几乎都采用简洁的硬山结构，屋脊、鸱尾等部位的装饰与雕饰也较为简洁，没有其他形制和夸张的线条。虽然中国古建筑屋顶都有一定的曲线，清溪瑶建筑的左右两侧、正门屋顶曲线更为夸张，形成具有浪漫情调的反翘曲线大屋顶，这种屋顶设计有着漂亮的曲线和轻巧多姿的翼角，呈现出飞动轻快、直指上苍的动势，从不同角度和不同方向看

都是曲线，使建筑在视觉效果上始终呈现一种柔美的感觉，可谓是道教追求羽化成仙的具体体现。如此屋顶建筑再配以宽厚的正身和阔大的台基，使得整个建筑呈现出一种情理协调、舒展轻快的韵律美，给人们带来美的愉悦感受。

引人注意的是建筑群百米远的地方还有一座“回龙观”，这一道观也同佛寺一样位于安静、空旷、风景优美的山林之中，与世俗繁华隔绝，极力营造出道教中的十大洞天、三十六小洞天、七十二福地的境界。修道者在这样的环境清修，返璞归真，清心寡欲，加之所食为纯绿色食品，时间长了，自然集天地灵气于自身，成就仙风道骨，益寿延年，同时也反映出清溪村是一处修养身心的福地。在离村落不到一公里远的地方有一座文峰塔，塔内也供奉有文昌帝君、太上老君等道家人物像。

清溪瑶民居建筑装饰比较简单，追求“实用为本，装饰为辅”的思想，基本体现出纯朴、朴素的艺术美感。在借鉴汉族装饰形式的同时，保留了本民族的传统，艺术风格与周边汉族又有所区别。建筑构件装饰比较有代表性的是门框装饰和梁枋装饰。在门框装饰中，以栅栏门和门簪最为常见，栅栏门是设立在大门前的辅助小门，“我国南方大部分少数民族地区，特别是气候炎热潮湿的省区的居民大门前，通常安置一种通风兼防备的简易辅助门——栅栏门，其形式有单扇、双扇，也有少数为四扇，纵向高度为大门的二分之一到五分之三之间。上段用棂子或图案纹样作为格芯题材，下端裙板或素板，或浮雕”。从外形上分析，门簪的形制主要有六边形、圆形、方形等，装饰手法采用镂空和浮雕并用，有的还刻有“乾”“坤”等二卦符号。瑶族民居建筑的构件装饰中，梁枋装饰比较朴素，突出造型线条和技巧构思，在梁枋部位很少进行彩绘，而是稍稍髹以单色土漆和进行简单雕刻。从外形上看，其梁枋装饰是由瓜柱和撑拱相结合的独特结构。在调查中，还发现有的正厅房梁上有鹅颈形的构件，灵动飘逸，与飞檐互相呼应。

牌坊也是典型的弘扬道德观念的纪念性建筑。清溪瑶入村牌坊上书“淳风敦古”，显示了村民所倡导的民风与道德观念。清溪瑶历来重视教育，世代相传修身治学、耕读传家、孝廉勤俭、尊老爱幼等良好家规家训家风，鼓励子孙通过科举入仕，而得到家族祖先庇护。建筑群里有私塾、藏书阁，体现了他们农耕生活中不废诵读的良好传统。出资兴建的文峰塔也成了兴文运、昌科举的文运之象。在清溪瑶博物馆看到的《教儿经》《传家宝》《弟子规》和《传家训》等儿童启蒙教科书体现了“耕读乃立家之本，勤俭乃保家之基”的核心和宗旨。

清溪瑶在装修、雕饰、彩绘上处处体现着民俗民风，建筑上的墙绘大多用白鹤、神仙、祥云等作为装饰图案，这些带有吉祥意味的图案，凸显了道家所追求的建筑与自然相和谐的趣味。清溪瑶建筑古朴典雅，青石街高门楼，天井石条铺花，窗棂雕龙刻凤，照壁楹联意境雅致，各具特色。木雕、砖雕多以寓意喜庆吉祥的花卉、动物和器物作为题材，比如，以蝙蝠、寿字组成装饰，寓意“福寿双全”，还有“三阳（羊）开泰”“五世（狮）同居”“五福（蝠）临门”“吉（鸡）庆有余（鱼）”等，体现了他们对幸福、富裕、吉祥等美好生活的积极追求。

以清溪瑶为代表的瑶族村寨文化景观群，是人类与大自然的共同杰作，见证了瑶族社会发展过程中，为战胜居住地恶劣自然环境的影响，合理利用和适应环境的进化演变过程，具有原生形态、次生形态、变异化和即将消逝等多种具有突出代表意义的特点，同时是村寨文化景观的重要载体，见证了汉民族中原文明与其他少数民族对瑶族社会在政治、经济、文化、生产方面的影响。它是人文景观、人居建筑与自然景观相融合、因地制宜的典范，集中体现了人与自然互为依存、和谐、统一的关系，展示出人类随着社会生产力的发展而产生变迁的过程，是从刀耕火种的原始社会到精耕细作的农业社会发展的不同阶段的历史见证。也体现了瑶族人民敬畏神灵、敬重祖先、尊重传统和聚族而居的族群特点，反映了瑶族人民尊重并顺应自然、合理开发利用自然、互帮互助、团结协作、顽强生存的生活态度、生存智慧、与自然和谐平衡发展的价值理念。

参考文献

刘明，2017. 浅析中国道教建筑的美学思想［J］. 现代交际（16）：94-95.

刘森林，2004. 中华装饰：传统民居的装饰意匠［M］. 上海：上海大学出版社.

罗兆均，徐祖祥，2011. 浅谈道教在瑶族社会中的传播与影响［J］. 西安社会科学，29（5）：85-86.

续昕，2012. 浅论中国道教建筑的美学思想［J］. 社会科学研究（2）：160-163.

姚辉，2014. 永州瑶族民居的建筑特色［J］. 湖南科技学院学报，35（4）：203-205.

赵秀琴，2009. 浅析瑶族文化对民居建筑艺术的影响［J］. 西北民族大学学报（哲学社会科学版）（6）：90-95.

在全域旅游视角下乡村旅游助推瑶族地区经济发展的实践与思考

——以湖南省永州市江华瑶族自治县为例

李荣喜

瑶族聚居地大部分位于偏远落后的乡村地区，往往是“老、困、边、穷”的代名词。但是，瑶族地区以其得天独厚的地理位置和秀丽古朴的自然山水、历史悠久的民俗文化、别具一格的民族建筑等丰富的旅游资源为乡村旅游的发展提供了有利的条件。江华瑶族自治县以打造“神州瑶都”、建设旅游度假休闲胜地为目标，以创建等级旅游景区和特色名镇名村为契机，全力打造全域旅游，成为助推经济发展的动力引擎。但是，发展瑶族地区乡村旅游不是想当然的事，要因地制宜，突出民族文化特色，要留得住青山绿水，记得住乡愁，既要金山银山，又要绿水青山，要以增加农民收入为出发点和落脚点，保持人与自然的和谐与可持续发展。

目前，我国人均GDP已超过8000美元，旅游需求正处于爆发式增长阶段。全域旅游已成为新常态下推动经济发展的动力引擎，成为与人民群众息息相关的幸福产业。随着“黄金周”“旅游热”的出现，很多人开始把自己旅游的目的地放在乡村旅游上。瑶族地区拥有着极为璀璨的地域文化，大力发展瑶族地区乡村旅游，不仅能够提供更多的就业岗位，带动贫困地区群众脱贫致富，还可以促进区域经济持续发展，对于推动少数民族地区经济社会发展具有重要作用。由于受自然环境的影响，瑶族地区经济发展相对滞后，要想摆脱贫困落后的现状，应该抓住发展旅游这一“朝阳产业”的机遇，充分利用瑶族地区得天独厚的自然资源和丰富多彩的民俗文化，走旅游发展之路，使旅游业成为民族地区经济发展的支柱产业。通过旅游服务为瑶族群众提供更多的劳动就业机会，努力使旅游业成为瑶族地区新的经济增长点，促进区域经济持续发展，助力瑶族地区脱贫致富奔小康。

一、全域旅游及乡村旅游的丰富内涵

所谓全域旅游，就是把一个区域整体作为功能完整的旅游目的地来建设的一种全新的旅游发展理念。

全域旅游作为一个概念，比较通行的解释是：各行业积极融入其中，各部门齐抓共管，全城居民共同参与，充分利用目的地全部的吸引物要素，为前来旅游的游客提供全过程、全时空的体验产品，从而全面满足游客的全方位体验需求。

全域旅游与传统旅游不同，全域旅游的“全域”体现在三个方面，即空间上打破独立景点的“全域”，参与上打破景区工作人员的“全域”，产业上打破旅游单一发展的“全域”。全域旅游的发展思路，是期望通过旅游发展模式的转变，促进区域经济的转型发展，构建多元化的发展动力，使得“居民舒心、游客开心、商旅动心”。全域旅游更加关注景点景区、宾馆酒店等建设的系统性和规划布局的合理性。全域旅游是分步推进，有序而为，因地制宜，突出特色，体现差异性，形成色彩斑斓、百花争艳、各具特色、生动活泼的现代大旅游格局。

旅游本身就是一种生活方式，凡能满足游客旅游生活方式的相关领域和产业都可以充分利用旅游业搭建的供需对接平台，共享旅游消费的“流动钱包”。旅游业搭建的这个供需对接平台是以生态作基础、以文化作内容、以旅游作市场、以科技和金融作支撑的，它以“（文化 + 科技 + 金融 +N）× 旅游业”为主要模式，突出以文化创意为核心的智力资本，引领政府资本、产业资本、消费资本和金融资本进入旅游领域，着力构建生态、文化、旅游、科技和金融深度融合的全域旅游融合创新新格局。支撑这个新格局的关键要素是文化创意。

乡村旅游是指以乡村野外为空间，对乡村特有的自然景观、民俗文化、民居建筑等进行开发、组合，从而为游客提供既能观光、游览，又能休闲、娱乐的旅游场所。国外对乡村旅游的研究伴随着乡村旅游的发展而不断深入和完善，整体而言，最具有代表性的说法有三种，即农业旅游、农庄旅游以及乡村旅游，其共同点都是认为乡村旅游发展的主要特性是“乡村性”。1994 年经济合作与发展组织与欧盟对乡村旅游的概念进行了界定，认为乡村旅游是一种以乡村地区为发生地的旅游活动，并指出当地独特的“乡村性”是整个旅游发展过程中的营销核心与主要卖点。有学者研究指出，乡村旅游主要是指农业从业人员利用自身资源对外提供服务的一种“接待式”旅游形式，乡村旅游活动应与农业生产密切结合。此外，也有一些学者从活动场所的角度对乡村旅游的内涵进行了研究，指出乡村旅游是指对农业种植活动及动物养殖过程进行参观的旅游活动，开展乡村旅游的主要目的在于亲身体验、获取教育以及寻求娱乐。

还有一些学者认为，应该将农业旅游、农庄旅游、乡村旅游的概念加以统一，赋予其相同的定义与内涵。

二、发展乡村旅游，助推经济发展的实践

越是民族的，越是世界的。江华自然资源丰富，民族特色鲜明，发展全域旅游优势条件明显。近年来，江华把发展乡村旅游作为少数民族特色村镇建设的重要切入点，着力打造处处是景观、村村是景点、人人是导游的全域旅游示范区，成为瑶族地区经济发展的动力引擎。

（一）拓展全域旅游，助推经济发展

这两年，江华逐步完善了香草源、婆婆源瀑布游步道的建设和停车场、环保厕所等旅游配套建设，成功创建为 3A 级旅游景区。村民通过开设民宿、提供餐饮、种植瑶药、生产旅游商品，腰包慢慢鼓了起来。2016 年，湖南卫视在江华瑶族自治县湘江乡庙子源村香草源拍摄“新春走基层特别报道《直播香草源》后，这个“藏在深闺人未识”的瑶族村落人气爆棚，全省乃至全国各地的游客蜂拥而至。目前，香草源已经有农家乐 28 家，其中 18 家开设了家庭旅馆，带动就业 140 余人，村民人均增收 2 万多元。村里的小米椒、玫瑰香柑、瑶山冬笋、腊味、蜂蜜、梗梗茶等一大批农副土特产走出大瑶山，成为城里人的抢手货。湘江乡庙子源村香草源村民游敏在村里开了一个农家乐、一个小卖部，还有农村淘宝店，从此走上致富之路。2016 年 3 月，江华开通“直通香草源”首条旅游专线。在“十一黄金周”，江华推出了一系列丰富多彩的主题活动，如香草源瑶族风情篝火晚会、宝昌洞重阳节庙会、涔天河村百亩七彩田免费开放等等，江华共接待游客 38.4 万人，实现旅游综合收入 1.13 亿元。

充分挖掘整合自然生态、历史文化和民族风情旅游资源，深化区域旅游合作，着力规划建设红色旅游线，涔天河度假旅游线，宝镜、井头湾、牛路等美丽乡村旅游线，盘王殿、瑶族图腾园广场、神州瑶族文化博览园等祈福寻根旅游线，以区域品牌培育和旅游业态创新为重点，全面提升旅游景区、旅游乡村、旅游小镇、旅游综合体的休闲度假品质和核心吸引力，将其打造成为资源品位高、品牌形象优、核心吸引力强的精品旅游线路。同时，坚持区域合作、资源整合、优势互补、互利共赢的原则，加强与周边县区旅游交流与合作，构建全域旅游开放发展新格局。

天下瑶族一家亲。江华充分借助“旅游升温”战役热潮，强化全域旅游发展理念，积极推动江华、江永、蓝山、宁远等县的少数民族特色村镇连片开发，连点成线，连线成圈，努力打造永州“少数民族特色村镇示范带”，助推创建国家全域旅游示范市。

江华将特色村镇建设作为打响江华“神州瑶都”等旅游品牌的试验田，力求以少数民族特色村镇建设为突破口，充分利用“节、会、展、演”等方式，加强推介，打响金字招牌，带动全域旅游。2012 年以来，江华成功举办中国盘王节，取得了良好成效；把瑶族长鼓舞、盘王大歌等国家级非物质文化遗产表演融入香草源景区、勾蓝瑶寨、九嶷山等景点的运营中，既促进了文化活态传承与发展，又增强了旅游景区的吸引力和旅游产业发展后劲；同时采取集中资金、连续多年重点投入的方式，把扶持少数民族特色村镇建设重心放在培育高效特色农业和旅游开发项目上，注重增强特色村镇的“造血”能力。自 2016 年至今，国家级、省级少数民族特色村镇共获投资 1.87 亿元，2017 年农民人均纯收入 8826 元。

（二）发展乡村旅游，助力精准扶贫

越是风景美丽的地方越是交通不便、较为贫困的村落，发展全域旅游要与脱贫攻坚相结合，要与绿色发展理念相结合，

江华地处湘、粤、桂三省（区）接合部，是湖南省唯一的瑶族自治县、革命老区县、国家扶贫工作重点县，是全国瑶族人口最多的瑶族自治县，被誉为“神州瑶都”。江华广大乡村山清水秀、风景如画，是旅游资源的富矿，发展乡村旅游也成为精准扶贫的重要抓手。

近年来，江华瑶族自治县大力发展乡村旅游。结合乡村振兴战略，着力实施休闲农业和乡村旅游精品工程、乡村旅游扶贫富民工程和乡村旅游创客行动计划，大力实施乡村旅游精准扶贫工程。乡村旅游扶贫以其强大的市场优势、新兴的产业活力、强劲的“造血”功能、巨大的带动作用，在全县脱贫攻坚中发挥了日益显著的作用。

把旅游产品研发设计与旅游市场营销和旅游服务质量监管紧密结合起来，以研发、设计、创新引领优质旅游发展，推动“吃、住、行、游、购、娱”旅游要素“链式”发展。培育自驾游、亲子游等旅游新业态新产品，不断增加优质旅游产品新供给。培育建成一批旅游产业融合创新项目（基地），丰富旅游产品，不断满足人民群众对美好生活的向往。

江华瑶族自治县拥有天下瑶族第一殿——盘王殿以及世界最大的瑶族图腾坊、世界最大的瑶族铜铸长鼓，如今，“神州瑶都”的品牌早已享誉省内外。2017 年 7 月，“旅游扶贫　文旅兴县”全国网媒湖南行走进江华，全国 30 多家媒体一起见证旅游发展为江华扶贫插上了翅膀。其中，围绕秦岩旅游区打造的乡村旅游项目颇见成效。秦岩旅游风景区年接待游客 70 万人次，景区周边的村种植观光作物、果树，开办农家乐，

制作民族特色商品……各种产业都发展起来了。通过旅游扶贫，全县整体带动贫困人口近2万人脱贫，其中直接参与乡村旅游经营的共470余人，在旅游产业中参与就业服务的1800余人。

江华不断创新旅游脱贫模式，鼓励村民参与旅游餐饮、住宿的经营业务。以香草源为例，该村参与餐饮和住宿经营项目的农家乐就达28家，其中有18家建成了家庭旅馆，仅200余人的村庄直接从事旅游服务行业的人数达140余人，增加农民人均月收入约2000元。现在香草源村民逐步树立了本土文化自信，自觉主动穿着瑶族传统服饰，成为传播瑶文化的一张张“移动的名片”。部分村民还开发了瑶浴包、香草香囊等具有当地特色的新的旅游商品，有的村民还制作或提供瑶家腐乳、腊味、织锦、干笋、野菜、香菇、蜂蜜等一些土特产品，成为游客竞相购买的特色商品，大大提高了当地村民生产农产品的积极性，增加了农民收入。

旅游扶贫为广大瑶胞找到了脱贫致富的“金钥匙”。湘江乡桐冲口村海拔900多米，全村617人，贫困人口322人，人均耕地仅有0.1亩，水田面积不足90亩，只能种一季水稻。2015年4月，湖南广播电视台扶贫工作队进驻村里，因地制宜引导村民发展特色产业；2017年，扶贫队结合村里特有的国家非物质文化遗产盘王大歌和瑶族长鼓舞，制定了“千年瑶寨”旅游规划，打造乡村旅游。扶贫队投入1300多万元，实施易地搬迁，建成了30多套具有民族特色的民俗建筑，并加强了特色文化基础设施建设，致力打造“最美丽乡村”和“民族特色瑶寨”。湖南广播电视台扶贫工作队离开之后，县旅游部门接过接力棒，加大对桐冲口村的帮扶，从产业扶贫向旅游扶贫转变，助力乡村旅游的发展。旅游火了，村民在村里就可以拿工资，日子越过越好了。民宿的开业，让30个贫困户每年增加了数千元的收入，2017 年全村人均纯收入从 2014 年的 2000 元达到 7000 元，集体收入达 10 万元，实现了整村脱贫摘帽。

2017 年 9 月，投资 4 亿元的大石桥乡竹筏漂流及红色旅游、龙腾里田园综合体项目开工。大石桥乡地处湘、粤、桂三省区交界之地——江华瑶族自治县的南端，萌渚岭下，是永州市与广东、广西交往的南大门，G207 线穿境而过。这里是老一辈无产阶级革命家江华同志的故乡，文化底蕴深厚。项目建设旨在打胜旅游升温战役，推动“旅游 + 扶贫”示范项目的发展。项目建成后，可带动 5000 人在家门口就业，直接工资收入上亿元，助力江华脱贫攻坚工作。

目前，江华把发展旅游业和精准扶贫有机结合起来，突出景区带村、能人带户、“公司 + 农户”、“合作社 + 农户”等四种旅游扶贫模式，积极宣传推广瑶都“瑶家乐”“栖水人家”“美丽乡村游”等系列品牌，打赢旅游扶贫攻坚战役。

（三）加大开发力度，夯实旅游基础

江华紧紧抓住永州市创建国家知名旅游目的地城市的战略机遇，围绕县第十一次党代会提出的“建设旅游度假休闲胜地”目标，牢固树立旅游区理念，以顶层规划为龙头，以景区建设为突破，以塑造神州瑶都形象为重点，加大开发力度，全县旅游产业发展取得了较大进步。

江华涔天河旅游度假区项目被纳入大湘西生态文化旅游圈支撑类项目，并把“魅力瑶都”自驾游基地、瑶族古城沱江、大龙山森林旅游度假区、姑婆山民俗生态旅游度假区列为基础类项目，与江永县三个项目共同构成大湘西生态文化圈中华瑶乡民俗文化旅游板块的核心支撑项目，整个板块内项目规划投

资为262亿元。同时，江华瑶族自治县从扶贫开发、大湘西生态文化旅游圈开发和涔天河水库扩建等方面考虑，正在积极申报将江华瑶族自治县纳入湘江旅游经济带开发圈范围。县委、县政府明确提出“生态是资源，生态是生产力”的发展战略，并出台《“生态名县”建设方案》《关于进一步加强生态旅游资源保护建设的工作意见》以及《生态环境保护和乡村建设管理责任追究办法》，进一步规范河道采砂、开山采石、古树移植、捕杀野生保护动物等破坏生态环境资源的行为。同时，还启动了黄龙山、大龙山、姑婆山、涔天河等国家森林公园、自然保护区、湿地公园等生态环境和森林品牌的申报工作，为旅游开发创造条件，奠定了基础。

一是出台旅游发展政策。召开生态保护建设暨旅游产业发展推进大会，并出台《关于进一步加快旅游产业发展的决定》，设定招商引资奖励办法和鼓励举办旅游业的奖励措施，并设立旅游产业发展引导资金每年不低于600万元，招商环境进一步优化，为全县旅游跨越式发展提供了政策和资金的保障。

二是深入开展资源普查工作。引导全县广大干部职工、群众、社会团体深入全县山山水水、村寨民居，进一步发扬“走小路不走大路，走水路不走旱路，用步行不用车行，走湖地更要进深山”的工作方式，深入瑶山腹地，开展资源普查工作。特别是县旅游规划编制单位专家先后8次深入江华实地考察，为准确定位旅游发展目标和方向奠定了坚实的基础。

三是成立旅游投资开发公司。为构建一个旅游招商开发的平台，加快推进旅游项目的建设，成立了江华瑶族自治县神州瑶都旅游投资开发有限公司，并对全县重点旅游资源进行红线图划定，目前，已划定全县60多个重点旅游资源点的红线图。下一步将按照“突出重点，分期开发”的原则，通过旅游投资公司的运作，有步骤地启动全县重点旅游资源的开发工作，同时，通过江华瑶族自治县神州瑶都旅游投资开发公司运作，注册了与江华相关的40余个商标。

四是加大基础设施投入。先后投入旅游基础设施建设资金10多亿元，提升了连接秦岩、务江、宝镜以及九龙井等景区景点的公路质量，逐步完善县城及景区基础设施。切实加大旅游配套服务设施建设力度，先后新建了神州瑶都大酒店、天一国际大酒店、维也纳大酒店等一批高档次的宾馆酒店，进一步增强旅游接待服务能力。以建设美丽乡村和特色村寨为契机，发展乡村旅游，对香草源、宝镜、豸山等景区建设共投入7000万元，已有26个村被列入全国乡村旅游扶贫重点村。井头湾和宝镜被评为少数民族特色村寨。秦岩景区和瑶族文化公园已进入国家3A级景区行列。近年来，共投入5亿多元，修建旅游公路，完善景区基础设施，已建成湖南瑶族文化园、香草源等4个3A级旅游景区和27家省级乡村旅游点。

五是加强推介合作。通过报刊、电视、互联网等新闻媒体，将江华旅游资源、景区和民族文化在国内外作了较全面的宣传报道。通过旅游交易会、湖南旅博会、世界瑶族文化研讨会、文化旅游节及县庆等重大节庆活动,不断向外界推介江华旅游。加强与各大电视台等新闻媒体合作。拍摄了《中国瑶族》《千里瑶乡行》《瑶都之旅》等专题片，通过展播，产生了较好的反响。完成了省旅游局组织的江华风光风情片的拍摄，同时，还制作了江华旅游风光片，在中博会上播出后，产生了较好的影响效果。近年来，江华成功举办了瑶族盘王节、自驾车游、走进最美瑶乡、风光风情摄影大赛、文化旅游节、形象大使选拔赛、快乐大篷车、金秋瑶都行、火烧龙狮闹元宵、帐篷音乐节等活动，进一步提升了江华旅游的知名度，影响力进一步扩展。江华以拓展旅游地接业务作为推动江华旅游发展的重要抓手，先后有台湾、珠三角城市旅游团队进入江华，还积极加强与广东等地旅行社的合作，推出“神州瑶都”探秘之旅，先后接待游客近万人次。积极做好旅游招商推介工作，包装重点旅游项目。赴东莞、深圳等地参加广东同乡会、“海联三湘行”项目推介会，宣传推介全县旅游项目。

（四）拓展旅游产业，打造“神州瑶都”旅游品牌

江华作为中国瑶族文化传承研究中心，将瑶族传统文化和其独特的地理环境结合起来，建设特色的民族经济，是江华经济文化可持续发展的关键与目标。瑶族水街、涔天河游船项目和景区委托运营管理项目，是江华“十三五”规划的重点项目，是促进瑶族生态旅游资源优势转化为经济优势、发展优势的重要平台，对于促进库区产业发展、帮助瑶民脱贫致富，对于全力打造瑶族生态旅游胜地，推动全域旅游发展都具有极其重要的意义。

近年来，江华着力打造“神州瑶都”旅游品牌，创建瑶族生态旅游胜地，把旅游产业作为县域经济新的增长点进行重点扶持和培育，科学、合理、灵活地挖掘和利用丰富而独特的旅游资源，促进旅游资源优势转化为经济优势，逐步走出了一条乡村旅游精准扶贫的新路子。目前，全县乡村旅游开发项目27个，2016年上半年全县乡村旅游接待游客170万人次，实现旅游收入3.24亿元。

湖南省涔天河水库扩建，水面面积将达到100多平方公里，深水航道70公里，在广阔的水域上将形成200多个森林岛屿及半岛，呈现“南国千岛湖”的奇异景观。涔天河旅游度假区自然景观优美，瑶族风情独特，湖周黛峰如眉，翠岭逶迤，湖

中碧波如镜，岚影倒悬。波光蓝天一色，绿树修竹相映，景色极为旖旎，是江华县重要的旅游资源，也是中华瑶乡民俗文化旅游板块的闪亮明珠、大湘西旅游开发15大支撑项目之一，引领全县旅游产业跨越发展的引擎和龙头。江华规划以“神州瑶都”品牌为依托，以涔天河的水、岛、湖为基础，以瑶族原生态文化为灵魂，将浓郁瑶族文化风情融入潇湘天湖，打造集湖岛观光、运动休闲、滨水娱乐、瑶乡文化体验、会议休闲度假、栖湖度假地于一体的国家级原生态瑶族风情湖泊旅游度假区，总投资20亿元。项目建成后，年营业收入3.8亿元左右，利税1.5亿元，形成新的经济增长极。

湘江乡桐冲口村是国家级非物质文化遗产盘王大歌的传承基地、瑶族长鼓舞传承基地，素有“千年瑶寨”之称，以优美的生态环境和厚重的瑶族文化底蕴，吸引了全国各地的游客前来观光旅游，周末游客更是络绎不绝。为做好旅游服务，村民们将闲置的房间进行装修，改造成了民宿客栈，用来接待外来游客。为避免出现游客过多而住宿跟不上的现象，该村还将村委会大楼二三楼也改成了宾馆，改建了19个客房。全村共有超过100间客房，120张床位。游客们品瑶家美食、看长鼓舞表演、听瑶歌、住吊脚楼，体验瑶族原生态文化，是目前江华对外展示的一张崭新名片。

正在建设中的神州瑶族文化博览园，是一个大型开放型文化旅游产业项目，总投资约15亿元，主要建设瑶族古镇景区、瑶族墟景区、瑶族游乐景区、瑶族始祖文化区四大景区。按照旅游综合体要求，将神州瑶族文化博览园建成神州瑶族建筑特色展示中心、瑶族风情体验中心、瑶族文化博览中心以及国家文化旅游中心的精品区。

总投资5亿元，占地109998平方米，总建筑面积131998

平方米，全长约3公里的瑶都水街，以爱情、浪漫、邂逅为主题，是一个集浓郁瑶族风情、明清古风、徽派建筑为一体，以“瑶族风情”和“青年爱情”相结合为主题的文化旅游度假区。

江华成功创建全国绿化模范县、国家生态文明建设示范县、涔天河国家湿地公园等一批生态旅游品牌，以及中国民间文化艺术之乡、中国观赏石之乡等一批民族文化旅游品牌。2017年旅游升温“十个一”工作成效初显，全年接待游客426.28万人次，实现旅游总收入20.32亿元。

三、发展瑶族地区乡村旅游的思考

发展瑶族地区乡村旅游不是想当然的事，要因地制宜，突出民族文化特色，既要绿水青山，又要金山银山，保持人与自然的和谐与可持续发展。

（一）要突出民族文化特色

文化是旅游的灵魂，旅游是文化的载体。瑶族文化是中华文明的重要组成部分，一旦民族文化失去特色，旅游资源就成为无源之水，无本之木。文化自信，才能推动文化繁荣。瑶族千百年来的农耕文化积淀形成的生产方式、生活习俗、民间技艺、传统建筑、风土人情、风俗礼仪和传统节庆构成了乡村独有的文化特性，其中有历史、有故事、有情趣，这对于我们现代人弥足珍贵，也是城里人所梦寐以求的。

从经济的角度看，旅游经济本身就是注意力经济，只有特色鲜明，才会吸引更多的游客。因此，深刻的文化内涵、鲜明的文化特色是瑶族地区旅游资源的生命力所在。突出以文化创意为引领，保护生态、植入文态、创新业态，不断推出全域旅游融合创新发展的新观念、新技术、新业态、新产品、新模式，全面优化拓展旅游美食、旅游住宿、旅游交通、旅游景区、旅游购物、旅游演艺等旅游消费链，积极培优做强一批旅游品牌项目、特色品牌企业和特色旅游产品，解决有效供给不足的结构性矛盾，推动瑶族地区旅游客源结构、产品结构和消费结构不断优化调整，更好满足人民群众日益增长的优质旅游需求的现实需要。

（二）要留得住青山绿水，记得住乡愁

乡村旅游要走符合农村实际的路子，遵循乡村自身发展规律，充分体现农村特点，注意乡土味道，保留乡村风貌，留得住青山绿水，记得住乡愁。

从乡村旅游角度讲，乡村的诱惑力就在于城乡环境的不同特质。如果农村出现园林化、模式化、城市化景观，城里人还会去吗？古拙的、独特的民居、桥梁、古道等，这是乡村旅游的核心和古老淳朴文化的载体，要在保护中开发，在开发中保护，力求修旧如旧，避免大拆大建。要遵循“道法自然”原则，追求人与自然的和谐，切忌随意改造乡野景观，过分追求城市化，使原本“显山露水”的主体景观淹没其中，原有风貌荡然无存，乡野情趣消失殆尽，乡村景观越来越趋于雷同，造成“千村一面”，使人感到失真与乏味。大俗即大雅，“俗”之旅游卖点正在于入乡随俗，参与这类乡村民俗活动，体验原汁原味的农趣，由俗不可耐而随俗雅化，使大人重温童年味道，也让孩子体验到了真正的农趣。乡间“俗”物数不胜数，无处不在，非物质文化中除了民俗节庆，当还包括各种民间社会礼仪、传统工艺、风味小吃等，这些不仅是一种宝贵的旅游资源，还是一个地区、一个民族独特的精神财富，必须注重保护与传承。

（三）要以增加农民收入为出发点和落脚点

乡村旅游根植乡村，与农业生产、农村风貌、农民生活深

度融合，与“三农”工作紧密相连，是促进农业变强、农村变美、农民变富的重要支点。农民是发展乡村旅游的直接受益者，发展乡村旅游要尊重农民主体地位，遵循乡村发展规律，坚持以增加农民就业收入为目标，鼓励农民创业或入股经营休闲农业和乡村旅游，使休闲农业和乡村旅游成为农民就地就业的重要渠道。要依托绿水青山、田园风光、乡土文化等资源，大力实施休闲农业和乡村旅游精品工程，建设一批设施完备、功能多样的休闲观光度假园区。推出一批农特产品，通过分级、包装和文化挖掘，开发成地域和文化特色鲜明的商品，使农产品转化成旅游商品。积极探索建立“党支部＋旅游公司＋村民合作社＋互联网＋农户”多方参与、互惠共赢的利益联结机制，让村民通过资金、土地、果园、林地、房屋、劳动力等资源入股，以获得投资性、财产性和工资性收入，形成多元增收的格局，实现资源变资产、资产变股金、农民变股东。

（四）要开发与保护并举，实现瑶族文化旅游资源的可持续发展

少数民族旅游资源开发的目的是发展当地旅游业，以期实现经济效益。我们既不能盲目扩大瑶族旅游的规模而片面追求经济社会的快速发展，也不能为了片面强调保护瑶族文化旅游资源而抑制旅游业的发展，要“两手抓，两手都要硬”。在乡村旅游资源开发过程中，要考虑文化的传承性和环境的承载力，避免造成旅游地吸引力降低等负面影响。必须遵循经济、社会、环境三方效益相统一的原则，最终实现瑶族地区旅游的可持续发展。

瑶族民间信仰功能探析

王施力

瑶族民间信仰功能研究是瑶族民间信仰的外在指向，体现其实践性要求，可以为民族地区乡村振兴提供文化支撑。本文从瑶族民间信仰的社会控制功能、心理抚慰功能、文化传承功能、助推经济功能、负面消极功能五个方面进行了探讨，提出了在民族地区的乡村振兴工作中应当重视对民间信仰问题的研究和解决，发挥其在服务政治、经济社会发展中的积极作用。

如果说民间信仰特征研究是瑶族民间信仰研究的内在根本，体现了研究的整体性要求的话，那么功能研究则是瑶族民间信仰的外在指向，体现其实践性要求。对瑶族民间信仰功能进行探析，不仅可以发现瑶民日常生产生活和祭祀习俗中所蕴含的世界观与人生观,还可以加深我们对瑶族传统文化的理解，进而为民族地区乡村振兴提供文化支撑。不少学者对瑶族民间信仰之功能做过不少研究，也取得了一定成果，但对瑶族民间信仰与当今民族地区乡村振兴关系的探讨仍存在一定程度的不足。本文在前人研究的基础上，结合在湖南瑶族地区的调查资料，对瑶族民间信仰之功能进行探析，期望对民族地区的乡村振兴有所裨益。

一、社会控制功能

社会控制是指人们依靠社会力量，通过各种途径、形式和方法，以一定的方式对社会生活的各个方面加以影响，以协调个人和社会及社会各部分之间的关系，建立和维护社会秩序的过程。也就是对个人或集体的行为进行引导和约束，使其符合传统的行为模式，从而维护社会秩序稳定的过程。社会控制的手段多种多样，其中最主要的是行政、法律、道德、宗教等手段。瑶族民间信仰没有发展成为完善的宗教制度，但作为一种准宗教，其从信仰的维度发挥着重要的社会控制功能。

1. 通过仪式展演促进传统社区整合

社会整合是指社区内不同的因素结合成一个协调统一整体的过程。瑶族民间信仰能够为传统的瑶族社区民众提供一定的价值规范标准，从而规范瑶民的行为方式，协调人际关系，达到有效的整合。

瑶族民间信仰常常通过仪式展演来促进人们之间的关系，增加社区和民族的凝聚力。湘南瑶区无论是历史上还是当今，由于其相对封闭的地理区位和人文区位，仍然保留着相当程度的瑶族特色和区域特色。而瑶族民间信仰活动所建构的信仰圈，在湘南瑶区社会中发挥着促进人们之间关系和谐，增强本民族和其社区凝聚力的作用。例如，瑶族在“还盘王愿”活动中的祭祀歌舞，由于反映了瑶族的历史与现实生活，在客观上增强了本民族和其社会的亲近感和凝聚力。在瑶族度戒活动中，由于度戒内容丰富，形式威严。它的展演可以调适人神之间、人与自然界之间、人与人之间的关系平衡与和谐。其内容主要反映在“十戒”和“十问”两个部分。“十戒”是法师训导弟子的主要内容，“十问”是法师向受度者提出的必须遵守的道德规范。“十戒”与“十问”充分反映了本民族和其社区和谐相处的精神实质。瑶族在历史上长期漂泊不定，散居各地，他们为了生存与发展，通过各种举措以增强民族凝聚力，维护民族团结和社区稳定。瑶族度戒活动，一方面具有增强民族和社区的凝聚力，维护民族和社区和谐稳定作用；另一方面又有加强同各民族友好相处的作用。

2. 通过各种祭祀仪式来传承历史记忆，凝聚群体意识，巩固家庭情感，维护传统社会等级秩序

例如，瑶族的祖先祭祀仪式，一方面是祈求祖先保佑家人平安，另一方面也起到培养后人养成“尊敬长者”“知恩图报”等传统美德的作用，进而增强家族血缘意识和等级秩序意识。而在瑶族的丧葬仪式中，这种作用更是体现得淋漓尽致。由此可以看出，瑶族的各种祭祀仪式的首要功能就是使分散无序的个体凝聚成一个团结有序的整体，在一定程度上对现实社区整合具有积极作用。

3. 通过道德规范来约束人们的行为方式

道德是调整人们行为的一种较为长期、稳定的规范体系。瑶族民间信仰习俗是瑶族人民在长期生活经验的智慧总结，具有一定的合理性。道德规范往往又多寓于民间信仰习俗和禁忌之中，瑶族民间信仰作为一种特殊精神现象，无形地规范着瑶民的生产生活实践，潜移默化地影响着瑶民的思想和行为。作为具有相对独立性社会意识的瑶族传统民间信仰已深深扎根于瑶民的精神世界，在社会中形成了瑶族普遍的行为标准和个体安身立命的处世哲学，在协调人际关系和促进自我身心和谐方面发挥着举足轻重的作用。比如，瑶族度戒活动中的“十戒”，内容就是主度师向弟子们的训示，告诉他们在今后人生道路上应遵循的道德标准和生活态度。戒律要求弟子们：做人要厚道，不歪曲事实真相，不诬陷诋毁他人；做人要正派，不偷盗抢劫，不贪财好色，不枉杀生灵；做人要有勇气，敢于战胜一切困难，不贪生怕死；做人要懂礼仪，要尊老爱幼，不盛气凌人；等等。"十戒"内容概括了瑶族度戒的基本宗旨，提出了瑶族社会的道德规范，揭示了瑶族传统道德教育的性质。

瑶族度戒仪式之所以能传承下来，其中很重要一点就是度戒具有严格的道德规范功能。这种功能的实现主要是通过四种方式：一是靠威严的戒律加以训示、二是靠上刀山下火海这类艰难困苦事件的历练、三是靠各位法师的言传身教、四是靠受度者日后的自身造化。

瑶族度戒中的"十问"也高度概括了"济世救人"是度戒的基本宗旨和首要功能，这成了瑶族社会的道德规范。"十问"先由法师提问，弟子作答；再由法师书写在受戒者的"阴阳二牒"上，一式两份，各位法师都要在牒尾处签名画押，并盖上法师之印章；然后将阴牒当面火化交给祖先神灵，以便监督受度者的言行举止。阴牒火化完毕之后，还要当众将阳牒交给受度者保管，并要求受度者在今后加以践行。如果受度者在今后不能遵守戒律，还要将阳牒拿出来对照检查，并对照有关戒律予以严厉惩罚。受度者死了之后，还要将其阳牒放在怀中，入棺随葬，以便他死后升天做官报到时备用。"十问十答"的内容，不仅充分反映了受度者扶贫济困、救助众生的社会责任，而且还充分表达了他们具有拯救众生的能力、信心和决心。

瑶族度戒中的传统道德教育，不仅规范了瑶族群众内部成员、个人与集体之间的关系，而且也规范了瑶族与兄弟民族间的关系。例如在"十问"中就表达了这样的意思：他人有难，你必须不畏艰难险阻前去救助；在“十戒”中则要求弟子相互帮助，平等待人，要以实际行动担当社会责任，维护社会稳定，促进民族和谐。

瑶族度戒中的“十戒”和“十问”，虽然很简单，但是很威严，而且在日后产生的效果也非常显著，已成为瑶民的传统道德意识，成为他们生产生活中的精神力量和道德法规。

二、心理抚慰功能

当前我国正处于改革深水区和社会转型加速期，瑶族地区也不例外，瑶民的心理素质难免不受到影响，所以瑶族民间信仰对瑶民的心理抚慰作用显得越来越重要。众所周知，改革开放后，在市场经济的剧烈冲击下，瑶民的价值诉求也从一元化转向多元化，而现实社会又很难满足瑶民的诉求，如脱贫致富问题、就医就学问题、交通困难问题等。由于瑶族历史发展的特殊性，在现代化发展进程中遇到的困难和挫折难免在心里形成失落感和被隔离感。

瑶族民间信仰虽然不是严格意义上的宗教，但信仰仪式所表达出的情感，却有着宗教的归属感，成为这群特定人群的精神寄托。例如，瑶族的“拜盘王”“祭祀祖先”“占卜”“采花”“问仙”等，都是瑶民处于困境时寻求神灵庇佑的一种心理慰藉手段。他们通过各种作法仪式和欢快场面，使人们从现实中暂时得以解脱，从而塑造一种自信平和、积极乐观向上的良好社会心态。此外，瑶民还把严格遵守某种禁忌视为逢凶化吉的特效手段，以此满足人们的某种心理需求，使人们在日常生活保持心理平衡。例如，瑶民生产禁忌中的“禁风”日、“禁害”日；生活禁忌中的忌穿草鞋上楼、忌戴白色鞋帽进入屋内、大风大雨忌高声喊叫、忌夜间吹口哨、忌建房动土讲不吉利话；

饮食禁忌中的普遍禁食狗肉等都属于瑶民趋利避害、逢凶化吉的“特效”手段，以满足其心理需求而已。

三、文化传承功能

从非物质文化遗产的角度看，民间信仰是非物质文化遗产的重要组成部分。事实上，非物质文化遗产中包含了诸多民间信仰因子，民间信仰及其仪式大都属于非物质文化遗产中的重要内容。如瑶族的祭祀盘王仪式和度戒仪式，这些非物质遗产中的核心要素就是瑶族的民间信仰。

瑶族祭祀盘王仪式的主持人往往在客观上兼具了瑶族文化传承人的角色。如广东乳源瑶族自治县必背镇的瑶族大师公盘法旺、湖南江华瑶族自治县大锡乡的瑶族大师公王声英、湖南蓝山县汇源乡湘南村的瑶族大师公盘湘仔，他们都是瑶族度戒和祭祀盘王仪式的主持人，都是半职业性的，而且是地方文化精英。这些师公平时与村民一样参加日常的生产生活，村民有事时就请他们担任仪式主持者，他们通常还具备一些瑶医药知识，兼具一定的医师功能。他们在使用巫术为民众治病的同时，也兼用一些瑶医药疗法，把瑶族传统医药一代代传承下去，满足了地理环境闭塞、缺医少药条件下人们的需求。

祭祀盘王和度戒是瑶族在历史长河中创造和传承的独具特色的优秀传统民族文化，它既是瑶族璀璨文化的重要内容，也是中华民族文化的重要组成部分。度戒所使用的经文和祭盘王所唱的《盘王大歌》，记载着丰厚的民族传统文化，贯穿着瑶族传统伦理道德。瑶族通过这些仪式，给瑶族人民灌输传统道德、社会责任、生活礼仪、生产知识和文化教育等传统文化内容，使他们受到人生教育和文化熏陶。

以瑶族度戒为例来看它是怎样发挥其文化传承功能的。

一是度戒仪式包含了丰富的瑶族传统文化内涵，在瑶族师公使用的经文中有详细的记载。因此，师公的经文是研究瑶族历史文化、宗教信仰、风俗习惯、生产生活的重要文献资源。瑶族师公所用的瑶族经文有：《前度书》《请圣书》《意者书》《上光书》《书表书》和《符咒诀罡》等；瑶族师公所用的道家经文有：《帖简》《大道》《中斗科》《破狱科》《开坛科》等十余种。这些经书记载着瑶族的历史事件、英雄人物事迹、生产生活经验、三清盘古神话故事等，文化内容十分丰富。过去，瑶族的大部分文化是依靠瑶族经文记载和传承的。通过瑶族民间信仰仪式传播瑶族传统文化，是瑶族求得生存发展的一个重要途径。瑶族度戒弟子，除了通过度戒仪式使其领悟人生道理、严格遵守道德规范和戒律条款之外，日后在师傅的继续教诲下，还将成为新一代的瑶族文化继承者和传播者。二是度戒仪式还有传唱瑶歌的内容。有条件的集体度戒活动，还邀请瑶族歌手来伴唱度戒歌，歌手们不分昼夜，有规律地根据师公念经内容的进度，伴唱相应的度戒歌。度戒歌的内容有表达对美好生活向往和追求的，也有诉说历史迁徙之心酸和现实生活之艰辛的，还有进行瑶族传统道德教育的。这是瑶族社会伦理教育的特殊形式，是人们必须遵守的行为规范和道德准则，具有较强的约束力和控制力，是瑶族文化源远流长的根源。

四、助推经济功能

近年来“文化搭台，经济唱戏”，已成为我国比较普遍的经济现象之一，以文化为载体的交流日趋成为推动经济交流的主要力量之一，其中以民间信仰为主题的文化交流占了很大比例，成为其不可缺少的一部分。例如，中国瑶族盘王节已成为瑶族节庆品牌，被列国家非遗名录，从 1986 年至今已由 13 个瑶族自治县或瑶族人口较多的县区轮流举办 15 届，每届参与的国内外游客都在数万人左右，给举办方旅游经济的发展予以巨大的推动作用。而每届盘王节的内容除了展示本地经济发展成果之外,其中的核心内容都少不了祭祀盘王和度戒系列活动。这些具体仪式和系列活动都属于瑶族的民间信仰内容。此外，除了两年一次的中国瑶族盘王节外，瑶族县区和瑶族乡村，根据各自实际情况，每年都还要举办不同规模的盘王节活动，其活动的核心内容也就是祭祀盘王。此外就是本地特色产品的展示和销售。这些活动丰富了瑶族文化旅游内涵，助推了经济的发展。

文化交流的积极意义就在于利用文化价值资源来助推区域经济的持续健康发展,又用经济发展来支持传统文化的传承,从而形成了“以文化促经济，以经济养文化”的良性循环模式。可见，瑶族民间信仰作为瑶族传统文化的一部分，在经济与文化之间，在某种程度上担当“中介人”的角色。

五、负面消极功能

唯物辩证法认为：自然界、社会和思想领域中的任何事物都包含着内在的矛盾性，事物内部矛盾双方既统一又对立，才能推动事物的发展。瑶族民间信仰也是如此，其功能既包含了积极功能，也包含了消极功能。其消极功能主要表现在以下三个方面。一是毒害精神。作为思想意识形态的带有迷信色彩的瑶族民间信仰，其精神毒害也是显而易见的：它统治人们的思想，导致迷失信仰，使人失去积极向上的精神。这给我们当前的乡村建设带来阻碍，给广大瑶民的生产生活也会带来影响。二是冲击文化。瑶族民间信仰的观念与体系以“万物有灵”为主要内容，很大程度与现代人文精神的理念是相悖的，因此存在着许多落后的文化成分，并对社会主义文化建设的发展有着巨大的冲击。三是影响稳定。当今农村某些瑶族民间信仰观念较为荒谬，且又借助欺骗手段蒙蔽人心、控制民众，骗财害命的事件时有发生，因而对瑶民的物质、精神和生活以及社会的稳定发展产生一定的破坏作用。

六、结束语

从本质上讲，瑶族民间信仰属精神文化的范畴，属意识形态领域，在目前瑶区的乡村振兴工作中应当将当前的瑶族民间信仰纳入其研究视野。目前，此类研究亟待解决的问题很多，诸如瑶族民间信仰在乡村振兴中的地位、如何吸收瑶族民间信仰中优秀成分、如何发挥瑶族民间信仰的积极功能、如何加强对瑶族民间信仰的规范管理等。只有这些问题得到了较完满地解决，才能使之更好地服务于瑶民的生产生活，才能更好地服务当前的乡村振兴工作，才能更好地服务国家政治、经济和社会发展大局。

实施瑶族乡村振兴战略的瓶颈与出路

冯永国

党的十九大报告指出，要实施乡村振兴战略，把解决好“三农”问题作为全党工作重中之重。而今，瑶族乡村振兴是整个中华民族振兴的一个重要组成部分，深刻剖析影响、阻碍瑶族乡村振兴战略实施的不利因素，化消极因素为积极因素，继而探索出适合瑶族地区实施振兴的策略措施，让广大瑶族同胞在党的领导下逐步有幸福感、获得感。

一、引言

党的十九大报告指出：“要实施乡村振兴战略。农业农村农民问题是关系国计民生的根本性问题，必须始终把解决好‘三农’问题作为全党工作重中之重。要坚持农业农村优先发展，按照产业兴旺、生态宜居、乡风文明、治理有效、生活富裕的总要求，建立健全城乡融合发展体制机制和政策体系，加快推进农业农村现代化。”

然而，经笔者在宁远县境内桐木漯、五龙山、棉花坪、九嶷山四个瑶族乡以及新田县门楼下瑶族乡的田野调查初步了解，当前在瑶族乡村实施振兴战略，既是良好的历史机遇期，同时与其他地区相比，也存在着更多的共性问题、挑战与瓶颈。

二、现状分析

那么，究竟存在哪些问题、挑战与瓶颈呢？现就这一现象简述如下。

（一）瑶族地区的生存环境普遍恶劣，生产生活条件受到极大制约，存在着先天不足的瓶颈

由于历史的原因，瑶族人民绝大多数居住在高山陡岭、隔山望水的地方，长期过着刀耕火种的艰苦生活。改革开放以来，特别是近年来，国家通过实施脱贫攻坚战略，采取了异地扶贫搬迁、危房改造、产业扶贫、技术扶贫等一系列举措，这样，在党和政府的热切关心下，广大瑶族人民的居住环境和生活条件得到了前所未有的改善。

然而，问题总是有它的两面性。尽管党和政府采取了异地扶贫搬迁措施，仍有大部分瑶族同胞居住在原地或在就近一点的位置移动；尽管党和政府在落实民族政策、实施脱贫攻坚战略方面，下了很大力气，在瑶族地区实行公路拓宽、电网改造、改水改厕等基础设施建设，投入了较多的人力、物力与财力，鉴于历史地域原因，瑶族同胞生存环境存在着先天不足，提高生活水准的起点本身就很低，奔向致富道路的起跑线靠后，因而，相比其他地区而言，要实施瑶族乡村振兴战略，困难仍然很多，差距仍然巨大。

（二）令人心动的理想与让人尴尬的现实，两种力量在不断地博弈着，两种思想在不断地斗争着，损耗了“内功”，拖延了瑶族乡村振兴战略的实施步伐

这里的“理想”指的是，依靠党的民族扶持政策，通过不

同渠道（如服兵役、上大中专院校、招工、招干等），一批从偏远瑶乡走出外面的有文化、有志向的知识分子及其他方面的专业人才，想为家乡各项事业作点贡献的热血青年或年纪稍大一点的瑶族同胞，怀揣着满腹理想与奋斗目标。

这里的“现实”指的是，一部分不思进取、年少时学业荒废、科学文化知识严重贫乏的青年人或年纪稍大一点的、稍长一辈的同胞，仍然固守着几十年来的小农思想，视野欠开阔，眼界欠宽广，对新形势下党的路线、方针、政策等理解不深入，落实不够，对新鲜事物有抵触情绪；还有，就是家人的反对。

1. 瑶族地区同胞普遍存在着科学素养低下、文化水平落后、农业知识贫乏的状况，这是影响瑶族乡村振兴战略实施的重要主观因素

改革开放以来，各级政府在瑶族地区落实党的民族政策方面做得很好，不少瑶族同胞确实享受到了实惠，但这个比例太少，与实施瑶族乡村振兴战略的人才数量要求相比，存在着相当大的差距。某瑶族村人口有 900 多，但学历达高中或中专以上的，仅有 13 人，这 13 个人当中，有 8 人在外地单位工作或在外务工。

2. 有建设美丽瑶族乡村理想与奋斗目标的青年数量少，与持有落后的、固有的小农思想的青年数量相比，势力单薄，力量弱小，在本乡本土没有施展才华的广阔天地，正能量抵不过负能量，影响了瑶族乡村振兴战略的有效实施

笔者在某村调查时发现，该村为了落实“要想富，先修路”的精神，计划拓宽前些年修建的仅有三米宽的公路，这势必要损毁部分山林荒地，但个别村民因个人利益而阻止，影响了工程进展。还有，一些多年前临时建起的所谓“野茅厕”，户主就是不愿意迁走，尽管上面配套提供了改厕设备。在这种无奈的情况下，村支两委、施工队将该村所谓“有知识、有文化、在外面工作”的个别同志请回家乡，一同做思想交流、沟通工作，仍然无效。

3. 家人的不支持是另一股潜在的负能量，成了影响瑶族乡村振兴战略实施的另一因素

经济基础与上层建筑是相辅相成的，经济基础决定上层建筑，但上层建筑反过来，会促进或延缓经济的发展。乡村振兴，离不开厚重文化的挖掘与传播，现在好多地方都兴起“文化搭台，经济唱戏”的热潮。然而，在某瑶族乡调查发现，该乡有部分爱心人士为了响应习近平总书记的号召——全国人民要树立起民族文化自信，发起设立瑶族文化传承协会，以宣传学习党的民族政策、发掘弘扬瑶族文化为宗旨。但有少数家属表示不赞同，甚至极力反对，认为这个是费力不讨好的事，是公家的事，与自己的利益没有多大关系，况且还要自己付出金钱、时间与精力的代价。

4. “等靠要”的懒惰思想严重阻碍了瑶族乡村振兴战略的有效实施

经调查了解，各瑶族村民中总有一部分完全有劳动能力的同胞，仍然存在着“等靠要”的懒惰思想，缺乏自身“造血”功能，总认为：“我是瑶族同胞，我家庭经济困难，上面政府应该多给点我生活上的支持”，缺乏开拓进取精神，丧失了瑶族先辈人那种勤劳、艰苦奋斗的品格。

三、解决策略

根据上述现状分析，笔者认为，实施瑶族乡村振兴战略，可从以下几个方面入手，探索出路。

（一）充分发挥瑶族地区基层党组织的战斗堡垒作用

党的十九大报告提出，要坚持全面从严治党。瑶族乡村的党支部应当是乡村振兴战略实施的领头雁，切实担负起落实党的民族政策、实施乡村振兴战略的主责，要站得高，要看得远，深入理解、灵活把握党在新形势下的路线、方针、政策，根据实际情况制定、谋划瑶族地区经济社会发展蓝图。

如，党的十九大报告指出："巩固和完善农村基本经营制度，深化农村土地制度改革，完善承包地'三权'分置制度。保持土地承包关系稳定并长久不变，第二轮土地承包到期后再延长三十年。深化农村集体产权制度改革，保障农民财产权益，壮大集体经济。确保国家粮食安全，把中国人的饭碗牢牢端在自己手中。构建现代农业产业体系、生产体系、经营体系，完善农业支持保护制度，发展多种形式适度规模经营，培育新型农业经营主体，健全农业社会化服务体系，实现小农户和现代农业发展有机衔接。促进农村一二三产业融合发展，支持和鼓励农民就业创业，拓宽增收渠道。加强农村基层基础工作，健全自治、法治、德治相结合的乡村治理体系。培养造就一支懂农业、爱农村、爱农民的'三农'工作队伍。"

基层党的干部要吃透上述政策，增强工作的针对性，减少盲目性，成为实施瑶族乡村振兴战略的中坚力量。

（二）充分发挥瑶族民间社会团体的促进、辅助作用

永州市瑶族文化促进会这个社会团体，是引领本地区瑶族文化繁荣发展的重要生力军，其成立与后段工作的正常运行，给了永州地区瑶族同胞极大的鼓舞与鞭策。目前，宁远县桐木漯瑶族文化传承协会正在筹备、报批当中，期望能在永州市瑶族文化促进会及宁远县民族宗教事务局的正确指引下，吸纳有

识之士，大力宣传党的民族政策，大力发掘、传播瑶族优秀传统文化，以文化促经济社会发展，为本瑶族地区乡村振兴战略的实施尽到一些绵薄之力。

（三）充分培植瑶族地区后继人才

习近平总书记说过，“打铁还需自身硬”。没有过硬本领的人才，推动文化、经济发展是不可能的。瑶族地区虽然生存环境恶劣，但也并非是不毛之地。现在关键是，要有意识地培植一大批能扎根本乡本土的、有胆量的、懂政策的、能吃苦耐劳的、站得高的、看得远的瑶族人才，送得出去、接得回来、留得住瑶乡，这是真正的实施瑶族乡村振兴战略的主力军。宁远县桐木漯瑶族乡政府自去年以来，实施人才激励计划，对本行政区划内考上大中专院校的学子进行精神与物质奖励，这是积极培植瑶族地区人才的典型案例，值得探索与推广。

四、结束语

实施瑶族乡村振兴战略，积极稳妥推进瑶族乡村经济社会发展，让广大瑶族同胞，继续在党的英明领导下有幸福感、获得感，是永恒的话题与要追求的目标，需要不断为之共同奋斗。

参考文献

2017. 中国共产党第十九次全国代表大会文件汇编 [M]. 北京：人民出版社：25-26.

永州市创建少数民族特色村镇的经验与启示

赵飞　何冰

少数民族特色村镇是民族地区的宝贵财富，对加快民族地区发展意义重大。当前，永州市“六大战役”正向纵深推进，创建国家全域旅游示范市的号角已经吹响，打造更多的“国家级”“省级”少数民族特色村镇，形势看好，恰逢其时。适时地总结经验、发现问题对于更好抢抓机遇加快少数民族特色村镇创建步伐非常重要。

一、永州市创建少数民族特色村镇的经验

过去几年来，永州市委、市政府高度重视少数民族特色村镇工作，建立健全了“党政主导、民委主抓、部门联动、社会参与”的工作机制，工作成效明显，取得了良好的社会和经济效益。主要经验有：

一是坚持科学规划，打造了一批有影响力的特色村镇。坚持“保护优先、注重发展，突出重点、彰显特色，规划先行、有序推进，政府主导、社会参与，群众主体、惠及民生”的原则，科学制定发展规划，成功打造了一批颇具影响力的特色村镇。全市已创建“中国少数民族特色村寨”2个、“湖南省最

美少数民族特色村镇”5个、“湖南省美丽少数民族特色村寨”2个，全市少数民族地区48个村被列为全国乡村旅游扶贫重点村，香草源、勾蓝瑶寨、井头湾、上甘棠均被评为3A级景区。2016年，全国产业精准扶贫现场观摩会、全省旅游扶贫推进会相继在永州市召开，其中重点推介的江永兰溪勾蓝瑶旅游扶贫模式，已经成为全省乡村旅游扶贫典型。

二是培育特色产业，增强了特色村镇的发展活力。采取集中资金、连续多年重点投入的方式，把扶持少数民族特色村镇建设重心放在培育高效特色农业和旅游开发项目上，注重增强特色村镇的“造血”能力。据抽样统计，自2012年创建工作启动以来，7个国家级、省级特色村镇共获投资1.85亿元，农民人均纯收入7723元，比2012年增加4612元，贫困发生率降低13.9%，特色产业对7个村镇经济的贡献率为34%。江永兰溪瑶族乡勾蓝瑶寨采用“党支部+旅游公司+互联网+农户”的旅游扶贫利益联结机制，成立了江永兰溪勾蓝瑶寨旅游开发有限公司，走出了一条“以旅脱贫、以旅富民”的乡村旅游新路子，实现旅游产品销售收入195万元，村集体增收56万元，村民人均收入比上年增加1560元，全村顺利实现整体脱贫。

三是发展民生事业，提高了特色村镇群众的生活水平。大力实施通村公路硬化、河堤防洪整治、人畜饮水改造、农村电网改造等工程，大大改善了民族地区群众生产生活条件，提升了基本公共服务水平，使各族群众都能共享改革发展成果。抽样调查的7个村镇，安全饮水率达100%，广播电视入户率达99.4%，垃圾集中处理率为94.3%，九年义务教育巩固率为100%，基本医疗保险覆盖率为98.1%。江华庙子源村，结合农村“一事一议”等项目，完成村组道路硬化，移动、电信网络实现全村全覆盖，篮球场等休闲娱乐场所均配置齐全，全村新农合自主参保率达98%，群众生活质量显著提高。

四是弘扬民族文化，促进了民族文化旅游资源的保护、开发与利用。多渠道防止民族文化的消失，积极参与保护瑶族非物质文化遗产，成功举办了瑶族盘王节、洗泥节、赶鸟节等活动，使少数民族特色村镇知名度不断提升。积极向上争取少数民族发展资金，加大对民族手工艺品、民族农副产品、民族文化产品的开发和支持，鼓励开发瑶族服饰、“瑶家十八酿”、“瑶族盘王节”等“瑶字”品牌，把瑶族长鼓舞、盘王大歌等国家级非物质文化遗产表演融入香草源景区、勾蓝瑶寨、九嶷山等景点的运营中，增强了景区吸引力和旅游产业发展后劲。江华井头湾村为更好保护特色村寨，拆除200余座破旧危房，修缮和保护了50座古民居，使民族文化赖以生存发展的载体得以抢救和保存，民族旅游资源得以更好地开发和利用。

五是紧扣民族团结进步，促进了少数民族特色村镇的稳定和谐。将民族团结进步创建活动贯穿于少数民族特色村镇工作始终，把“先进党支部”创建和“五好文明家庭”评选等活动与民族团结进步创建有机结合，促进了各族群众的交往、交流、交融，增强了村支两委的凝聚力和战斗力，筑牢了民族地区社会和谐稳定的基础。抽样的7个村镇，村民委员会依法自治达标率达95%，社会安全指数达97.13%。目前很多试点村镇都被评为民族团结进步村、新农村建设先进单位，成为促进民族团结的排头兵。

二、永州市创建少数民族特色村镇的问题与不足

一是创建主体认识有差距。政府部门少数干部群众对做好创建工作的重要性认识不深，工作主动性不强，有的村民“等靠要”思想比较严重。二是发展不平衡。全市有的县区工作做

得很好，有的工作相对滞后，发展欠平衡。三是合力待强化。创建工作涉及诸多部门，部门协调机制有待完善，推进合力还不够。四是资金压力大。专项资金与少数民族特色村镇建设的实际需求存在较大缺口，制约了创建工作的开展。五是竞争力不强。景区体量不大，村镇建设不精致，营销套路传统，品牌影响力有限。

三、永州市创建少数民族特色村镇的启示与建议

（1）统一思想，不断深化对少数民族特色村镇创建工作的认识。加快少数民族地区经济社会发展不仅是一项经济任务，更是一项政治任务。少数民族特色村镇建设是优先发展少数民族地区的重要途径，抓好少数民族特色村镇工作对加快民族地区发展意义重大。永州市民族地区是全市脱贫攻坚的主战场，实践证明，少数民族特色村镇工作是民族地区发展旅游产业的金字招牌，是培育民族地区特色产业的孵化器，是美丽乡村建设的推进器和民生改善的着力点，对于促进民族地区经济社会跨越发展、后发赶超和全面建成小康社会，具有重要的现实意义。生态和文化是民族地区最大的资源。推动少数民族特色村镇的保护与发展，对于民族地区旅游发展、脱贫攻坚意义重大，是民族地区打好“旅游升温”“脱贫攻坚”战役的强力武器。

（2）突出重点，加快推动少数民族特色村镇创建工作。一是突出顶层设计。要为特色村镇的长远发展做好顶层设计，打下坚实基础。同时，要制定出台少数民族特色村镇保护与发展政策，把少数民族特色村镇纳入全域旅游发展规划，重点保护和开发一批特色村镇，促进少数民族特色村镇和旅游业高度融合。二是突出基础设施建设。以少数民族特色村镇建设为契机，结合“十三五”规划的实施，全面推进与群众生产生活密

切相关的水电路信等基础设施建设。要抓好特色村镇的农网改造和农村饮水安全工程，解决发展基础薄弱的问题。三是突出特色产业培育。充分发挥好政府和市场“两只手”的作用，大力支持少数民族特色村镇发展生态农业和特色农业。充分利用各种条件，大力帮助少数民族特色村镇发展农产品加工业，培育具有一定规模和市场占有率的特色农产品品牌。四是突出民生改善。创建工作中要落实“更加注重基本民生、更加注重低收入群众生活、更加注重社会大局稳定”的要求，以为民办实事为抓手，统筹做好教育、医疗、公共文化服务、社会保障、社会救助、食品安全、社会治理等民生问题。

（3）注重结合，积极探索少数民族特色村镇创建工作新路子。实践中要注重抓好“三个结合”：一是与民族文化旅游开发相结合。民族文化资源是少数民族特色村镇最重要、最独特的资源。把民族文化旅游作为战略性支柱产业来培育，大手笔打造永州少数民族特色村镇示范带建设工程，高标准培育民族文化旅游产业。充分借助“旅游升温”战役热潮，强化全域旅游发展理念，积极推动江华、江永、蓝山、宁远等县的少数民族特色村镇连片开发，连点成线、连线成圈，打造永州“少数民族特色村镇示范带”。二是与美丽乡村建设相结合。少数民族特色村镇工作与美丽乡村建设，不管是目标，还是内容，都高度契合。搞好生态保护，加强环境治理，立足本地实际，突出民族特色，避免千篇一律、千村一貌，真正把少数民族特色村镇建设成为美丽宜居乡村。三是与民族地区脱贫攻坚相结合。永州市的少数民族特色村镇，大多在少数民族贫困地区。少数民族特色村镇工作的一个重要任务，就是要帮助这些地区的人民群众脱贫致富，与全市同步全面建成小康社会。在建设少数民族特色村镇过程中，一定要坚持科学扶贫、精准扶贫，抓住发展生产、公共服务、全民教育三个重点，把少数民族特色村镇打造成为扶贫攻坚奔小康的“示范工程”，努力加快民族地区全面建成小康社会步伐。

（4）强化保障，确保少数民族特色村镇创建工作落到实处。一是汇聚发展合力。少数民族特色村镇创建工作是一项系统工程，需要各级各部门协调配合，共同努力。“各负其责、各记其功、优势互补、形成合力”，以少数民族发展资金为引导，整合旅游、发改、财政、扶贫、住建等相关部门的力量和资源，形成任务共担、平台共建、资源共用、成果共享的工作格局。还需要引导社会资本以多种形式参与少数民族特色村镇的基础设施建设、特色产业发展、民居保护、旅游开发和民族文化保护。二是加大宣传力度。应该说，少数民族特色村镇天生就是“美人胚子”，她不缺少美丽，缺的只是包装、宣传和知名度。要继续组织参与“湖南最美少数民族特色村镇”“中国少数民族特色村寨”的评选活动，进一步打造永州品牌、做出影响力。要通过多种渠道和形式，充分发挥新闻媒体的作用，加大宣传推介，调动全社会保护与传承民族文化的自觉性、主动性、积极性。

从瑶族服饰细节看瑶族的图腾崇拜与英雄崇拜

陈杉

瑶族服饰丰富多彩。部分瑶族喜欢戴头巾、系锦带、绣老虎爪印的图案，白裤瑶穿特色“五指”花裤，排瑶则头插雉翎。他们的服饰设计、样式都与当时的图腾崇拜和英雄崇拜相关联。

瑶族服饰文化异彩纷呈，里面有很多东西值得我们去探索与发现。瑶族服饰不仅五颜六色，形式多样，还有很多体现瑶族文化内涵的细节。在瑶族服饰上所展现的花纹、所佩戴的锦带等细节都跟他们的传说、习俗有关。而这些传说、习俗又植根于瑶族人民的日常生活。总之，瑶族服饰不仅仅是为了外表美观，更是瑶族文化的体现。

一、从瑶族服饰来看瑶族起源

瑶族的服饰非常精美，在观察瑶族服饰的时候，最引人注目的莫过于瑶族人民的头饰了，尤其是瑶族姑娘的头饰，非常华丽。在瑶族头饰的构成中，虽然不同地区各有其不同，但是大部分瑶族头饰以布构成，有的地方的瑶族姑娘还以头巾层数多为美。那么为什么瑶族人民喜欢在头上缠头巾呢？这跟他们民族流传的盘瓠的传说有关。

古时候瑶族的先祖——盘瓠龙犬帮助平王消灭高王有功，为了奖赏盘瓠龙犬，平王将自己的三公主许配给盘瓠龙犬为妻，尔后生下六男六女，分为十二姓瑶人。三公主和龙犬成婚后，三公主悄悄告诉母亲说："盘瓠龙犬白天和晚上不一，晚上是个美男子。"母亲说："既然晚上可以变人，能不能白天也变人？"三公主把母亲的话转告了盘瓠龙犬。盘瓠龙犬对三公主说："把我放在蒸笼上蒸上七天七夜，就可以脱去身上的毛变成人了。"于是三公主将盘瓠龙犬放进蒸笼里，蒸了六天六夜后，三公主担心丈夫的安危，不顾两人的约定，提前一天揭开了蒸笼。此时盘瓠龙犬已变成人形，但由于时间还差一天一夜，盘瓠龙犬头上和小腿的毛还没有脱落，就只好把头和小腿包扎起来。相传至今，瑶族男女仍然缠着头巾，裹着脚套。

盘瓠龙犬最开始是龙犬，和三公主结婚之后，白天是龙犬，晚上却变成了人。通过"蒸"的形式，几乎完全变成了人形。龙犬娶了三公主以后，在夜晚能够变成人，但是在白天还是龙犬。在白天的相处中，人与龙犬终究还是有差别，要想将人与龙犬联系在一起，那么就要让龙犬不仅在夜晚，在白天也要变成人。即褪去龙犬的兽形，赋予其人形，让他完全变成人。龙犬由一种动物变成人，象征着由动物向人转变的过程。在这种转变以后，瑶族人就从以龙犬为祖先转化为以人为祖先。人也由信奉图腾动物的人转向为娶妻生子的人。

蒸，是做饭的一种手段，能够在不改变其原形的情况下，让食物从生的变成熟的，就是意味着一种改变。龙犬经过"蒸"，由动物转向人。龙犬作为一种动物，自身带有一种兽性，而这种兽性就表现为白天仍然还是龙犬。这种属性将人与动物分隔开来。即使他已经娶了三公主，和三公主在一起生活，由于白天仍然是龙犬，因此与人有着界限。在“蒸”这种改变中，他将自己的兽性转化为人性，即白天为龙犬的那一部分完全变成人，将自己兽性的那一方面转化为人性，由兽性人转化为人性人，同时也意味着吃生食的茹毛饮血的兽性的人变为吃熟食的人性人。此处是将生食与熟食之间的转变类比为人的转变。

那么是什么引起了兽性人的转变呢？是“蒸”吗？那只是一种类比，而不是根本原因。真正的改变是源于三公主，准确来说就是源于盘瓠与三公主的婚姻。而龙犬最开始发生改变也是源于与三公主结婚，在结婚之后龙犬才能够晚上变成人。“图腾”一词来源于北美印第安语，译作“他的亲族”，其含义是“指一个民族的标志或图徽”。所谓图腾崇拜，就是人类的某个氏族同某个动物、植物或微生物，能够攀上“亲族”关系。在图腾崇拜中人们往往是图腾的子孙，与图腾有一种亲属关系。瑶族人民以盘瓠龙犬为图腾，就是通过与三公主的婚姻关系来建立图腾与瑶族人民的亲族关系，来繁衍子孙后代。也是在与三公主成亲之后，生下来的六男六女，即后来的瑶家十二姓，发展成为现在的瑶族人。在龙犬与三公主建立婚姻关系以后，通过“蒸”的方式，龙犬变成了人，那么瑶族人民作为盘瓠龙犬的子孙经过转变之后就变成了人的子孙。那么瑶族人民就是人的后代而不是兽的后代。

但是这个三公主偏偏是提前一天揭开了蒸笼，所以龙犬身上还是有部分毛没有脱落，所以要把头和腿包扎起来。我认为这一点是一种特征，或者是标志。作为盘瓠龙犬的后代所独有的特征，要将头和脚包扎起来也是展现自己作为盘瓠龙犬的后代的一种标志。

二、从服饰构成来看图腾崇拜的衰弱

广西全州县东山瑶妇女织绣的锦带，是瑶山精致的工艺品。瑶族人在日常的服饰中总是要带上锦带才行。锦带有很多用处，可作围裙带、帽带、绑腿带、小孩腰带及装饰用，也作馈赠亲友、送客人的礼物，寄托除病祛邪、孕生贵子的美好愿望。

关于锦带的来源有这样一个故事：

“相传过去有个美丽的瑶家女子上山砍柴，只见山间有毒蛇拦路，她毫不畏惧，机敏地将毒蛇捉住，剥其皮捆绑在腿上，然后继续上山。从此，她上山，山间的毒蛇见之即跑，于是她用锦线织成彩带用以系绑腿和裙子，以后她再上山砍柴，再也不见有毒蛇拦路了。此后瑶家编织的锦带便成为东山瑶传统的技艺和风俗习惯。”

东山瑶民总喜欢带锦带。随着社会的发展，锦带的用处也日渐宽泛，从最开始的锦带到围裙带、帽带、腰带等都可以看到锦带的影子。除此之外，人们也赋予了它更多的意义。如今，锦带更是精致的工艺品。

东山瑶民酷爱锦带，而龙胜红瑶妇女则喜欢在上衣后摆左右两侧都绣上方形图案，她们把这种方形图案叫作老虎爪印。就像是很多人喜欢在帕子上绣上一对鸳鸯来寓意爱情美满，红瑶妇女绣上老虎爪印也有一定的象征意义，它源于一个传说：

“过去皇帝曾经来到瑶山被老虎追赶，瑶山的红瑶姑娘见老虎要伤害皇帝便奋力相救，救出了皇帝，赶走了老虎，自己却受了伤，腰部还留有老虎爪的伤痕，于是皇帝便下旨：保护瑶族姑娘，特别是腰部有老虎爪印的都要受到保护。后来红瑶妇女上衣都要绣上两个老虎爪印的图案。”

在这两个故事中，有许多相同的地方。首先，都体现了人对动物的对立。第一个故事是毒蛇与瑶家女子，第二个是老虎与瑶族姑娘，非常相似。第一个是毒蛇拦路，第二个是老虎追赶，人与动物发生冲突。其次，在人与动物的对立中，人的一方取得胜利。前者是瑶家女子剥其皮绑在腿上，后者是赶走了老虎。再次，对于其他人产生的影响，是正面的、积极的、受到鼓舞的。前者是用锦带绑身便再不会有毒蛇拦路，织绣的锦带作为围裙带、绑腿、腰带等广泛流行开来；后者是腰部有老虎爪印的都要受到保护，红瑶妇女上衣都绣上两个老虎爪印的图案。

不同民族有自己民族的图腾，各民族图腾有相同的地方，也有不同的地方。当一个民族将某种动物作为自己本民族的图腾时，不同民族的原因有所不同。有的民族将蛇作为本民族的图腾是因为蛇强大的繁殖能力，部分地区的瑶族信奉犬图腾是认为犬在瑶族迁徙的时候给他们带来了谷穗等。而有的民族将某种动物定为图腾则是因为其凶猛及其攻击力的巨大，人对它们产生畏惧、害怕，希望借此能够得到它的庇佑和保护，或者是借助它的凶猛形象的象征使自己民族变得强大。从这个意义上来说，图腾崇拜是一种对力量的崇拜。

在上面两个故事之中动物与人的对抗，最后总是人的一方取得胜利。尤其是在胜利之后将毒蛇之皮绑在腿上，更是一种有一种示威的效果、一种警示的作用、是对毒蛇、猛虎这种动物的一种驱除，也是一种保护。而在图腾崇拜之中，人对动物往往是一种顺从的态度，希望寻求他们的庇佑、保护。这不仅仅是一种态度上的转变，更是一种主体地位的转变。人不再是凶猛动物的附庸，而是能够作为一个对抗的姿态出现在动物面前，同时在对抗之中，人的力量越来越强大，甚至能够战胜凶猛的动物。

在人类社会的不断发展中，人的属性不断增强，人的作用日渐巨大，不断展现人的强大与力量，人能够以自己的能力去抗击大自然。这意味着图腾崇拜，或者准确地说是动物崇拜的衰弱。

三、从服饰来看英雄崇拜

广西南丹县和贵州荔波县白裤瑶有极富神话色彩的“五指”花裤。所谓“五指”花裤是指裤脚口正面绣有 5 条形如手指、指尖上绣有一个“十字架”的花柱，一是加固裤脚口的韧度，免得剧烈活动时被撕破，二是表示对先辈英雄寄托哀思。而他们的“五指”花裤也是来源于一个传说。

相传远古时候，有一个地方叫契卡强，是白裤瑶的祖先开辟的。当时有一对夫妇经商路过，看到契卡强这个地方山清水秀，山势如龙盘虎踞，便想办法留在了这里。好心的瑶族首领听完商人的乞求，就让他们留下来了。时间一年又一年过去了，商人家族不断繁衍，疑心的商人怕瑶人忍让得不长久，于是决定先下手为强，策划赶走瑶人的阴谋。瑶族首领动员瑶民挥戈迎战到底。由于商人早有准备，瑶人被迫仓促迎战，深感寡不敌众而边打边退。退到一个名叫卡壁的深山弄场里，瑶王被毒箭射中胸膛，鲜血喷射不停，为了夺取战争的全胜，瑶王仍带伤坚持指挥战斗。

瑶王腹部、腿部又连中数箭，肝肠破肚而出，顷刻瘫软跪地。但瑶王仍不服输，在卫士搀扶下双手扶膝，坚持战斗到最后一分钟。阵亡时，双手染满的鲜血深深印在瑶王两腿的膝盖上，结成“五指”硬块。为了弘扬瑶王宁死不屈的民族气概，继任首领决定，把男人传统穿着的艳丽多彩的长裤，改为单一锁膝白裤，并用花线在裤脚口正面绣上瑶王阵亡时留下的五指掌印为图案，寄托白裤瑶民对民族英雄的哀思。

排瑶头插雉翎也是为了纪念他们的英雄唐豆腐八王。排瑶男女老少都留长发，盘在头上成圆锥形。发髻缠有红、绿、黄色绒线，插上 1~3 支雉尾。排瑶头插雉翎，并非单纯为了美观，而是为了怀念一位反抗封建王朝的瑶民英雄。

过去，历代封建王朝对瑶民实行“犁其巢穴，种类无遗”的毁灭政策，不断派官兵围困、封锁瑶山，禁止向瑶民提供盐米，企图把瑶民活活饿死在高山大岭之中。瑶民一边与官兵周旋，一边种谷，依山自保，靠山吃山。

传说古时瑶民开山辟岭，一次在山石下挖出条大鲤鱼，大家以为挖出了妖精，谁也不敢动。唐豆腐八贵架起柴草，把鲤鱼烧熟分给瑶民吃。凡吃了鱼肉的人都感到浑身是劲，膂力过人。他们剩下的龙骨放回火堆去烧，龙骨在火中闪闪发光，铮铮鸣响。只见寒光闪闪，虎虎生风，龙骨化成一支插在地里的宝剑。唐豆腐八贵轻轻一拔，挥剑起舞，大家当即推荐他为唐豆腐八王。唐豆腐八王随即在白石洞召开八排二十四冲瑶民首领会议，反抗来犯官兵。他还用雉尾当作令箭，指挥瑶兵杀下山去，打得官兵落花流水，一败涂地。后来唐豆腐八王领兵追赶来犯官兵，逢州破州，逢府灭府，一直杀到京城，再也没有回来了。从此，瑶民把唐豆腐八王的令箭插在头上，以示世世代代怀念这位民族英雄。

不管是白裤瑶的“五指”花裤，还是排瑶头插雉翎，在他们的服饰成因之中，我们可以得出一些相似点。首先，他们都是为了纪念某个人，表示对民族英雄的纪念与哀思。白裤瑶是对他们的瑶王，而排瑶是对唐豆腐八王。其次，展现一种对抗，人与人的对抗。白裤瑶是与商人家族的对抗，是为肥沃的土地；而排瑶则是与官兵的对抗，反抗封建王朝的统治，是为权。最后，是不论结果，对英雄反抗精神的高度赞扬。在故事中，不论结果如何，英雄们都坚持到最后，为了民族而不畏牺牲的精神，永远值得瑶族人民赞扬。

不管是瑶王还是唐豆腐八王，都是民族英雄。他们在与外族人的对立、在与权力高压下的对立，不管是在行为上还是在意义上，都有着举足轻重的地位，他们代表着瑶族在处理对外矛盾时的一种最深刻的幻想,在认识对外矛盾时最真实的反映。他们作为瑶族英雄，身上的反抗精神、不畏牺牲的精神，已经不仅仅是他们个人的精神了，更多的是影响了后人，渐渐成了一个民族的精神。瑶族人民对瑶王和唐豆腐八王的推崇，就是一种英雄崇拜的表现。除了瑶族以外，羌族人民也有类似的故事。羌族有一个黑虎将军，羌族人民为了纪念黑虎将军，寨中男子从此头裹青纱，女子头戴白孝，万年不变，故名“万年孝”。

一个人在某些方面的过人之处，就是一个人某项能力发挥到常人无法做到的地步，发挥到极致的地步。当某个人好的一方面发挥到极致的地步，我们就可以说他像神一样，接近神，就是具有神性。人性是神性的基础，神性是人性的升华。无论是的瑶王还是唐豆腐八王，他们首先是作为人，一个普通的人来出现，然后在人的基础上，展现其突出的精神或者不屈的意志力，这种精神或者是能力超越了本身的身体条件，是人难以做到的,是通过自身的努力,来使之实现,这种实现是一种不凡，在这种不凡的事迹中，人获得了神性。那么在人与人之间就出现了神，也即所谓的英雄。在他们心中，英雄也是最接近神的人，他们是人，但是又超越了人，展现着人性的光辉与魅力。

四、结束语

瑶族服饰不仅是瑶族外表的一种展示，更是瑶族文化的一种深刻诠释，在里面包含的是很值得铭记的一种文化符号。

在瑶族服饰的深入挖掘中，包括服饰组成、头饰等方面中展现了瑶族人民的一些精神与思想。在他们服装的装饰和头饰之中可以展现图腾崇拜的影子，而在他们的服装的款式、花纹中则可以看出瑶族人民对传说中的英雄的崇拜，这些都是相互联系的。在图腾崇拜和英雄崇拜之中可以深入挖掘出人性。人作为一个重要的点，是一切人类社会的起源，是所有人类文化的出发点。

参考文献

李肇隆，过竹 .1991. 中国瑶族婚恋风俗 [M]. 桂林：漓江出版社 :12-14.

李卓华 ,2001. 中国白裤瑶风情录 [M]. 西安：陕西旅游出版社 :106.

王东雨，黄志辉 ,1998. 粤北少数民族发展简史 [M]. 广州：广东高等教育出版社 .

徐正荣 ,2009. 走进中国瑶族 [M]. 北京：中国民族摄影艺术出版社 .

关于阳明山系过山瑶共同特点的思考

盘金胜

湘南的双牌、宁远、祁阳、零陵交界处有座山叫阳明山，它以七祖秀峰和尚在此坐化后尸身不腐而名扬三湘。与其周边相邻的道县、江永、新田、常宁、桂阳等县市境内，生活着一支瑶族群体，以他们祖辈的生活习俗而论，他们属过山瑶支系。江华、江永、道县境内另住着平地瑶支系。据笔者调查访问，凡过山瑶支系的瑶胞，有着许多共同特色。如江华的水口、湘江、贝江乡，宁远的鲤溪、荒塘乡，桂阳的华山、杨柳乡，常宁的塔山乡、新田的门楼下乡，祁阳的晒北滩乡等乡村瑶胞的语言、风俗习惯、民俗工艺、族源历史等诸方面都完全相同。

一、相同之处

1. 语言完全相同

他们都讲“勉语”。这几个地区的人偶尔相会，只要问及对方是否是瑶族，对方回答是，他们就根据自己的年龄身份尊称对方“表伯（母）、表叔（婶）”或“表兄弟、表姐妹”，立即用瑶语跟对方交谈，谈得非常投入，像久别重逢的老朋友、老亲戚，没有一点儿地方语言障碍，乡音完全一样。有些很少使用的“土语”也相同，如“杀猪”一词，勉语统称“带东”。

2. 刺绣图案相同

过山瑶的刺绣工艺完全一样，刺绣用的布料都是青、兰、白等颜色，而且都选择经纬线成“#”字形的布料上布图。刺绣成功的花样放在衣袖、布袜、胸布、衣领等处的位置又是十分统一，而且其图案花纹如出一人之手，没有张冠李戴的现象，更没有标新立异的图案。他们相距几百里，只要讲出是妇女胸巾的花样或布袜口子的花样，他们拿到一起来时，像复印机复印的一样。这充分证明老祖宗的刺绣工艺得到继承。

3. 布鞋花样相同

过山瑶的布鞋都是手工制作，一般的鞋底是用碎布叠、拼后用麻绳拉紧即可。但精致的，则另用白布包层，不露毛边。鞋面用红、蓝色布剪成对称的刀形、钩状形、云形花样镶嵌而成，然后用白线将拼接处锁定。成型的布鞋有船形、鹰嘴形、单桥、双桥形，所取鞋名为乘海鞋、双桥、单桥鞋。一双成功的布鞋除花样相同以外，其形状也完全相同，像同一车间制作的产品。

4. 衣服着装相同

过山瑶生活劳作于山林之中，为了方便，他们的裤子比较短，只有 60 厘米左右，但裤头裤脚比较大，一般的在 70 厘米左右，胖子的裤头达到 100 厘米，裤脚也在 70 厘米左右大小，男女小便不用脱裤。上衣均为对襟布扣衣服，束腰带，脚上小腿部位缠绑腿。男子头上扎青色帕，而且帕子两端绣有 8 厘米宽的花纹图案。头巾围捆后，其花纹部分都要显露在前额上方，显示英俊威武。妇女们则以年龄段不同而着装有所区别。少年、女孩（8 岁以上）开始在头顶部留长发、包头巾，戴铜铃帽。青年女子（15 岁以上）用长发扎竹架戴“顶板”，瑶语叫“甭鳖”，竹架上覆盖镶边青布头巾，结婚时盖上花铜铃帕；节日盛会时，胸配银牌，穿长衣束花腰带，手戴银手镯和银戒指，围镶边裙子，脚穿鹰嘴乘海鞋，套上绣花布袜。已婚女子头梳成三角形头饰，插银簪挂配银铃彩珠，其余跟青年女子打扮一样。到了老年（70 岁以上）头发脱落不再戴帽，只包小头巾，与少年、女孩一样。

5. 结婚仪式相同

这些地区的瑶族结婚形式完全一样。例如嫁长女由母舅背出大门至村口，二女由叔伯背，三女由姨夫背……依次类推，均由父母的兄弟背送。拜堂成婚、酒席菜肴等不差分毫。

6. 敬神祭祀相同

大型祭祀活动有还盘王愿，其类别、过程形式都无区别。男子成年均挂灯取法名。小的活动如过年杀猪都要请师公化纸敬神后才切肉煮食。平常日子早晚都要往祖先堂和大门旁上香，初一、十五早上还要在神堂和大门口摆上三杯浓茶，点香化纸敬奉祖宗和天地。获取猎物时，要祭山坛张五郎。

7. 谈笑对歌相同

村子上来了远客、稀客，本村或附近村子的歌手去找远客对歌（瑶语叫“恭杰”），其全过程完全相同。如进乡（迎接）、探花、烟酒茶歌、缘分、劝告、离别相送等均按传统套路，唱歌的声调、唱法如同一曲。对歌活动起到了以歌会友，以歌传情的作用。已婚男女通过对歌加深了友情；未婚男女通过对歌产生了爱情，不少未婚男女通过这种活动成为恩爱夫妻。还有很多生活细节、风俗习惯都相同，这就不难看出过山瑶是树同根、水同源，一脉相承的宗族血缘关系。

二、原因分析

但他们是怎样举族同时迁徙到阳明山周边地区的呢？笔者认为有以下几方面的原因。

1. 战乱所迫

南宋时金人入侵中原，原来生活在湖北一带的过山瑶被迫南迁。他们有一首共同的歌谣为证："瑶人出自武昌府，出自武昌州过州；爷娘没有田和地，抛落祖宗天下游"。他们开始南移至广东乐昌、坪石，后到广西，辗转到湖南。有一首瑶族《迁徙记》歌这样吟唱："来到广东乐昌府，又到坪石来安身……二十四年长毛反，长毛反乱不安宁，十二姓盘瑶被盗尽，拖儿带女又过岭。老少忧愁心无主，翻山来到湖南省。后到永州宝寨山，又到千家峒安身……"据老人讲，宝寨山指宁远北面的鲤溪、荒塘一带。

2. 为生计而流向各地

过山瑶居无定所，自己没有产业，靠租种别人土地过日子。山地只能耕种三五年，树木长大成林就不能种庄稼，不得不奔走他乡寻找耕地。加之人口不断增多，也不得不分散寻找出路。据常宁县王瓜源盘姓族谱记载，他们的先辈从宁远宝寨到新田县门楼下，又从门楼下迁往祁阳担杆岐，然后到常宁县王瓜源定居，而其后代又逐渐分散到常宁的塔山、黄洞几十个村寨。新田的盘姓、冯姓、赵姓、李姓均由宁远而来，同样分散到各地。

3. 行政区划所致

1949 年前后，湖南省区划变更几次，致使一些地区分而合、合而分。例如祁阳县的晒北滩瑶族乡原属宁远县管辖，50 年代划归祁阳。新田县门楼下枫树脚与祁阳县晒北滩相邻，那里有个小村寨叫茶缸源，住六户人家，他们同宗共祖共一条阶檐，由于区划原因，将该村寨二分为二，一半属祁阳，另一半属新田管辖，真正成了兄弟县。

4. **婚姻原因所致**

由于人口不断增加，婚姻嫁娶使人员流动，语言习惯相互渗透，也就形成相同、统一的语言和风俗习惯，或者说，根本没改变原有的风俗。如宁远与祁阳，祁阳与新田，新田与常宁、桂阳……交叉婚姻关系越来越多。有的几个县的女子嫁到一个村子，有的一个村子女子分嫁几个县，这样形成多层次的亲属关系，互相往来多了，文化生活也就丰富了，风土人情也就无差异了。

综上所述，过山瑶不论姓盘、姓赵、姓李、姓邓，还是其他姓氏，都是一脉相承的家族。也证实他们与平地瑶、花瑶还有其他瑶族支系的不同之处在于：不同宗共祖，没有血缘关系，没有婚姻关系，也没有共同语言，没有共同风俗习惯。因此，阳明山系过山瑶是一个独立体，是同宗共祖、源流一致的瑶族家族群体。

对千年瑶寨和勾蓝瑶寨实现乡村振兴的思考

潘思湘

近年来，湖南省江华瑶族自治县千年瑶寨桐冲口村和湖南省江永县勾蓝瑶寨在党的脱贫攻坚政策引领下，旅游扶贫风生水起、方兴未艾。两寨虽已脱贫，但实现乡村振兴仍需时日。乡村振兴的最大特征是人气旺盛，而千年瑶寨和勾蓝瑶寨最大的问题就是人气“两旺两不旺”——旅游旺季时人气旺，淡季时人气不旺；外来游客人气旺，本土居民人气不旺。究其原因，由于空间相对闭塞，交通相对不便，进寨方式较为单一，以至于“旅游旺季时人气旺，淡季时人气不旺”；由于当地很多青壮年外出谋生，以至于“外来游客人气旺，本土居民人气不旺”。为解决上述问题，进一步壮大、繁荣旅游产业，实现千年瑶寨、勾蓝瑶寨可持续高质量发展和乡村振兴，作者建议：一是大力发展旅游新业态，力争推出“云旅游”、《跟着书本去旅行》、“研学游”。二是以旅游长盛带动乡村振兴。大力发展以“婚恋文化、耕织文化、田园文化、隐士文化”为核心的文化旅游业，以及绿色种植业等产业，激发游客互动性，提升游客体验性，拉长游客想念性，吸引外出人员回村就业发展，兴旺人气，壮大“归雁”经济、“回流”经济。

近年来，笔者曾到过湖南、广西等地的部分瑶寨，目睹过一些瑶寨因产业的兴盛而崛起。现以湖南省江华瑶族自治县千年瑶寨桐冲口村和湖南省江永县勾蓝瑶寨为例，尝试对其可持续发展、实现乡村振兴进行一些思考。

一、近年发展形势喜人

近年来，在上级党委政府及有关部门的关心、支持下，千年瑶寨和勾蓝瑶寨乘着脱贫攻坚的东风，“外因通过内因起作用”，闯出了一条“文旅搭台，扶贫唱戏”的路子，谱写了一部筚路蓝缕的创业史，古老瑶寨自强奋斗焕发勃勃生机，成功脱贫展现欣欣新颜。

（一）内热

瑶族文化是千年瑶寨和勾蓝瑶寨做活文化旅游产业的灵魂，节目演出则是其重要的外在表现形式。为将“文旅搭台，扶贫唱戏”落到实处，进而圆梦小康，千年瑶寨和勾蓝瑶寨将瑶族文艺表演作为全村工程来抓，广大村民热情高涨，踊跃参与。两寨结合当地特色，编排瑶族歌舞、勾蓝瑶武术等特色亮点节目，颇有可圈可点的出彩之处，煞是吸人眼球，甚至受到热烈追捧。勾蓝瑶寨有的演出节目还曾经获得湖南省级、永州市级赛事奖项。该村将贫困户纳入表演团队，助其吃上“旅游饭”，使脱贫致富路上不掉一人。千年瑶寨和勾蓝瑶寨的火爆旅游，吸引了本地及周边地区游客纷至沓来，两寨成为人们近郊游、周末游的首选出行目的地。

（二）外火

千年瑶寨和勾蓝瑶寨通过借助电视媒体、节庆活动等进行宣传造势，使瑶寨旅游走向外界，火遍全省乃至全国。2016

年春节，随着湖南卫视《直播香草源》节目的热播，桐冲口村等地在全国观众面前狠狠地火了一把，瑶族长鼓舞、跳九州、坐歌堂、打糍粑、瑶家长桌宴等瑶族文化得到了淋漓尽致的展示。2017年暑期，湖南卫视《我们来了》走进勾蓝瑶寨录制节目。播出后，当地瑶族风土人情惊艳世人。此外，勾蓝瑶寨还通过举办洗泥节、非物质文化遗产有关活动，进一步打响旅游品牌。

（三）“造血”

“一条腿跳着走，两条腿大步走”。千年瑶寨和勾蓝瑶寨在开发旅游业的同时，均大力发展种植业，如，进行生姜、荷花等种植，积极“造血”，为脱贫攻坚、可持续发展、防止返贫，提供了坚实有力的后劲支撑。

二、主要问题及其成因

（一）存在的主要问题

千年瑶寨和勾蓝瑶寨虽然打赢了脱贫攻坚战，但离乡村振兴还有距离。乡村振兴的最大特征是人气旺盛，而千年瑶寨和勾蓝瑶寨最大的问题就是人气“两旺两不旺”——旅游旺季时人气旺，淡季时人气不旺；外来游客人气旺，本土居民人气不旺。

（二）形成原因

1. 为什么会“旅游旺季时人气旺，淡季时人气不旺”

法定节假日期间，千年瑶寨和勾蓝瑶寨游客最多，周末次之，平时游客较少。究其原因，主要是山遥路远难行。两寨位于瑶山，空间相对闭塞。千年瑶寨桐冲口村更是山路十八弯，“看到屋，走到哭”。虽有通村公路，但距周边重要节点城市的路程较远，交通相对不便，旅游一趟路上往返耗时较长。同时，进寨方式较为单一，公共交通工具较少，公交路线不多，目前主要依靠自驾游。

2. 为什么会"外来游客人气旺，本土居民人气不旺"

两寨在家就业人员不多，主要是"386199 部队"（妇女、儿童、老人）留守在家。究其原因，在于"故乡安不下肉身，异乡容不下灵魂"。因本地旅游服务业岗位有限，同时，受个人收入预期值最大化驱动，年轻人为了生计，外出奔波忙碌，带走了本地很多人气。

（三）相关建议

为解决上述问题，进一步壮大、繁荣旅游产业，实现千年瑶寨、勾蓝瑶寨可持续性高质量发展和乡村振兴，笔者提出以下建议：

1. 大力发展旅游新业态

"要想富，先修路"。瑶寨空间的相对闭塞、交通的相对不便，以及由此对旅游业造成的不利影响，既可以通过兴修旅游公路来消弭，也可以通过发展旅游新业态来弥补。

力争推出"云旅游"。畅通信息高速公路，开拓"云旅游"，消除新冠肺炎疫情给实地旅游带来的影响。疫情过后，也可将"云旅游"常态化，以慰有着"诗和远方"情怀却缺乏时间或出门不便的向往瑶寨的游客，并顺势推介当地特产、风味小吃、具有浓烈瑶族特色的旅游纪念品等，推动"直播带货"。

力争推出"跟着书本去旅行"。邀请著名作家前来采风，开展"游瑶寨写瑶寨"活动，或是面向全国设下重奖，征集瑶寨旅游经典美文。在此基础上，与中央电视台第 10 频道（科教）联袂推出《跟着书本去旅行》之瑶寨篇，在全国范围内提高知名度。

力争推出"研学游"。与瑶族文化研究中心、瑶族学校等单位合作，深入挖掘灿烂的瑶文化瑰宝，组织开展“研学游”活动，既带来客流，又传承、弘扬瑶文化。

无论哪种业态，均需提升瑶寨旅游质量，扩大影响力，提升美誉度。要在改进瑶家长桌宴、提升文艺表演质量上做好文章，使游客既能刺激舌尖上的味蕾，大饱口福，又能享用精神上的盛宴，大饱眼福。长桌宴的安排可灵活多样，伴以“高山流水”敬酒式、篝火晚会等，增强趣味性；文艺节目要着眼于瑶族文化的思想性、艺术性，多出颇具深度的精品力作，进一步增强表演效果的赏心悦目性、瑶族文化的传播性。

2. 以旅游长盛带动乡村振兴

大力发展以“婚恋文化、耕织文化、田园文化、隐士文化”为核心的文化旅游业，以及绿色种植业等产业，激发游客互动性，提升游客体验性，拉长游客想念性，吸引外出人员回村就业发展，兴旺人气，壮大“归雁”经济、“回流”经济。

（1）激发游客互动性。江华瑶族自治县千年瑶寨桐冲口村可深入挖掘二月初一“赶鸟节”文化底蕴内涵；弘扬瑶族“歌仙”刘三妹“德艺双馨、舍已为人”的伟大精神；组织赶歌墟、对山歌、坐歌堂等活动，由本地“客姑妹”、后生与游客互动，使游客在“对山歌”活动中品味瑶族情人节，回味初恋滋味；使游客在“坐歌堂”活动中，徜徉于歌声的欢乐喜庆海洋，感受瑶家婚嫁文化。在对歌形式上，游客既可客串“客姑妹”，也可客串后生，还可游客之间互相客串“客姑妹”和后生；在对歌内容上，既可对唱瑶歌（如《盘王大歌》《瑶族舞曲》《嘞嘞嘿》……），也可对唱流行歌曲。

（2）提升游客体验性。提升游客对田园文化的体验性。江永县勾蓝瑶寨与狮形水库近在咫尺，毗邻的狮形村等村庄具有较好的夏橙种植基础。可将附近相邻村庄纳入勾蓝瑶寨旅游一体化发展范围，增强辐射带动力，开发“嗨游瑶寨、采摘夏橙、垂钓水库”乡村旅游精品路线，吸引外出务工男性回乡种植经营农产品，以此厚植“男耕”文明。

提升游客对隐士文化的体验性。江华瑶族自治县千年瑶寨桐冲口村处于大瑶山深处，远离喧嚣都市，颇有陶渊明诗中“采菊东篱下，悠然见南山”的气象，宛如世外桃源，游人在此能忘却世俗红尘，抛开功名利禄，净化心灵。千年瑶寨可遍植各类菊花，营建“陶庐”，同时，打造“《归隐者》原型瑶寨香草源姊妹村”，开展诵读陈茂智先生小说《归隐者》（精华部分）有奖活动或相关知识竞赛有奖活动，烘托古今隐士文化，留住游客在此地修身养性，小住甚至长住、常住。

（3）拉长游客想念性。“越是民族的，越是世界的”。大力开发独具特色的、原汁原味的瑶寨旅游纪念品，尤其是纯手工制作的各类瑶族元素产品，如，以“八宝被”为代表的瑶族织锦、以“大装衣”“便装衣”等原生态瑶服为代表的瑶族服装、绣花鞋等，既吸引外出务工女性回乡从事女红，以此传承“女织”文明，又使游客“睹物思游”，想念美好的瑶寨之行，甚至勾起念头，来一场说走就走的故地重游。

瑶族地区脱贫攻坚与乡村振兴路径探析

——以江华瑶族自治县为例

车玉钦

2020年是决战决胜脱贫攻坚、全面建成小康社会之年。近年来，江华瑶族自治县抢抓发展机遇，坚持新发展理念，以脱贫攻坚统揽经济社会发展大局，积极探索脱贫攻坚与乡村振兴的新模式、新路径，着力推动高质量发展，千里瑶山发生了翻天覆地的历史巨变。江华作为湖南脱贫攻坚的主战场之一，其在脱贫攻坚工作中的一些具体做法，对推进乡村振兴、建设民族经济强县等具有较好的参考借鉴意义。

打赢脱贫攻坚战，是民族地区同步迈入全面小康的关键一役，也是当前极为紧迫的重要任务。民族地区的致贫原因复杂、脱贫基础薄弱，是脱贫攻坚的重点和难点，受到党中央特别是习近平总书记的高度重视和格外关心。江华位于湘粤桂三省（区）结合部，全县总人口54万，其中瑶族人口37.5万，是湖南省唯一的瑶族自治县，是瑶族人口最多的县。2014年，全县贫困村112个、建档立卡贫困人口113090人、贫困发生率 24.1%，脱贫攻坚任务十分艰巨。坚决打赢打好脱贫攻坚战，让贫困人口同全国一道进入全面小康社会，是江华各级各部门义不容辞的政治责任和光荣使命。

一、江华瑶族自治县脱贫攻坚与乡村振兴的实践与探索

近年来，江华瑶族自治县坚持以习近平新时代中国特色社会主义思想为指导，深学笃用习近平总书记关于扶贫工作重要论述，坚持以脱贫攻坚统领全县经济社会全局，举全县之力尽锐出战、攻坚克难，脱贫攻坚取得了决定性胜利，乡村振兴迈出了关键步伐。2018 年，江华整县脱贫摘帽；2020 年 8 月高质量通过国家脱贫攻坚普查；2019 年，全县主要经济指标增幅排名省市前列，脱贫攻坚考核连续 5 年位居全省“先进县区”行列，产业扶贫、易地搬迁、抓党建促脱贫攻坚、金融扶贫、教育扶贫、社会扶贫等工作走在全省乃至全国前列，多次承办国家级和省级、市级脱贫攻坚现场会。

（一）坚持扶志先行，激发脱贫攻坚动力

习近平总书记在十九大报告中指出：“坚决打赢脱贫攻坚战。注重扶贫同扶志、扶智相结合。”江华瑶族自治县坚持用习近平总书记扶贫开发战略思想武装党员干部头脑，推进“扶志”“扶贫”同步、“脑袋”“口袋”同富。针对部分干部畏难情绪严重的问题，从解放思想入手，开展“决胜脱贫攻坚，我怎么看怎么干”大讨论，认真审视江华的基础、优势和潜力，发出了“为江华的尊严和光荣而奋斗”的号召，在全县上下形成了“江华要脱贫摘帽，关键在自力更生、奋发图强”的共识。针对贫困群众“等靠要”思想严重的问题，全县各级组建宣讲小分队，深入贫困村宣讲党和国家的扶贫政策，宣讲群众身边的脱贫致富典型，每名党员干部每月到联系贫困户访谈，让群

众搞清楚“谁来扶、扶什么、怎么扶”，切实增强自主脱贫的内生动力。

（二）坚持精准方略，夯实脱贫攻坚根基

以“三走遍三签字”“千名干部下基层、精准帮扶解难题”活动为契机，进一步走访摸排、精准识别，彻底摸清贫困村、贫困户底子。聚焦“一超过两不愁三保障”，科学制定“一村一策”“一户一策”，把发展目标落实到村，把帮扶措施落实到户。全面落实国家助学政策，建立县级深度贫困家庭子女入学资助专项基金，县财政每年安排 700 万元对深度贫困家庭子女实行“零负担”精准资助；发放贫困家庭学生各项教育补贴 2.5 亿元，免除贫困家庭学生学杂费 4420 万元。建立县级健康扶贫基金，对享受健康扶贫政策后自付医疗费用仍然有较大困难的大病重病贫困患者，予以救助救济。将贫困户危房改造补助标准提高到 4.5 万元 / 户，2014 年以来共改造贫困户危房 6476 户。在易地扶贫搬迁方面，2016 年以来共搬迁贫困人口 10126 人，同时还结合涔天河水库扩建工程搬迁安置贫困人口 16694 人。针对没有劳动能力的贫困群众，严格落实各项兜底政策，创新推出“兜底贷”“贫困妇女贷”，打造扶贫项目，确保这类贫困群体收入稳定。2014 年以来，全县整合投入资金 51.875 亿元，大力改善贫困村和贫困群众的生产生活条件，支持农村发展，确保巩固脱贫攻坚基础。

（三）坚持产业优先，强化脱贫攻坚支撑

把加快发展作为解决贫困问题的根本办法，出台《“四个三”产业扶贫的实施意见》等政策文件，优先发展产业，积极促进就业，探索形成了“规模企业进园区、小微企业进乡村、农业产业建基地、旅游产业谋全域”的产业脱贫模式，帮助 8.5

万个贫困人口稳定脱贫，基本实现了有劳动力的贫困户要么有产业要么有就业，确保脱贫成果经得起历史和实践的检验。大力招商引资，创建省级高新技术产业园区，引进规模工业企业105家，提供就业岗位16000多个，年人均工资2万元以上，帮助群众实现了就近就业。出台优惠政策，支持规模企业和小微企业进乡村开设“扶贫车间”，全县小微企业现已达到486家，吸纳1.3万个留守劳动力在家门口务工。引导经济组织、能人大户与贫困户建立土地流转、入股分红、劳务就业、承包经营等多种利益联结机制，大力发展“优质水果8万亩、食用菌5000万袋、茶叶3万亩、生猪年出栏65万头”四大扶贫产业，带动1.6万名贫困户稳定增收。同时在中国社会扶贫网等平台上架农副产品189种、供应商22家，在长沙设立消费扶贫县域生活馆采取“县长直播代货”“以购代捐”“以买代帮”等方式采购贫困村、贫困户农特产品近亿1元。按照“神州瑶都、生态江华”目标定位，立足深厚的瑶族文化底蕴和良好的自然生态环境，打造了千年瑶寨、香草源、秦岩、宝镜等3A级景区6个、三星级以上酒店8家，建成了漕渡、牛路、水东等十多个乡村旅游示范点，带动贫困户开办农家乐和民俗酒店100余家，参与旅游就业服务2000多人，带动5000余人实现脱贫。

（四）坚持党建引领，凝聚脱贫攻坚合力

建立脱贫攻坚六级责任清单，实行“县级领导挂点、后盾单位包村、工作队员驻村、党员干部联户”帮扶机制和脱贫攻坚“三集中”（集中领导、集中时间、集中精力）工作模式，倒逼各级干部转作风、抓落实。充分发挥基层党组织的战斗堡垒作用，选派112名机关干部到贫困村任职“第一书记”，实行三级联考联评、不合格“召回”、选派问责等工作机制，打

造了一支“永不走的工作队”。强化机制保障，坚决落实好“四个不摘”，探索建立脱帽不脱政策、执行力考评、容错纠错、脱贫攻坚专项表彰等机制，并把脱贫攻坚工作成效与干部的评先评优、提拔使用和年度考核等次挂钩，引导党员干部下沉一线“结穷亲、解穷困、拔穷根”，进一步激发了干事热情。始终坚持党委领导、政府主导、多元参与、群众主体的原则，充分发挥中南大学、湖南广电等上级单位对口帮扶优势，动员社会各方面力量共同参与脱贫攻坚，构建起了专项扶贫、行业扶贫、社会扶贫“三位一体”的“大扶贫”工作格局。

二、当前脱贫攻坚与乡村振兴存在的主要问题

（一）“等靠要”思想和畏难情绪依然存在

长期以来，受江华区域环境影响，部分群众不思进取、自甘落后，依然存在“等靠要”思想和畏难情绪，满足于自给自足、解决温饱问题。在走访时发现，有的内心深处安于现状，参与脱贫攻坚、乡村振兴的主动性和积极性不够，片面认为那是政府的单方责任，依赖于政府的帮扶；有的接受新事物、新知识的能力差，自我发展能力不强，缺乏致富本领和发展门路；有的畏难情绪严重，遇到问题就打退堂鼓，不敢闯不敢试不敢冲；等等。“精神贫困”成为脱贫攻坚与乡村振兴路上的“拦路虎”。

（二）党建引领作用发挥不够充分

有的党支部功能弱化，班子结构不合理，贯彻执行党的路线方针政策不坚决、不到位，带领群众发家致富意愿不强烈、工作不主动、办法不够多，凝聚力、创造力、战斗力不强；有的不会不愿做群众工作，总把希望寄托在上级扶持上，带领群

众发展的意愿不强烈、工作不主动、办法不够多；有的专业人才和管理人才匮乏，不熟悉现代科技手段运用，没有创新精神，引领发展的后劲不足；有的基础设施和公共服务设施不完善，村级集体经济薄弱，村干部待遇不高，基层基础保障有待进一步加强。

（三）有的驻村帮扶成效不够明显

有的后盾单位对帮扶工作缺乏深入研究和谋划，“输血”多、“造血”少，物质帮扶多、精神帮扶少，不了解基层真正需要，以致帮扶工作成效不明显、选派的干部优势特长发挥不出来。有的单位领导对基层干部关爱不够，忽视干部承压能力，提工作要求多、心理疏导少，容易导致驻村工作队员、农村干部产生疲劳和厌战情绪。有的工作队员缺乏农村工作经历和农村生活经验，不善于调查研究，工作仅停留在具体事务上，对如何建设美丽乡村、促进群众增收、全面实现小康方面思路不清晰。

（四）文旅融合助推乡村振兴不够给力

江华是瑶族的发祥地、大本营和中转站，积淀形成了内涵丰富、颇具特色的瑶族文化。目前，非物质文化遗产保护名录已有 80 余项，其中瑶族长鼓舞、“盘王大歌”“瑶族医药·药浴疗法”已被列为国家级非物质文化遗产名录，瑶族盘王节被省里确定为四大民族节庆品牌之一。尽管我县历史文化资源十分丰富，但文旅融合利用率不高，旅游景点比较分散，配套设施不健全，旅游产品缺乏深度挖掘和开发，“神州瑶都”的品牌打得不够响亮，旅游业拉动经济增长作用不凸显。

三、对策和建议

（一）突出思想引领，激发群众干事热情

治穷先治愚，扶贫先扶志。要注重发挥群众的主体性作用，激发干事的内生动力，注重在精神引领、教育培训方面下功夫，引导群众改变被动、观望、依赖的心理，克服“等靠要”思想，通过鲜活的事例点燃群众参与的热情，增强群众发家致富的信心，让群众变“被动参与”为“主动参与”。加强党的惠民富民政策教育，在解决好群众“富口袋”的同时解决好“富脑袋”的问题。加强脱贫攻坚与乡村振兴先进典型事例的宣传力度，开展先进典型评选活动，引导所有群众树立“宁愿苦干、不愿苦熬”的观念，最大限度凝聚正能量。

（二）突出体制改革，建立现代农业体系

深化农村集体产权制度改革，健全耕地保护和补偿制度，积极推进城乡用地增减挂钩的深入探索，想方设法壮大村级集体经济，健全农业社会化服务体系，引导和支持合作社发展。贯彻新发展理念，优化农村发展环境，以农业供给侧结构性改革为出发点，以延长产业链、提升价值链为着力点，以扩大绿色、有机、无公害农产品供给为重点，着力构建“村村有特色产业、户户有增收项目、人人有致富门路”的发展格局。大力培育乡土人才，引进农业科技创新团队，推进传统农业转型升级，引导更多的小微企业、“扶贫车间”进乡村，推进农村一二三产业融合发展、城乡经济一体发展。同时要着眼乡村产业未来发展，建设高标准农田、标准化农业基地，不断提升基础设施水平，打牢现代农业发展的基础。

（三）突出绿色发展，提高生态文明水平

注重加强顶层设计，围绕“美丽乡村，生态宜居”乡村发展目标，认真学习浙江“千村示范、万村整治”经验，完善生态补偿政策机制，扎实推进美丽乡村示范点建设和农村人居环境整治工程。完善乡镇总体规划和村庄规划，通过宣传教育、以奖代补等方式，深入推进农村“垃圾革命”“污水革命”“厕所革命”及“村容村貌革命”，统筹山水林田保护建设，改善水电路信等基础设施，实施农村垃圾无害化处理工程，倡导节俭、绿色、生态、循环生活方式，把农村建设成生态宜居的美丽家园，不断提升广大群众的获得感、幸福感。

（四）突出党建引领，推进乡村治理创新

强化农村基层党组织在乡村治理中的领导核心作用，做强做大“党建+”工程，建立党委领导、政府负责、社会协同、公众参与、法治保障的现代乡村社会治理机制，健全自治、法治、德治相结合的乡村治理体系。要进一步优化基层队伍，稳步有序推进村党支部书记、村委会主任“一肩挑”和村“两委”换届工作，选优配强“领头雁”，充分发挥基层党组织的战斗堡垒和党员干部的先锋模范作用。进一步夯实基层基础，通过发展产业增强“造血”功能，加快“最多跑一次”改革在乡镇层面推广，不断拓展服务功能和服务水平，着力打造“一门式”服务品牌。推进法治乡村建设，完善村民自治制度，将道德规划融入乡规民约，开展“平安乡村”和“文明村镇”“文明家庭”创建活动，大力移风易俗，努力消除农村的陈规陋习和黄赌毒等丑恶现象。同时要建立实施乡村振兴战略领导责任机制和干部考核机制，继续推行党员干部驻村帮扶和结对帮扶，继续加大对“三农”的支持和引导力度，推进脱贫攻坚与乡村振

兴有效衔接。

（五）突出文旅融合，助推农村经济发展

旅游的竞争说到底就是文化的竞争，瑶族优秀文化遗产正是开发江华文化旅游、全域旅游的最有价值、最有吸引力的资本。围绕“神州瑶都、生态江华”目标定位，发挥中国爱情小镇、湖南省特色文旅小镇—水口镇和湖南文艺家创作基地、湖南文学创作示范基地——“千年瑶寨”桐冲口村的吸引力和辐射带动力，进一步打响盘王节、长鼓舞、盘王大歌、瑶医瑶药等瑶文化品牌，着力打造赶鸟节、茶文化节、尝新节等节庆品牌，深入开发瑶家织锦、瑶家香包、瑶家腊味等特色商品，构建瑶族历史文化旅游带，吸引更多外地游客前来观光体验。围绕全域旅游发展要求，通过“景区带村”“能人带户”“公司 + 农户”“合作社 + 农户”等创新形式，充分发挥生态资源和红色资源优势，结合乡村历史文化和生态文明建设，加快推进生态休闲旅游业转型升级，为游客打造“看得见绿水青山、记得住乡愁”的田园美景。同时要创新乡村旅游开发模式、投融资模式、运营模式等，积极搭建乡村旅游产业电子商务化推广平台，培养乡村旅游产业服务专业人才，走出一条高质量的乡村旅游发展路子。

瑶族夜间文旅商消费聚集区建设的几点思考

——聚焦湖南省江华瑶族自治县

赵荣学　杨丁香

确定建设全国瑶族文化中心的战略目标，着力做好瑶都文化这篇大文章，致力发挥江华全国瑶族文化中心示范引领作用，建设瑶族文化第一强县，具有重大现实和战略意义。应着眼于发挥全国瑶文化凝聚、辐射、创新、传播和服务“五大”功能，牢牢把握江华文化四大格局，率先规划建设全国夜间瑶族文旅商消费聚集区，全力推动瑶族文化、旅游、商业融合发展。

一、把江华打造为全国瑶族文化中心

瑶都江华有着2100多年建县史、1400多年的域名史、65年的自治史。厚重多彩的瑶族文化是一张金名片，是中华民族命运共同体中各民族文化各美其美、美美与共的重要见证。

新中国成立以来，区域瑶族文化中心始终是江华重要的县域功能。党的十八大特别是十九大以来，江华凝聚弘扬“为江华的尊严和光荣而奋斗’的‘江华精神’”，经济社会发展进入民族自治县第一方阵。文化领域屡获国家级、省级荣誉，无论是瑶族文化保护、传承、研究、展示还是瑶族文化对外标识度、影响度、美誉度，都有了全国性的影响，全国性的瑶族文化研究中心等机构纷纷落地江华，区域瑶族文化中心逐步迈向全国性的瑶族文化中心。按照江华经济社会发展的战略定位，确定建设全国瑶族文化中心的战略目标，大力传承发展源远流长的古城古道文化、五彩斑斓的瑶族文化、丰富厚重的红色文化、美丽奇绝的生态文化、蓬勃兴起的时代文化，着力做好瑶都文化这篇大文章，发挥江华全国瑶族文化中心示范引领作用，建设瑶族文化第一强县，具有重大现实和战略意义。

当前，江华进入全面脱贫全面小康新阶段，文化建设作为重要引擎和增长极，支撑经济社会高质量发展的需求更加迫切；各种思想文化在交流交融交锋，维护意识形态安全和文化安全特别是瑶族文化安全的任务更加艰巨；富饶美丽幸福新江华建设开启新征程，各民族群众对美好精神文化生活的需求更加高涨；瑶族文化强县的地位逐渐凸显，发挥全国瑶族文化中心示范作用的任务日益繁重。这些都要求我们以强烈的使命感责任感更好担负起新的瑶族文化建设使命，进一步坚定文化自信，在更大历史跨度上明确规划建设全国瑶族文化中心的发展目标和发展路径，推出更加务实有效的新举措，不断开创江华瑶族文化建设新局面。

站在“两个一百年”历史交汇期，我们应当从建设伟大社会主义祖国的大县江华、迈向中华民族伟大复兴的瑶都江华、全国一流和谐宜居瑶城的高度，增强传承中华优秀传统文化、弘扬革命文化、繁荣社会主义先进文化的历史担当，自觉肩负起推动全国瑶族文化发展的重任，努力将江华建设成为瑶族文化汇聚之都、模范之县、创新之城，不断朝着国家历史文化名城、瑶族文脉标志迈进。作为世界瑶族人口第一县，瑶都就应该是全国瑶族文化之都，就应该有建设全国瑶族文化第一强县的雄心和壮志，就应该有这个豪情、胆略和气魄。

实现这个目标，必须旗帜鲜明地坚持正确的瑶族文化建设指导思想。坚持以人民为中心，坚持守正创新，坚持瑶都标准，把准江华经济社会发展战略定位，充分发挥凝聚、辐射、创新、传播和服务“五大”功能，把牢江华文化四大格局，率先规划建设全国夜间瑶族文旅商消费聚集区，全力做好瑶族文化旅游商业融合这篇大文章，早谋划、早规划，以全国瑶族文化中心建设的生动实践服务江华经济社会发展，推动文化强县建设。

二、把准五大功能定位

1. 发挥“积聚”功能，促进瑶族文化传承发展

培育海纳百川、博采众长、兼容并包的瑶都文化气象，吸收一切优秀文明成果，引导各种瑶族文化要素集聚，推进融合创新，推出标志性瑶族文化精品，使江华成为瑶族文化精华的展示地、全国各瑶族自治地方优秀瑶族文化的荟萃地和先进瑶族文化潮流的引领地。

2. 发挥“辐射”功能，推动瑶族文化共同繁荣

坚持瑶都标准，用江华瑶族文化发展的生动实践体现价值追求和使命担当，为全国其他瑶族自治地方瑶族文化建设创造经验、作出表率。当好瑶族文化建设的排头兵，推动南岭地区瑶族文化发展实现一体化谋划、联动式合作、协同性发展。加强江华与全国各瑶族自治地方的联动，引导瑶族文化产品和瑶族文化服务、瑶族文化人才等各类要素有序流动，推动江华瑶族文化建设成果和资源共享，促进全国瑶族文化建设水平整体提高。

3. 发挥“创新”功能，持续激发创新创造活力

强化创新对江华瑶族文化建设的驱动和赋能，推动江华瑶族文化建设各领域取得重大进展，使江华瑶族文化建设呈现整体推进、齐头并进的良好态势，各方面工作走在全国瑶族地区前列。催化集成式创新，加强智能化运用，实现立体化呈现，建设具有全国竞争力的瑶族文化创新创意之都。营造崇尚创新、勇于创新的社会氛围，推动瑶族文化创新活力持续迸发、创新成果不断涌现，为江华经济社会发展提供不竭动力。

4. 发挥“传播”功能，提升瑶族文化软实力

加强传播能力建设，讲好瑶族故事，传播江华声音。把瑶族优秀传统文化的精神标识提炼出来、展示出来，把瑶族优秀传统文化中具有当代价值、中华意义的文化精髓提炼出来、展示出来。立足江华、着眼全国、面向世界，展现真实、立体、全面的江华，彰显瑶都文化自信。积极推动不同民族文化和文明交流互鉴，以兼收并蓄的态度汲取其他民族文化、文明养分，借鉴优秀成果，夯实构建中华民族命运共同体的人文基础。

5. 发挥“服务”功能，形成文化建设强大合力

把人民对美好生活的向往作为奋斗目标，不断深化文明创建，着力提升瑶都江华县域文明形象和社会道德风尚，不断满足人民群众日益增长的精神文化需要。充分发挥文化影响力、凝聚力、感召力，更好地融入和支撑全国瑶族文化中心建设，把江华文化资源优势转化为江华发展势能。

三、把牢江华文化四大格局

源远流长的古城古道文化、丰富厚重的红色文化、特色鲜明的瑶族文化、蓬勃兴起的时代文化，是中华优秀传统文化、革命文化、社会主义先进文化在江华的具体体现和生动实践，

是建设全国瑶族文化中心的基础和基石，必须保护好、弘扬好、活化转化好。

古城古道文化是江华长期以来作为国家统一五岭南北、凝聚融汇、传承积淀的文化宝藏，是中华文明源远流长的重要见证，传承保护好这份宝贵的历史文化遗产是江华的职责。沱江古城的新华、富江、吴家巷老街，文庙豸山寺，凌云塔西佛桥，阳华岩寒亭暖谷石刻，汉唐老县遗址(辐射涛圩冯乘古城遗址)，无一不是乡愁记忆和江华象征。潇贺古道连通湘桂、穿越五岭，长亭短亭之下，垒叠着多少有关舜帝南巡、始皇征伐、汉越战和、长沙国马王堆美女辛追的传说，丝路花语、民族交响、长征史诗、英雄赞歌都在此上演。新时代传承发展古城古道文化，要突出沱江古城潇贺古道这一核一线，辐射宝镜、井头湾等古村落，坚持有效保护和有机更新相衔接、内涵挖掘和活化利用相统一、保护传统和融入时代相协调，不断强化江华风范、古城风韵、古道风采和时代风貌的城市特色，擦亮江华历史文化金名片。

红色文化是在中国共产党领导人民为争取民族独立、人民解放和实现国家富强、人民幸福而不懈奋斗的过程中培育、形成和凝结而成的，彰显着中国共产党人的初心使命。新时代弘扬以中央红军和红七军长征江华遗址文化，李启汉、陈为人、江华等共产党先烈先辈牺牲奋斗长存的红色文化，要以赓续红色基因为主线，以沱江、码市、大小圩、大石桥革命文物集中连片保护为重点，以重大时间节点为坐标，挖掘红色内涵，讲好红色故事，推动红色文化薪火相传、与时俱进。

瑶族文化是瑶族人民在长期生产生活中形成的有利于社会进步的典章制度、信仰教化、节日庆典、风俗习惯、礼仪礼节、生态保护、道德规范、生养婚嫁、歌舞艺术、建筑医药、服装工艺、扎染艺术、饮食起居、特色村寨等，涵盖文物和非物质文化遗产，著名的有盘王节、奏铛、过山榜、盘王大歌、长鼓舞、芦笙羊角舞、吊脚板壁房和版筑夯筑房筑造技艺、八宝技艺、瑶锦、瑶医、瑶药、瑶浴、十八酿、瓜箪酒等，承载着瑶族人民的乡愁。新时代传承发展瑶族文化，要坚持辩证扬弃、开放包容、推陈出新，以保护民族记忆为基点，以培育瑶都瑶民精气神为带动，着力涵养历史与现代、传统与时尚、质朴与绚丽兼具的瑶都文化韵味，温润人们的精神世界。

长期以来特别是改革开放以来，江华涵养了敢于开拓、奋勇争先的创新氛围，孕育着各得其所、人人出彩的创新机会，塑造出勇于创造、锐意进取的创新精神，形成了蓬勃兴起的时代文化。新时代践行时代创新文化，要坚持市场导向、创意为先、人才为本、机制为要，让勇于创新成为风尚、支持创新形成氛围。

四、规划建设全国夜间瑶族文旅商消费聚集区

夜间文旅商消费是推动文旅产业高质量发展的重要引擎，是增强城市竞争力和培养城市品牌的重要途径，大力发展夜间文旅商消费是满足人民群众美好生活需要的重要内容，是文旅商产业加快复苏的重要抓手。要进一步提高对促进夜间文化、旅游、商业消费重要性的认识。

瑶族夜间文旅商消费集聚区是指以瑶族文化和地域特色为核心，依托一定的夜间景观环境，实施一体化夜间场景设计与打造，形成文旅商深度融合、业态产品丰富多样、基础设施配套完善、消费环境和管理运营机制优、品牌和市场影响力大、文旅商消费辐射带动力强的产业集群空间。率先规划建设全国瑶族夜间文旅商积聚区，对瑶都江华打造全国瑶族文化中心，

具有十分重要的现实意义。其中关建，要在以下五个方面努力。

1. 合理布局，彰显特色

加强规划引导，挖掘特色文旅资源。依托沱江、水口等中心镇和码市、白芒营、涛墟、涔天河、小墟等重点镇，以及沱江新华街、富江路等重点历史文化街区，盘王殿、民族文化宫、城市规划馆等重点文化场所，图腾园广场、长鼓广场、涔天河库区、爱情小镇瑶都水街、豸山寺、阳华岩、秦岩、西佛桥、潇贺古道、水东、宝镜古村、桐冲口、井头湾古村等旅游景区，平头岩公园、涔天河湿地公园等城市休闲功能区，加上其他商业中心区等地域空间，串联剧场影院、文博场馆、园林庭院、名人故居等文旅场所，实现文旅商资源有机联动、集约利用。以江华瑶都"地域特色 + 文化元素"为方向，进行夜间文旅商消费场景设计和主题营造，开发有独特 IP 价值、有回味体验的消费项目，打造辨识度高、感受度强、美誉度好的消费品牌，更好满足人们多样化、多层次、多方面的夜间文旅商消费需求，持续带旺人气，有效拉动市场。

2. 多元业态，丰富供给

顺应人们消费心理和市场需求变化，创新发展夜演、夜展、夜读、夜娱、夜秀、夜游、夜食、夜购、夜宿、夜赛等业态，推出瑶族节庆、瑶族婚庆、长鼓舞、盘王大歌、瓜箪酒、十八酿、八宝被织锦工艺等沉浸式演艺、非遗互动项目和文创产品、3D 灯光秀、街头艺术表演等常态化、品质化、特色化夜间文旅商消费体验产品，延伸文旅商消费链条。注重文化旅游融合，打造更多有体验感的夜间文化场景、有内涵的夜间旅游目的地，建设一批小剧场，推出在全国有影响的夜间演艺精品。鼓励国有和民间博物馆、图书馆、美术馆、文化馆、奇石馆、规划馆、景区景点等延长开放时间，打造时尚化、亲民化夜间文旅体验项目。深化新技术应用，推动夜间文旅产品与服务向线上延伸拓展，数字化、网络化、智能化互动体验型新产品、新服务和新商业模式占到较高比例。

3. 完善功能，配套服务

注重基础设施提升和环境整治、夜景亮化美化。永贺高速、207国道、图腾园广场、湿地公园、涔天河水库、爱情小镇等交通、广场、街区、景区和场馆入口形象、导览标识与路牌门牌设计具有鲜明个性，与周边环境风貌在自然和人文上协调统一。提供精细、便捷、高效的公共服务，设有综合服务窗口，夜间交通网络畅达，停车场及公共厕所、垃圾箱等卫生设施充足适需，4G/5G覆盖率、核心区域商户公共Wi-Fi覆盖率高，所有商户都可受理移动支付。加强在线预订、实时信息推送等智慧服务，及时发布夜间文旅商消费指南、地图，经常性开展文明旅游志愿服务等活动，惠民便民举措灵活多样，民众舒适感和满意度有效提升。

4. 规范管理，有序运营

建立实体化的管理和运营主体，有健全完善的管理体制和运营机制。严格落实常态化疫情防控要求，对夜间文旅场所室内空间实行限流、错峰等措施。构建多部门联动市场监管体系，对夜间文艺演出、展览展示、会展节庆活动等内容严格把关，严厉打击违法违规经营行为、“黄赌毒”等违法犯罪行为和黑恶势力，健全消费者权益保护投诉联动处理机制。实行人性化、有温度的治理，对新业态、新商业模式等实施包容审慎监管，商户经营诚实守信。利用智慧文旅平台加强市场质量与安全监管，完善夜间应急救援预案与常态化应急处理机制，有效预防安全生产、环境污染和生态破坏、食品安全等事故发生，确保夜间文旅市场安全有序。

5. 促进发展，带动就业

县委县政府和中心镇、重点镇党委、政府将夜间文旅商消费项目纳入各类文旅创建内容，制定专门扶持政策措施，推动文旅商消费提质扩容，打造夜经济发展新增长点。吸引较多知名度高的文旅商户入驻，带动创业、就业，提升夜间文旅商消费对当地文旅产业发展和经济社会发展贡献度。江华文旅部门结合宣传推广地方文旅品牌、征集发布旅游精品线路、组织举办文旅商消费季（月）等活动，广泛推介夜间文旅商消费项目和品牌，吸引更多人感受美的风光、美的味道、美的人文、美的生活，收获美的发现。

后　记

时光如梭。岁月如歌。

正值党的二十大召开之际，永州市瑶族文化促进会成立六年了。将六年来永州瑶族文化研究成果结集正式出版一事，提上了日程。

学术研究，不外乎两种境界。孟子有云：“学问之道无他，求其放心而已。”此为学术的第一种境界，即“学问乃为己之学”。又王阳明有云：“夫道，天下之公道也；学，天下之公学也，非朱子可得而私也，非孔子可得而私也。”此为学术的另一种境界，即“学术乃天下之公器也”。于我而言，第二种境界似乎已经显得力不从心。然而用知识充实自我的“为己之学”，特别是对瑶族文化研究，却从未懈怠，也不敢懈怠。因为这是关乎一个民族的大事、要事、千秋万代之事。

正是在这种境界的支撑之下，来自永州市内外的瑶族专家学者及瑶族文化爱好者躲避了纷纷扰扰的世俗缠绕，凭着严谨的治学之风、敏锐的洞察力、孜孜不倦的探索精神，潜心研读先人成果，深入开展田野调查，走访民间瑶族文化传承人，切磋交流各自的观点和看法，在百忙之中积极撰稿，对我们的工作给予了极大支持。“衣带渐宽终不悔，为伊消得人憔悴”。

六年的坚持，使我们终于收获了这本厚厚的论文集。

出版论文集是件非常严肃的学术工作，丝毫马虎不得。本书共收录30篇论文。这些论文遴选的范围是永州市瑶族文化促进会一年一度的获奖论文，摘其精要，编汇而成，涉及瑶族民间信仰、瑶族历史与文化、瑶族经济社会发展等领域的研究和探讨。内容构成是系列研究与个案探讨的有机结合，研究方法上是宏观分析与微观研究的彼此交融，既研究历史，又特别关注现状，既有广度，也不乏深度。不乏脱颖而出，获得认可的青年专家学者。从某种意义上说明，永州市瑶族文化研究优势明显，成果丰硕，卓然有成。

本书的出版得到永州市委统战部、永州市民宗局、永州市民政局等单位的高度重视。永州市人大常委会原副主任赵荣、冯生玉、李俊湘亲自担任顾问，始终关注并给予指导。感谢湖南祥昀建设工程管理有限公司董事长、本会副会长唐勇庆先生，湖南永州旺兴项目管理有限公司董事长、本会副会长邓富春先生的大力赞助和鼎力支持。感谢本会副秘书长唐晓君先生对编辑整理、编务联络等具体工作的落实。当然，还要感谢一直以来支持本会工作的各位同仁，是他们对瑶族文化日复一日、年复一年的默默付出，才使我们拥有了今天的成就。同时，也要向入选论文的作者们表示热烈的祝贺，致以崇高的敬意。

我已进入古稀之年，且已出版了关于瑶族文化研究的5部专著和文集，今年又收获了这个崭新的成果，可谓“晚年得子”。“文章千古事，得失寸心知”。因水平有限，本书肯定有挂一漏万的不足与遗憾，难免存在种种纰漏之处，恳请有关专家、同仁给予批评与指正。囿于篇幅限制以及诸多方面原因，还有不少精品力作及获奖作品尚未入选，敬请谅解。

时代呼唤着我们，人民期待着我们。让我们认真学习贯彻领会习近平总书记党的二十大报告精神，心怀“国之大者”，肩负民族复兴重任的时代使命，矢志不移、笃行不怠，让生命在为祖国、为民族、为人民、为人类的不懈奋斗中绽放绚丽之花。

谨以此，为后记。

王明生

2022 年 10 月